81:1
Opowieści z Wysp Owczych

Seria REPORTAŻ
Paweł Smoleński *Izrael już nie frunie*
Mariusz Szczygieł *Gottland*
Włodzimierz Nowak *Obwód głowy*
Maciej Zaremba *Polski hydraulik i inne opowieści ze Szwecji*
Renata Radłowska *Nowohucka telenowela*
Martin Pollack *Dlaczego rozstrzelali Stanisławów*
Jacek Hugo-Bader *Biała gorączka*
Klaus Brinkbäumer *Afrykańska odyseja*
Jean Hatzfeld *Strategia antylop*
Włodzimierz Nowak *Serce narodu koło przystanku*
20. 20 lat nowej Polski w reportażach według Mariusza Szczygła
Jacek Hugo-Bader *W rajskiej dolinie wśród zielska*
Wojciech Tochman *Bóg zapłać*
Peter Fröberg Idling *Uśmiech Pol Pota*
Witold Szabłowski *Zabójca z miasta moreli*
Wojciech Górecki *Planeta Kaukaz*
Swietłana Aleksijewicz *Wojna nie ma w sobie nic z kobiety*
Wojciech Tochman *Dzisiaj narysujemy śmierć*
Liao Yiwu *Prowadzący umarłych. Opowieści prawdziwe. Chiny z perspektywy nizin społecznych*

W serii ukażą się m.in.:
Mariusz Szczygieł *Niedziela, która zdarzyła się w środę*

Marcin Michalski
Maciej Wasielewski

81:1
Opowieści z Wysp Owczych

Wołowiec 2011

Projekt okładki AGNIESZKA PASIERSKA / PRACOWNIA PAPIERÓWKA
Na okładce wykorzystano obraz FRIMODA JOENSENA *Skilnaður* (Rozstanie)
© by FINNLEIF DURHUUS
Fotografia Autorów © by MARCIN WAPNIARSKI
Fotografie w środku tomu:
s. 17 – © by KATRIN SVABO BECH
s. 51, s. 113, s. 317 – © by MACIEJ WASIELEWSKI
s. 89, s. 171 – foto z archiwum gazety „SOSIALURIN"
s. 257 – © by MARCIN MICHALSKI

Copyright © by MARCIN MICHALSKI i MACIEJ WASIELEWSKI, 2011

Redakcja JUSTYNA WODZISŁAWSKA
Adiustacja ZUZANNA SZATANIK
Korekty ZUZANNA SZATANIK, MAŁGORZATA POŹDZIK / D2D.PL
Projekt typograficzny i redakcja techniczna ROBERT OLEŚ / D2D.PL
Skład ZUZANNA SZATANIK / D2D.PL

Książkę wydrukowano na papierze ALTO 80 g/m² vol. 1,5 dystrybuowanym przez firmę PANTA SP. Z O.O. www.panta.com.pl

ISBN 978-83-7536-248-0

Przypadek Jóhanny Vang

Lipiec 1989 roku, Madryt. Skwar na posterunku policji przy Plaza Mayor topił Jóhannie gumę w tenisówkach. Nieprzyzwyczajona do wysokich temperatur osiemnastoletnia Farerka przypominała rozmrażane w piekarniku ciasto. Zdążyła już zapomnieć o lodach czekoladowych i pchlim targu, gdzie przebierała w pocztówkach, znaczkach, skorodowanych monetach z królem Janem Karolem i książkach za pięć peset.

Odwiedziła też Pałac Sprawiedliwości i Muzeum Prado. Jednak to nie rudopomarańczowe alegorie Tycjana, płótna Goi, a nawet *Zesłanie Ducha Świętego* El Greca poruszyły ją najbardziej. Przyglądała się bodaj *Siedmiu grzechom głównym* Boscha, kiedy doznała przykrego olśnienia: zgubiła paszport.

– No, więc jak się *señorita* nazywa i skąd jest? – pytał zniecierpliwiony przedłużającym się przesłuchaniem posterunkowy. Mężczyzna kończył właśnie dyżur i jedną nogą był już w domu, w południowej dzielnicy Madrytu, przy butelce ciemnej alhambry. Szurał nerwowo koniuszkami palców po klawiaturze maszyny do pisania.

– Powtarzam po raz trzeci, nazywam się Jóhanna Vang i jestem turystką z Wysp Owczych!

– Niech *señorita* sobie nie żartuje. Nigdy nie słyszałem o takim państwie!
– Wyspy Owcze są autonomią pod jurysdykcją duńską. Znajdzie je pan w trójkącie między Szkocją, Islandią a Skandynawią – ripostowała rzeczowo Farerka.
– W takim razie niech *señorita* pokaże je na mapie. – Protokólant sięgnął do szuflady i rozłożył mapę na biurku.

Posterunkowy nie wierzył słowom Jóhanny. Wziął ją za jeszcze jedną wakacyjną uciekinierkę, która robi sobie żarty z policji. Mógł też zasugerować się jej nienordycką, południową urodą. Podczas dwutygodniowego pobytu w Hiszpanii Jóhanna złapała opaleniznę. Ciemne oczy i długie kruczoczarne włosy miała od zawsze.

– Coś długo *señorita* szuka tych Wysp Owczych – nie rezygnował z uszczypliwości funkcjonariusz. – A może skończy wreszcie tę maskaradę i powie, skąd jest? Z Portugalii, mam rację?

Jóhannę ogarnęła bezsilność. Zorientowała się, że geopolityczna mapa Europy, sporządzona jeszcze w latach siedemdziesiątych, musiała być kreślona przez dyletantów. Nie pokwapili się odnotować osiemnastu miniaturowych kropek na północy Atlantyku, stanowiących archipelag Wysp Owczych. W wyniku przykrego niedopatrzenia z mapy świata wyparowało 47 787 Farerów i 78 563 owce.

„Koniec XX wieku, a Europa wciąż nic o nas nie wie. Fridtjof Nansen pewnie przewraca się w grobie" – pomyślała Jóhanna. Teraz od udowodnienia własnej tożsamości miał zależeć jej powrót (przez Kopenhagę) do domu. Samolot startował wieczorem.

Dochodziła piętnasta, kiedy policjant spojrzał na nią wymownie, jakby chciał powiedzieć: „Jeśli zaraz stąd nie znikniesz, to ci sama Małgorzata II nie pomoże". Jóhanna wyszła bez słowa.

*

Udała się na lotnisko, gdzie snuła się bez celu przez dobrą godzinę. Ogarnął ją strach (sprawa powrotu wciąż była nierozwiązana), a ze strachu zrodziła się złość (wciąż nie mogła pogodzić się z ignorancją madryckiego policjanta). Niechęć do posterunkowego przeniosła szybko na pozostałych obywateli kontynentalnej Europy. Ona i jej farerscy przyjaciele odbyli przecież tuziny rozmów świadczących o braku świadomości geograficznej Hiszpanów, Francuzów, Włochów, Niemców, Rosjan czy Polaków.
– Skąd jesteś?
– Z Wysp Owczych.
– A poważnie to skąd?
Albo:
– Skąd jesteś?
– Z Wysp Owczych.
– Taka to ma raj, słońce przez 365 dni w roku!
Albo:
– Skąd jesteś?
– Z Wysp Owczych.
– To gdzieś za Nową Zelandią czy może już na Księżycu?

Jóhanna, jak znakomita większość Farerów, potrafiła w mig wskazać na mapie Polskę i każdy inny zakątek Europy. Bezbłędnie przykładała palec do konturów Belgradu, Budapesztu, Berlina, Bukaresztu i każdej innej metropolii na „b". Słyszała też o Gdańsku, Gdyni i Szczecinie – miastach, w których farerscy marynarze i biznesmeni zbijają pieniądze na atlantyckim łososiu i dorszu.

„Dlaczego więc Europa nie może odpłacić mi się podobną wiedzą?" – zastanawiała się w złości.

Nagle, jak zdarza się tylko w bajkach, wyrósł przed nią postawny, brodaty mężczyzna. Uśmiechnął się dobrotliwie i spytał, jak może zaradzić tak skwaszonej minie.

Mężczyzna – o czym Jóhanna dowiedziała się z gazet kilka lat później – był Norwegiem i pracował dla Interpolu. Wrócił z nią na posterunek policji, gdzie przekonał funkcjonariuszy, by sporządzili protokół o zaginięciu paszportu, potrzebny do wystawienia zastępczych papierów. Jóhanna nie pamięta już, jakich argumentów użył Norweg. Zapamiętała jednak pewien obrazek: funkcjonariusze poruszali się przy nim jak kelnerzy przy dostojnym gościu. Po dwóch kwadransach sprawa była załatwiona.

Farerka nie zna nazwiska mężczyzny, który jej pomógł. Nie spotkali się już nigdy. Kilka lat później rozpoznała go na zdjęciu w farerskiej gazecie. Fotografia przedstawiała kandydatów do tytułu Norwega Roku.

Liczby

Droga z Øravík do Fámjin wije się przez pustkowie i przypomina porzuconą w mchu skakankę. Dla stu dziesięciu mieszkańców Fámjin to właściwie jedyny szlak ku cywilizacji. Dla trzydziestu siedmiu osób żyjących w Øravík szosa nie ma aż takiego znaczenia, bo ich osadę przypięto do głównej nitki Sumba–Tvøroyri i gdyby nie musieli od czasu do czasu odwiedzić w Fámjin rodziny lub zwodować łodzi, to te dziewięć kilometrów gładkiego asfaltu zupełnie by ich nic obchodziło i mogłoby prowadzić równie dobrze donikąd. Niektórzy twierdzą zresztą, że prowadzi donikąd, ale ich mądrości puszcza się mimo uszu.

W Fámjin nawet turysta ma co robić: może nakarmić sucharem błąkającego się psa, pomachać do bawiących się na mostku dzieci, powąchać obdrapane drzwi szopy rybackiej, sfotografować w godzinę z hakiem rozrzucone po rozległej dolinie zabudowania, nazbierać do wiader trochę kamieni z plaży, a przede wszystkim iść do kościoła, by obejrzeć najcenniejsze płótno w kraju – oryginał flagi narodowej z 1919 roku*. Wedle

* Flagę narodową (Merkið) zaprojektowali w Kopenhadze farerscy studenci prawa – Jens Oliver Lisberg, Janus Øssursson i Paul Dahl. Pierwsza prezentacja miała miejsce w trakcie wizyty Jensa Olivera w rodzinnym kraju, 22 czerwca 1919 roku, przy okazji ślubu w kościele

obiegowej opinii osada słynie z najbardziej zmiennej pogody na całym archipelagu.

Na Wyspach Owczych jest sto dziewiętnaście miejscowości. Do czterdziestu czterech prowadzi tylko jedna droga, przez co z lotu ptaka wyglądają jak przetrącone drzewa – z wątłymi pniami wylotówek i kilkoma gałązkami ślepych ulic. W sześciu innych osadach szosy są w ogóle zbędne, ponieważ ludzie skupili się w jednym miejscu danej wyspy i nie potrzebują po niej podróżować. Mykines, Nólsoy, Skúvoy, Hestur, Koltur i Stóra Dímun. Kolonie chatynek i domów jak szkatuły, gdzie można co najwyżej uruchomić mały traktor, przejechać slalomem między altaną sąsiada, składzikiem na olej opałowy i zaimprowizowanym sklepem, po czym trzeba zawracać, bo nic dalej nie ma. Na Stóra Dímun i Koltur nie ma nawet sąsiadów.

Wyspy Owcze: 463 kilometry dróg publicznych, z czego prawie 42 w 19 tunelach.

30 453 pojazdy.

Obliczenia własne: 44 zakręty na dziewięciokilometrowym szlaku między Fámjin i Øravík.

Sprzeciw człowieka:
– Niestrawnie dużo liczb.

I uzasadnione pytanie:
– Dlaczego rachujesz? Czy to, że na Farojach jest osiem kwiaciarni i siedem sklepów monopolowych nie oznacza tylko i wyłącznie tego, że w ośmiu miejscach możesz kupić koleżance bukiet, a do siedmiu ludzie gnają przed weekendem, żeby w sobotnią noc mieć większą śmiałość?

w Fámjin. 25 kwietnia 1940 roku, czternaście dni po zajęciu Danii przez hitlerowskie Niemcy, flagę Wysp Owczych uznał – jako pierwszy – rząd Wielkiej Brytanii. Na cześć tego wydarzenia 25 kwietnia Farerowie obchodzą Dzień Flagi Narodowej.

W polskim wydaniu *Europy* Normana Daviesa zamieszczono informację o tym, że farerski archipelag składa się z osiemdziesięciu wysp. Nawet gdyby zaliczyć do nich wystające gdzieniegdzie z oceanu bloki skalne – przypominającego wielkiego pieroga Tindhólmur, owłosionego Kapilina przy Nólsoy lub wynurzoną niczym potwór z Loch Ness skałę Sumbiarsteinur, nawet gdyby doliczyć jeszcze osamotnioną i upiorną Rockall, o którą Wyspy Owcze spierają się z Wielką Brytanią, Islandią i Irlandią – nie uzbiera się choćby połowa tego.

– Dlaczego więc nie podzielić się rzetelnie sprawdzonymi informacjami o czterdziestu czterech bibliotekach, trzech stacjach radiowych i jednej drużynie koszykówki? – odbijam piłeczkę na stronę pytającego.

Patronują mi słowa, którymi Melchior Wańkowicz podsumował w *Tędy i owędy* swe wystąpienie na zjeździe delegatów Pen-Clubów w Chicago: „Z gęby robiłem katapultę ziejącą cyframi".

Do wyliczania włączyli się inni.

Jonhard, filolog, współautor największego słownika farersko--angielskiego (osiemdziesiąt tysięcy haseł), właściciel wydawnictwa Sprotin:

– Przejrzałem słownik synonimów i okazuje się, że w języku farerskim istnieje około dwustu pięćdziesięciu wyrazów na określenie deszczu. Jeszcze lepiej jest z wiatrem – prawie trzysta pięćdziesiąt słów.

Sunniva, pracowniczka biura Farerskiego Związku Piłki Nożnej:

– Na archipelagu są dwadzieścia trzy pełnowymiarowe boiska: trzy trawiaste i dwadzieścia wyłożonych sztuczną murawą. Futbol trenuje regularnie co dziewiąty Farer.

Niels Jákup, dyrektor generalny wydawnictwa literatury dziecięcej i młodzieżowej z Tórshavn:

– Rocznie powstaje nie więcej niż dziesięć farerskich książek dla dzieci i młodzieży, dlatego bazujemy na tłumaczeniach. Wydajemy także komiksy i własne czasopismo „Strok". Największą popularnością cieszy się *Harry Potter*. Nie sprowadzamy mangi, ponieważ ma znikomą wartość edukacyjną.

Simona, Urząd Statystyczny Wysp Owczych:
– W 2008 roku w naszym kraju urodziły się 664 osoby, zmarło 377. Zawarto 187 ślubów kościelnych i 71 cywilnych. Rozwiodły się 52 pary. Po resztę informacji zapraszam na naszą stronę internetową, uaktualniamy tak często, jak to potrzebne.

W połowie września 2009 roku na portalu wytłuszczono: „Po raz pierwszy w dziejach przekroczyliśmy barierę 49 tysięcy mieszkańców! Według spisu z 1 sierpnia 2009 na Wyspach Owczych żyje 49 006 ludzi. Za miesiąc populacja prawdopodobnie spadnie, ponieważ wiele osób wyjeżdża studiować za granicę. Powrotu do obecnego poziomu można spodziewać się ewentualnie na przełomie roku".

Eyðfinn, menedżer projektów firmy budowlanej Articon, w odpowiedzi na e-mail: „Szanowny panie, kościół Vesturkirkjan w Tórshavn pozostaje najwyższym budynkiem w kraju. Wzniesiona przez nas ostatnio świątynia w Hoyvík w szczytowym punkcie ma 32,9 metra, czyli jest o osiem metrów niższa".

Steinbjørn, pisarz:
– Prawie każdy farerski literat i autor publikacji naukowych należy do Stowarzyszenia Pisarzy Farerskich. Liczba członków oscyluje wokół setki.

Sigmar, emeryt, dzieli się obserwacją z niedzielnego spaceru na dworzec promowy w Tórshavn:
– Smyril przypłynął z Suðuroy planowo. Z pokładu zjechało sto pięćdziesiąt siedem samochodów.

Hedvig, szwedzka studentka uniwersytetu w Tórshavn, katedra literatury i języka:
– Na roku jest nas sześcioro, przedmioty wykłada czterech profesorów. Wydział liczy czterdzieści pięć osób.

Przedszkolanka z Sandavágur:
— Co ósmy mieszkaniec osady jest przedszkolakiem. Setką dzieci opiekuje się dwadzieścia pięć kobiet i trzech mężczyzn.

Wiadomości telewizyjne *Dagur & Vika*, 1 lutego 2008 roku, korespondent w porcie Skálavík na tle sinego nieba i wyrzuconego na beton kutra:
— Przed wczorajszym sztormem cumowało tu około piętnastu łodzi. Dziś większość z nich jest pod wodą, jak państwo widzą, zostały dwie, z czego jedna jest właściwie kompletnie zniszczona.

Bałwan ulepiony przez uczniów dziesiątej klasy szkoły w Tórshavn miał guziki z ciastek, sznurowane buciory wielkości stołu i cztery metry wzrostu. Drugiego dnia marca 2002 roku, trzy dni po narodzinach, nie została z niego nawet plama. Kilkanaście dni później, kiedy znów spadł śnieg, dzieciaki ze szkoły w Klaksvík przyniosły drabinę na plac przed pływalnią i zbudowały bałwana o dziesięć centymetrów wyższego. Ich wersja pozbawiona była marchewkowego nosa.

Broda koleżanki wbiła się chłopcu w łopatkę, z bagażnika wystawały mu kolana i czupryna, a jeden nieostrożny ruch skończyłby się upadkiem na podłogę, ale rudzielec ani myślał narzekać. Nazajutrz mógł zobaczyć siebie i przyjaciół ze szkoły na zdjęciu w gazecie, z adnotacją: „29 ochotników zmieściło się do citroena berlingo zaparkowanego w hali sportowej w Sandavágur". Happening zorganizowano w maju 2000 roku.

Sheila z Trongisvágur nie lepiła żadnego z bałwanów i nie siedziała zaklinowana w citroenie, za to jesienią 2004 roku okazało się, że jest właścicielką najdłuższych włosów na Wyspach Owczych. Miały wtedy 147 centymetrów.

Co siódmy Farer nazywa się Joensen, Hansen lub Jacobsen. W 2009 roku na archipelagu mieszkało 7020 osób o takich nazwiskach.

W listopadzie 2009 roku na poletku w Vágur wykopano rekordowo dużego ziemniaka. 22 cm długości, 1025 gram.

Imigranci na Wyspach Owczych w 2009 roku (lista uwzględnia cudzoziemców spoza Skandynawii, którzy otrzymali co najmniej trzymiesięczne pozwolenie na pobyt i zatrudnienie): 62 Brytyjczyków, 19 Rumunów, 15 Polaków, 14 osób z Afryki, po 12 z Tajlandii i Filipin, po 11 obywateli USA i Hiszpanii.

W latach 2000–2009: 407 Brytyjczyków, 212 Polaków, 141 Amerykanów.

Farerowie na emigracji: 1702 osoby w Danii, 118 w Norwegii, po 66 na Islandii i w Szwecji, 61 w Wielkiej Brytanii, 37 w Stanach Zjednoczonych, 35 na Grenlandii, 12 w Australii, 10 w Kanadzie, 7 we Francji (w głównej księgarni w Tórshavn można kupić almanach z numerami telefonów i adresami zamieszkania wszystkich Farerów na obczyźnie).

Trzynastu mężczyzn przebiegło na golasa po plaży podczas muzycznego G! Festivalu 2009 (jeden z rozneglizowaną dziewczyną na plecach).

W dwóch jedynych lumpeksach w kraju: wytarta kangurka piłkarskiej drużyny NSÍ Runavík za dwadzieścia pięć koron (około piętnastu złotych), składanka farerskiego rocka sprzed dziewięciu lat (najlepszy utwór: Z-free *Tað er bara ein vegur til frelsu*) za pięć koron, jednopalczaste rękawiczki za trzydzieści, czapa z nieprzemakalnej wełny owcy z Sandvík za szesnaście. Chleb w piekarni – osiemnaście koron. Godzina w przetwórni – stoi osiem koron brutto.

850 ton materiałów wybuchowych wykorzystanych przy budowie tunelu łączącego pod oceanem wyspy Vágar i Streymoy.

2033 Farerki gimnastykujące się i biegnące na pięć kilometrów podczas festynu kobiecego miesięcznika „Kvinna".

3,5 miliona ptaków latem (nurzyki smaczniejsze od fulmarów).

Wieża z trzydziestu skrzynek, G! Festival 2009
foto Katrin Svabo Bech

77 numerów literacko-kulturalnego czasopisma „Varðin" od pierwszego wydania w 1921 roku.
5 kobiet i 15 mężczyzn zarażonych wirusem HIV.
10 drewnianych kościołów.
270 śmiertelnych ofiar wypadków drogowych od roku 1928.
Bjarti – jedyny kierowca autobusu linii 506.
221 942 pasażerów na lotnisku Vágar w 2008 roku. 219 329 rok wcześniej.
4000 książek w języku farerskim opublikowanych do roku 2000 (połowa po roku 1970, pierwsza książka w 1822, autorstwa pastora i botanika Hansa Christiana Lyngbye, zbiór ballad o Sigurdzie, mordercy Fafnira, tytuł oryginalny: *Færøske Kvæder om Sigurd Fofnersbane og hans Æt*).
Pięć sygnalizacji świetlnych, cztery bloki mieszkalne, dwa zdechłe koty na poboczu drogi w trakcie marszu ze Skipanes do Rituvík 2 listopada 2007 roku.

Wyspy Owcze to kraj o najwyższym wskaźniku dzietności w Europie. Na jedną matkę przypada tu średnio 2,44 dziecka*. W ofercie firmy Blika z Tórshavn znaleźć można sześcioosobowe wózki-autobusy.

Na Wyspach Owczych nie ma: twarogu, trolejbusów, reniferów, basenów geotermalnych (jak na sąsiedniej Islandii), hokeja na lodzie, sanktuariów, Dnia Dziecka, semaforów, barów mlecznych, sadów mandarynkowych, burdeli, fabryki samochodów, pelargonii, latryn, szamanów, meczetów, synagog, warsztatów plisowania spódnic, tartaków, zakładów koksochemicznych, klapek Kubota, planetarium, rewidentów kolejowych, plaży naturystów, bryczek, dyliżansów, ujęć wody

---

* Stan na wrzesień 2009 za przygotowywanym przez CIA *The World Factbook*; druga w Europie jest Turcja – 2,21. Pierwsze miejsce w rankingu światowym zajmuje Niger – 7,75 dzieci na jedną kobietę w wieku rozrodczym.

oligoceńskiej, pszenicy, lokomotyw, skoczków narciarskich, biatlonistów, bobu, płazów (z wyjątkiem żab na Nólsoy), Dnia Walki na Poduszki, wiewiórek, macierzanki, piołunu, wielkiego zderzacza hadronów, farerskich gier komputerowych, pisemek z golizną (choć przez chwilę ukazywał się frywolny męski magazyn „Ð"), zoo, typów we flekach na pomarańczową stronę, metra, kolei linowej, wieżowców, bocianów, jagód, raftingu, oscypków, ikarusów, wierzbowych piszczałek, kirkutów, skeletonistów, cyprysów, izb wytrzeźwień, ulotkarzy, zakonów, tramwajów, występów *drag queen*, zbrodniarzy wojennych (choć w 1923 roku zagrał tu w piłkę Reinhard Heydrich*), maków, katedry antropologii, krokietów z kapustą i grzybami, kominiarzy, wind typu paternoster, tabliczek: „Uwaga, zły pies!", McDonalda, Ikei, Pizza Hut, muzeum naparstków, squatów, małpich gajów, ligi piłki wodnej, brzuchomówców, farerskich Hells Angels, pijaków pod sklepami, drezyn, loży masońskiej, jeży, skarbu na końcu tęczy, krajowego rejestru długów, fasolki szparagowej i, według moich obserwacji, ruchomych schodów, choć mieszkająca na Owcach od dwudziestu lat Agnieszka Johannesen twierdzi, że są w którymś urzędzie w Tórshavn.

W śladowych ilościach występują: antykwariaty, flash moby, znicze na grobach, tatuatorzy, pety na ulicy, raperzy, ksywki, ogniska, slamy poetyckie, leżaki.

– Jana, jak wy sobie radzicie bez twarogu i Dnia Dziecka? – pytam znajomą z Miðvágur.
– A jak wy w Polsce bez pieczonych maskonurów i Ovastevny?

---

* Do tej informacji dotarł farerski dziennikarz Suni Merkistein. Heydrich, późniejszy zbrodniarz nazistowski i bliski współpracownik Hitlera, przebywał na Wyspach Owczych przez kilka dni 1923 roku jako młody podchorąży niemieckiej marynarki wojennej. Załoga jego krążownika Berlin rozegrała wówczas w Tórshavn mecz piłkarski przeciwko lokalnej drużynie.

Lądowanie

Kontury Wysp Owczych na mapie przypominają tańczącą primabalerinę, która w ekstatycznym pląsie odchyla głowę i zatraca się w złowieszczej melodii otaczającego ją oceanu. Dostojna i samotna, upojona dzikim szumem, jest obiektem westchnień tych nieco szurniętych absztyfikantów, którzy za krótkie spojrzenie gotowi byli przypłynąć z dalekich krajów na chropowatym cielsku Lewiatana. Dryfujących u wybrzeży adoratorów spowija gruby kaftan chmur. Szarozielonkawa suknia tancerki mieni się cekinami osad i miasteczek.

* * *

Już po raz trzeci cherlawe pisklę Atlantic Airways przebijać się będzie przez gęstą powłokę mgły, która przypisana jest do archipelagu Wysp Owczych jak farba do karty-zdrapki.
Na pokładzie samolotu Avro RJ 100 jest około sześćdziesięciorga pasażerów. Głównie Farerów powracających z weekendowego rajdu po kopenhaskich butikach przy Strøget. Schowki nad naszymi głowami pękają od markowych fatałaszków, kartonów papierosów i czekoladek. Do tego coraz głośniej dzwonią butelki z Jackiem Danielsem. Jakby nie mogły w milczeniu przeczekać nękających nas co rusz turbulencji.

Od ośmiu godzin powinniśmy być na lądzie. Tymczasem podniebny furgon zachowuje się jak zabawka w rękach trzylatka – tylko czekać, aż trzaśniemy o ziemię.

W pierwszym rzędzie atrakcyjna dwudziestoparolatka wyszeptuje modlitwę. Kwadrans później dowiem się, że jest Rumunką i że opuściła kraj w poszukiwaniu lepiej płatnej pracy (będzie opiekunką w domu spokojnej starości). Wcześniej, z drugiego końca samolotu, dobiega mnie głos po niemiecku. To starszy mężczyzna przywołuje stewardesę. Ta tłumaczy mu coś z serdecznym, acz wystudiowanym uśmiechem, po czym podaje plastikową szklaneczkę z wodą i środek na uspokojenie.

Na pokładzie jest jeszcze najpewniej czworo obcokrajowców: Francuz o twarzy Marlona Brando, Brazylijka i my – dwaj entuzjaści Wysp Owczych, właściciele stelaży wypełnionych po czub chrupkim pieczywem i suszonymi kabanosami.

Brando, Brazylijka, Rumunka i my – wszyscy jesteśmy przerażeni. Nieplanowane międzylądowanie w Stavanger, dodatkowe godziny w trzęsącej się puszce samolotu i dyskoteka w żołądkach nie poprawiają nam humorów.

Jakby tego było mało, spoglądam przez ramię mojego farerskiego sąsiada. Na zdjęciu w gazecie francuski futbolista Thierry Henry z miną zdradzającą niepewność. Pytam Farera o treść artykułu, a on tłumaczy, że to głośna sprawa i że powinienem słyszeć, bo fotosy obiegły całą Europę.

– Henry przyleciał do nas z reprezentacją na mecz. Samolot, którym podróżowali Francuzi, miał kilkunastogodzinne opóźnienie. Gęsta mgła nad lotniskiem i silne podmuchy wiatru uniemożliwiały lądowanie – opowiada Farer. – Francuzi wrócili do Bergen, gdzie spędzili noc. Następnego dnia podczas podchodzenia do lądowania samolot rzucał się na boki jak pies u weterynarza. Piłkarze znaleźli się na ziemi dopiero na trzy godziny przed rozpoczęciem meczu. Henry zszedł z pokładu roztrzęsiony. Miał powiedzieć, że jego noga już nigdy więcej nie postanie na Wyspach Owczych! – wybuchnął śmiechem mój rozmówca.

Nam jednak nie było do śmiechu. Słyszeliśmy, że port na wyspie Vágar, z wąskim betonowym pasem, przestrzelającym chropowatą dolinę, uważany jest za jeden z najniebezpieczniejszych na świecie. Kontroler lotów, którego poznaliśmy w dniu podróży, opowiedział nam o katastrofie z 1996 roku. Samolot duńskich sił powietrznych Gulfstream III źle ustawił się podczas lądowania i roztrzaskał o skały, kilkaset metrów od lotniska. Nikt z dziewięcioosobowej załogi nie przeżył. Wśród ofiar był duński minister obrony z małżonką.

– Trudne lądowania zdarzają się tu raz na tydzień – dodaje sąsiad z fotela obok.

Pytam Farera, czy nie boi się latać w tak trudnych warunkach. Co chwila przecież miota nami wiatr, a widoczność jest gorsza niż na planie *Blair Witch Project*.

– Jesteśmy mikroskopijnym społeczeństwem – odpowiada. – Właściwie, lepiej lub gorzej, każdy każdego tu zna i każdy od każdego jest zależny. Ja na przykład buduję domy z bali, które sprowadzam z Norwegii. Bjørn – wskazuje palcem na mężczyznę siedzącego na skos, trzy rzędy przed nami – ma farmę. Hoduje krowy i zaopatruje mleczarnię w mleko, które później piją moje dzieci. Dla mnie ważne jest, by Bjørnowi dobrze się mieszkało w domu, który dla niego zbudowałem. Jemu z kolei zależy na tym, by moim dzieciom smakowało mleko. Rozumiesz? Ja dbam o niego, a on o mnie.

– A co do tego ma pilot? – pytam.

– To, że znam jego matkę, ufam mu i wiem, że zrobi wszystko, byśmy szczęśliwie wylądowali – wyłożył Farer i zdaje się, że miał zacząć mówić o matce pilota, ale wtem znów porządnie zatrzęsło. W jednej chwili przypomniałem sobie odprawę na lotnisku w Kopenhadze i dziwaczny ton w pytaniu bileterki:

– *Are you ready to go to Faroe Islands?*

To nie było rutynowe pytanie, raczej zaklęcie. Miało mnie zaprowadzić do umiejętnie skrywanego świata konstruktywnych namiętności, silnych więzów międzyludzkich, niezachwianej tożsamości, gdzie poczucie wspólnoty jest silniejsze niż w trakcie najbardziej namiętnej rewolucji. Miałem trafić do świata, którego nie podpatruje oko BBC, a w którym ukojenia najpewniej zaznaliby Platon, Morus czy Wells.

Nad Wyspami Owczymi unosi się aura tajemniczości – temu wrażeniu nie potrafi się oprzeć ten, kto spędził na archipelagu choćby dwa dni podczas postoju promu Smyril Line w drodze na Islandię. Czasem myślę, że Farerom przysłużył się jakiś wyjątkowy psotniś, który rozlał sos albo niebieski atrament na mapach Europy – w miejscu, gdzie północny Atlantyk wypluwa osiemnaście miniaturowych kropek. Szetlandy, długo, długo nic i tak aż do Reykjavíku.

Wyspy Owcze, wyspy-widmo.

– *Are you ready to go to Faroe Islands?* – pyta kopenhaska bileterka.

Czuję się jak bohater *Niekończącej się historii*, jak Piotruś Pan, jak wybraniec, który opuszcza cywilizację, w której zaprzestano marzyć. Dostaję do ręki bilet i staję przed bramką bezpieczeństwa – furtą Tajemniczego Ogrodu, przed starą skrzypiącą szafą, za której drzwiami zobaczę wyśnioną krainę. „Rozpoczęło się korzystanie z państw jak z towarów, można wybrać to, które daje najlepszą ofertę mentalną i egzystencjalną" – pisał na łamach „Gazety Wyborczej" Mariusz Szczygieł.

Oferta Atlantic Airways była stworzona dla nas. Chcieliśmy napisać reportaż. Chcieliśmy sprawdzić, czy reportaż można pogodzić z baśnią.

Byliśmy gotowi.

Od dwóch lat gromadziliśmy książki, artykuły prasowe, wszelkie wzmianki o życiu na archipelagu. Niewiele tego: dwie przetłumaczone na polski z duńskiego powieści i zbiór opowiadań Williama Heinesena, nowela Heðina Brú, romansidło Jørgena-Frantza Jacobsena, które urosło do rangi epopei narodowej, dwa polskojęzyczne przewodniki (obu nie można kupić w księgarniach), esej Huberta Klimki-Dobrzanieckiego w „Studium", reportaże Iwony Trusewicz i Tomasza Kabata, tropy u Jarosława Iwaszkiewicza w *Szkicach o literaturze skandynawskiej*, kilka akapitów w akademickich publikacjach literackich i historycznych, kilka książek żeglarskich z wątkiem Wysp, tłumaczenie *Podróży „Brendana"* Tima Severina oraz rozprawa naukowa *Ocena zasobów ryb dennych na łowiskach północno-wschodniego Atlantyku*.

Ponadto kilkanaście opracowań w języku angielskim i dziesiątki notek prasowych dotyczących poszukiwań ropy, polowań na grindwale i niepowodzeń piłkarskiej reprezentacji. Kilkadziesiąt nagrań w internecie – widokówki, teledyski z udziałem lokalnych artystów, reklamy, scenki rodzinne, heroiczne zwycięstwo nad austriackimi piłkarzami.

Ani słowa o wymarłej osadzie Víkar na jednym z sześciuset farerskich krańców świata, o osadnikach, którzy taszczyli prowiant, zjeżdżając na linie ze stromej góry. Ani słowa o szaleńcu, który na łódce bez żagla płynął przez Morze Norweskie, za towarzysza mając kota, o kobietach kąpiących się niezależnie od pory roku w oceanie i o szeleście plastikowych ochraniaczy na buty, bez których zapobiegliwi kierowcy nie zbliżają się do swoich aut. O jednostce policji do spraw wypadków drogowych z udziałem owiec i mężczyźnie z Argir, który przez dwadzieścia cztery godziny pływał w basenie, a później zjadł furę czekoladowych ciastek i trafił do Księgi Rekordów Guinessa. Ani zająknięcia.

Zbiory Biblioteki Narodowej są ewidencjonowane i łatwo do nich dotrzeć dzięki programowi komputerowemu. Wystarczy wystukać na klawiaturze nazwisko autora, tytuł utworu albo słowo kluczowe, a na monitorze pojawią się wszystkie pozycje

uwzględniające dane, które się wprowadziło. Poniżej przedstawiam wyniki moich poszukiwań:
Wielka Brytania – 5 937 tytułów.
Malta – 75 tytułów.
Liechtenstein – 28 tytułów.
Grenlandia – 28 tytułów.
Szetlandy – 11 tytułów.
Cypr – 81 tytułów.
Bornholm – 40 tytułów.
Andora – 10 tytułów.
Czarnogóra – 92 tytuły.
San Marino – 18 tytułów.
Wyspy Owcze – 3 tytuły.

* * *

Od dwóch godzin Avro RJ 100 kreśli koła nad najskromniej opisanym skrawkiem Europy. Jeszcze niezadeptanym przez turystów i niezdobytym przez międzynarodowych handlarzy szybkim jedzeniem.

Farerski pisarz William Heinesen w *Wyspach Dobrej Nadziei* tak sportretował nieokiełzany charakter swojego lądu: „Kiedyś Wyspy Owcze były żeglującymi wyspami. Dryfowały bezwładnie we mgle, zanim nie znalazły miejsca przeznaczenia. Zacumowały dopiero, gdy olbrzymie żelastwo spuszczono w głąb morza".

Przypomniałem sobie ten fragment zaraz po tym, jak zaczęło nami telepać, zaraz po tym, jak maszyna gwałtownie obniżyła wysokość, a na pokładzie rozległ się jęk – z kubków powylewała się kawa, a niedojedzone kanapki z kurczakiem rozpaćkały się na kolanach. Uwaga! Ostrzegawczy figiel natury – przygotuj się, bo nie skończy się na jednym kuksańcu. Na Viðoy, gdzie kaczki chowają się pod gazikami, wicher zetnie cię z nóg. Na południowym cyplu Suðuroy zabawisz się w skoczka narciarskiego – staniesz pod wiatr i przechylisz ciało pod kątem czterdziestu pięciu stopni do ziemi. Nie przewrócisz się, wiatr cię przytrzyma. Nieopodal Víkar cudem nie oderwiesz się od skalnej ściany, a w Leynar omal nie dopełnisz żywota – silny podmuch zepchnie cię, krnąbrny kierowco hulajnogi, na drugą stronę jezdni, wprost pod pędzącą benzyniarkę.

Czułem respekt przed surowością archipelagu, przed jego podniecającą nieprzewidywalnością. Kłaniałem się krainie, gdzie w ciągu kilku godzin mogą nastąpić w różnej kolejności cztery pory roku, gdzie rankingi popularności stron internetowych wygrywa witryna stacji meteorologicznej.

Osadnicy nie ujarzmili w pełni swojego lądu. Są jednak charakterni w obcowaniu z naturą. Mógłby nadejść cyklon, deszcz mógłby zrobić z kraju basen, a Farer i tak zachowa spokój, jak każdy nordyk, jak Nói Albinói, kiedy przyjdzie lawina. Imponowała mi ta niezłomność.

* * *

„Uwaga, podchodzimy do lądowania" – trzeszczy głos z kokpitu.

– Nareszcie, może teraz się uda – przeżywa Brazylijka zajmująca miejsce na prawo ode mnie. Z dalszej rozmowy dowiaduję się, że ma na imię Susanna i że w Rio była nauczycielką hiszpańskiego na tamtejszym uniwersytecie. Była też świadkiem morderstwa. Podobno poszło o skradzione narkotyki. Gangster ponoć tak retorycznie wepchnął lufę pistoletu w gardło nastolatka, że wybił mu zęby. Zanim pociągnął za spust, chłopiec popuścił ze strachu, a gangster powiedział: „Niech twój brat pilnuje lepiej".

– A potem podszedł do mnie, wycelował i powiedział, że powinnam się odprężyć i że jak coś powiem policji, to mnie znajdzie i też zabije – mówi Susanna. – Ten gangster podobno już nie żyje, ale ja nie mogłam się otrząsnąć. Brat mieszka na Wyspach Owczych już kilka lat. Jest piłkarzem. Doradził, żebym przyjechała. Mówi, że ten kraj to sanatorium... Znalazłam pracę w przetwórni ryb. Nigdy nie wrócę do Rio.

*

Chmury rozstąpiły się. Pilot wykorzystał dogodny moment i sprowadził maszynę na ziemię. „Witamy na Wyspach Owczych. Załoga Atlantic Airways dziękuje za lot. Jest kwadrans po północy. Temperatura powietrza: 1°C, deszczowo".

Na pokładzie Panny, 7 aprila Roku Pańskiego 1669.
Niezmierzone morze pełne jest osobliwych widziadeł, które wprawiają w konfuzję oczy i umysł. Zaprawiony żeglarz wie, kiedy te widziadła są prawdą, a kiedy ułudą, ale nie wie tego niedoświadczony podróżnik, dla którego wszystkie te rzeczy otacza gloria ciekawej nowości. Widzi on pewnego ranka górzyste wybrzeże, które szarą masą wznosi się stromo, ku niebu. Ale patrz, oto ciężkie góry poczynają się chwiać, jak podczas potężnego trzęsienia ziemi, wybuchają pożarem, kruszeją, jak żarzący się popiół i wysyłają czerwone iskry i płonące jęzory. Rozpadają się i rozwiewają jak puch mlecza, kiedy igra wiatr, i pozostaje tylko słońce nad pustkowiem morza*.

* William Heinesen, *Wyspy Dobrej Nadziei*, tłum. Andrzej M. Kołaczkowski, Warszawa 1974.

Pierwsza nasza podróż na Wyspy Owcze nie byłaby tak owocna, gdyby nie serdeczna postawa Andrzeja Stretowicza, polskiego piłkarza FS Vágar (później 07 Vestur), na którego zaproszenie przylecieliśmy. Andrzej, nie znając nas jeszcze, zaproponował po wymianie trzech e-maili: „Wpadajcie na Wyspy, serdecznie zapraszam. Z noclegiem nie będzie problemu, prześpicie się u mnie". Przez następne tygodnie korzystaliśmy z jego wiedzy i gościnności – okazały się bezcenne.

Pierwsza noc

Sandavágur spało kamiennym snem, którego nie zakłócała nawet potężna październikowa wichura. Andrzej powiedział, żeby nie przejmować się szczegółami.

– Spowszednieje wam, będziecie się martwić dopiero, kiedy zaczną latać kosze na śmieci.

Szliśmy przeraźliwie pustymi uliczkami i wsłuchiwaliśmy się w melodię farerskiej nocy. Jęk pojedynczych drzew, rozbujanych latarni i poluzowanych tabliczek z nazwami ulic współgrał z dudniącym w tle oceanem, jakby dobry olbrzym nucił barytonem kołysankę, a odpoczywająca przy jego boku dzieciarnia zgrzytała przez sen zębami.

Jako pierwsze o naszym przyjeździe dowiedziały się marmurowe gołębie na cmentarzu. Nad spiczastą wieżą kościoła dwie mewy łopotały skrzydłami, nie przesuwając się choćby o metr.

Poszliśmy każdy w swoją stronę, żeby nie popsuć wszystkiego jakimś głupim słowem. Pamiętam, że nie myślałem o niczym, nic nie wydawało się w tamtym momencie adekwatne, czasami tylko przystawałem, kręciłem z niedowierzaniem głową i uśmiechając się, jakbym postradał zmysły, ruszałem dalej.

Jak zdezorientować Włocha

– Chcielibyśmy odwdzięczyć się panu biletem na mecz – zasugerował włoski piłkarz Gennaro Gattuso farerskiemu policjantowi na lotnisku Vágar. Chodziło o przeterminowany paszport i brak ważnej pieczątki na dokumencie przewozu skrzyń ze sprzętem sportowym. Po konsultacji ze służbą celną posterunkowy Mikkjal Thomassen uznał, że sytuacja jest wyjątkowa i na uchybienia można, a nawet trzeba przymknąć oko. Włosi (niecały rok wcześniej zdobyli Puchar Świata) przylecieli na Owce rozegrać zawody w ramach eliminacji do mistrzostw Europy. Przed budynkiem lotniska od godziny czekał na nich autokar i dwa radiowozy – eskorta do Tórshavn.

– Dziękuję, ale mam jak wejść na stadion – odparł policjant, ściskając dłoń Gattuso.

– Zrobił nam pan wielką przysługę. Umówmy się wobec tego, że dam panu moją koszulkę, proszę tylko znaleźć mnie po meczu.

– To nie będzie trudne, bo także w nim zagram.

Jeszcze tego samego dnia Włosi pojawili się w siedzibie firmy Bilrøkt, zajmującej się sprzedażą i wypożyczaniem luksusowych aut.

– Niewiele da się zobaczyć w kilka godzin, ale proponuję wizytę w Eiði. Na końcu osady jest kameralny stadion, przylegający z jednej strony do oceanu, z drugiej do jeziora. Nasza federacja zakazała tam grać, bo wiecznie wieje i pryskają fale – opowiadał swoim klientom właściciel Bilrøktu Jákup á Borg. Chciał pożegnać wychodzących z salonu piłkarzy puentą w stylu Mikkjala Thomassena, ale doszedł do wniosku, że poczeka z niespodzianką do chwili, gdy spotkają się przy szatniach.

2 czerwca 2007 roku Wyspy Owcze przegrały z Włochami 1:2. Trzydziestojednoletni posterunkowy przebywał na boisku przez dziewięćdziesiąt minut, dwudziestosiedmioletni szef firmy motoryzacyjnej – kwadrans krócej. Do bramki mistrzów świata wbił piłkę głową przystojny cieśla z Klaksvík Rógvi Jacobsen.

Lindo, pokonaj Duńczyków!

Historia dążeń niepodległościowych i emancypacyjnych na Wyspach Owczych to w zasadzie historia wielopokoleniowej i bodaj najsłynniejszej na archipelagu rodziny Paturssonów z Kirkjubøur. Kto zechce dopatrzyć się w powyższym stwierdzeniu nadużycia, winien wiedzieć, że w mikroskopijnym społeczeństwie Farerów każdy jest – mniej lub bardziej – związany z Paturssonami lub z Kirkjubøur.

1804. Prometeusz

– Nólsoyar Páll był Kolumbem, albo raczej Prometeuszem, kiedy Wyspy Owcze były jeszcze ciemnogrodem bez ognia – powiedział z emfazą Ravn, kustosz muzeum w Klaksvík.

Z początkiem dziewiętnastego stulecia Farerowie wciąż żyli odizolowani od reszty świata jak sieroty na stancji u guwernantki. Guwernantką była Dania. Ogołocona z bogactw i terytoriów podczas wojen napoleońskich monarchia próbowała za wszelką cenę wydźwignąć się z kryzysu i umocnić władzę w Kopenhadze*. Wyspy Owcze traktowała po macoszemu,

---

* Po przegranej wojnie ze Szwecją, na mocy traktatu kilońskiego z 1814 roku, Dania zrzekła się Norwegii, zachowując Wyspy Owcze, Islandię i Grenlandię.

nie bacząc na farerskie bolączki (podupadającą gospodarkę, rozbójnictwo i deficyt produktów spożywczych), nakładając za to co rusz nowe obwarowania, z których najdotkliwszym był monopol handlowy.

„Wyspy Owcze nie są znaczącym rynkiem. Farerowie nie sprostaliby regułom wolnego handlu. Za handel nadal będzie odpowiadało Duńskie Przedsiębiorstwo Monopol" – oznajmił gubernator Tórshavn Emilius Marius Georgius von Løbner, spoglądając na grupkę zdezorientowanych farmerów przed budynkiem faktorii handlowej w portowej dzielnicy miasta.

„Czy to aby dobrze, żeby Monopol nadal reprezentował nas w handlu?" – zastanawiali się producenci wełny, której sprzedaż stawała się coraz mniej opłacalna. Jeszcze nie znajdowali odpowiedzi.

Løbner – jak zauważa badacz farerskiej historii Jonathan Wylie* – był usłużny wobec duńskiego króla i miał interes w popieraniu Kopenhagi. Faktoria podlegała Koronie. Jej przedstawicielem na Wyspach Owczych był Løbner. To on kontrolował handel, pomnażając przy okazji swój majątek.

Dziwne natomiast – pisze Wylie – że za podtrzymaniem obowiązującego porządku byli także zwykli mieszkańcy Wysp Owczych.

Pisarki Liv Kjørsvik Schei i Gunnie Moberg wyjaśniają przesłanki sympatii Farerów do Monopolu: „Zmiana reżimu feudalnego na biurokratyczny została zauważona bardzo szybko. Większość Farerów uważała, że czasy zmieniają się na lepsze. Korupcja zostanie zdławiona, farerskie produkty będą sprzedawane za granicę za ustaloną z góry cenę albo wymieniane na deficytowe dobra. Niewypłacalni ludzie nie będą szczuci – obiecywali sobie Farerowie"**.

---

* Jonathan Wylie, *The Faroe Islands. Interpretations of History*, Lexington, Kentucky 1987.
** L. K. Schei, G. Moberg, *The Faroe Islands*, Edinburgh 2003.

Jak bardzo się pomylili, przypomina ponura historia mieszkańców wyspy Suðuroy. Nie mogąc dostać się do Tórshavn – jedynego miejsca, w którym można było legalnie sprzedawać i kupować towary – nie byli w stanie spieniężyć wyprodukowanych dóbr, w efekcie czego nie mieli dostępu do koniecznych do życia towarów z importu, w tym żywności i leków. Jak odnotowują Schei i Moberg, całe rodziny na Suðuroy umierały z głodu i z powodu nieleczonych chorób. Korupcja, zamiast obumierać, kwitła. Pośrednicząca w handlu faktoria proponowała Farerom krzywdzące ceny. W mieście pojawili się szmuglerzy. Alternatywny szlak handlowy miał przynieść mieszkańcom archipelagu większe zyski, tymczasem doprowadził gospodarkę do ruiny. Farmerzy odsprzedawali przemytnikom większość produkcji, a do faktorii odnosili produkty niskiej jakości – nie zawsze świeżą baraninę, nadmiernie kruszące się płaty suszonych ryb, gorszą wełnę. Towary te, często felerne i nadpsute, trafiały hurtem do Królestwa Niderlandów, gdzie zamieniano je na równie felerne narzędzia i tekstylia, stare ziemniaki, przeterminowane farmaceutyki i przegniłe zioła.

Duński Monopol wyrządził jeszcze więcej krzywd farerskiemu społeczeństwu. Przyzwyczaił do bierności, nauczył życia pod gubernatorskim batem, zdeprecjonował godność, a separując Farerów od morskiego handlu, odizolował od świata na całe dziesięciolecia. Choć minęło już dwieście lat, to narodowy kompleks niższości zdaje się określać Farerów po dziś dzień.

Páll z Nólsoy, buńczuczny i dumny, nie skalał się w życiu poddańczą postawą i jak wyznał mi zawadiacko pewien Farer, którego poznałem pod pomnikiem Pálla w Tórshavn: „On pierwszy porządnie napluł Dunom w twarz. I dobrze, bo dotąd to oni w nas pluli, a my tylko udawaliśmy, że pada. Wiesz, że u nas ciągle pada?".

Farerski heros był żeglarzem, poławiaczem grindwali, poetą i szkutnikiem. „To kolorowa postać, indywidualista – przedstawiają go Schei i Moberg. – Zainspirowany rewolucją francuską przeciwstawił się korupcji i nieudolnej władzy". W 1804 roku przed budynkiem faktorii na Tinganes zbierali się mężczyźni utyskujący na zapadającą się gospodarkę. Kobiety lamentowały, uderzając chochlami w puste kotły. Páll (z urodzenia Poul Poulsen Nolsøe) przebywał w tym czasie w Vágur, jednej z dwóch głównych miejscowości na wyspie Suðuroy. Budował dwumasztowy szkuner ze znalezionych w Hvalbie resztek statku Sally & Poully.

– Co to będzie, Páll? – mógł wypytywać niejeden osadnik z Vágur.

– Pierwsza farerska łódź, licząc od czasów Wikingów, która przemierzy wzdłuż i wszerz Atlantyk – odpowiadał jak zwykle wyniosły Páll.

– Jak ją nazwiesz?

– Royndin Fríða (Dążenie ku dobremu).

1808. Pierze

Huknęło, trzasnęło, fortyfikacja Skansin na południu Tórshavn rozleciała się szybciej niż porozumienie szwedzko--duńskie. Kamienie odbijały się od wzgórza jak kauczukowe piłeczki, a drewniane chałupy trzaskały w ogniu jak szyszki. Wszędzie tylko siwy dym i gryzący zapach armatniego prochu. Mieszkańcy Nólsoy, spoglądając z oddali na Tórshavn, po raz wtóry zobaczyli łunę ognia.

Do brzegu zdążył już dobić agresor. Niejaki Baugh, Brytyjczyk, kapitan pirackiego okrętu Clio, wydał rozkaz splądrowania najbardziej rozwiniętej, portowej dzielnicy miasta.

Mieszkańcy, przyzwyczajeni do częstych najazdów i grabieży, uciekali ponoć na drugi koniec Havn, jak w skrócie nazywano stolicę, w milczeniu, zachowując spokój, jakby kierowani instrukcją postępowania na wypadek agresji. Domy i sklepy pozostawiali otwarte.

Kiedy po kilku godzinach grabieżcy opuścili miasto, ludzie zaczęli wracać do swoich domostw. Cieszyli się ci, których chałupy nie zostały spalone. Zbierali pierze i zszywali porozdzieraną na strzępy pościel.

1808. Mężczyzna w okularach

Tak zapamiętano kolejnego najeźdźcę. Brillumaðurin, Mężczyzna w Okularach – mówili mieszkańcy Tórshavn o baronie von Hompesch. Jego opanowanie, wystawiane na próbę w godzinie najcięższych walk, budziło w ofiarach przerażenie. Mówi się, że gdy wynajęci przez von Hompescha rabusie ogołacali miasto, ten przechadzał się po portowych alejkach, popijając kawę.

Popijał i spoglądał, jak jego banda dewastuje budynek Monopolu, wynosząc uprzednio worki pieniędzy i jęczmienia, misy suszonych ryb, owczą wełnę i skrzynie wypełnione po brzegi drobiazgami – były tam grzebienie, brzytwy, srebrne sztućce, przyprawy, maści i gwoździe.

Kolejny łyk, a wataha plądrowała już katedrę Havnar Kirkja. Piraci chwytali po dwóch za obrusy, które służyły im za improwizowane nosze, i wsypywali na nie kopy złoconych zdobyczy – od świeczników i naczyń mszalnych, po zdobione ramy obrazów i krucyfiksy.

Ogałacając katedrę z kosztowności, bili w dzwon, który trafił do Tórshavn ze statku Duńskiej Kompanii Wschodnioindyjskiej. – Pozostałość po zatoniętym statku. Duński podarunek – podśmiewali się zapewne piraci.

Zanim von Hompesch zdążył dopić kawę, jego zgraja zdemolowała jeszcze sklepy i tawerny na Tinganesie.

– Przychodzą jak po swoje – szeptali Farerowie. – Jak długo jeszcze będziemy się na to godzić?

1809. Kukurydza

Po dwóch pirackich napaściach w 1808 roku handlowa część Tórshavn dorównywała posępnością miastom z obrazów Norblina. Rozsypane po ulicach fragmenty kamiennej fortyfikacji drażniły Farerów jak końskie kupy. Stragany, wcześniej gwarne i cuchnące nadpsutą baraniną, teraz milczały. Miasto znękane. Miasto znieważone. Miasto poranione, oplute, zgwałcone. Miasto okradzione z życia. Głodujące. A jednak miało wolę odrodzenia.

– Wyruszam do Anglii, po kukurydzę – oznajmił w 1809 roku Páll z Nólsoy, który od pięciu lat przemierzał wody Atlantyku, sprowadzając na archipelag żywność i lekarstwa. Obca mu była udzielająca się społeczeństwu depresja.

– Páll płynie zdobyć dla nas żywność! – wracali do życia Farerowie.

– Prędzej umrę na morzu niż z głodu – miał dodać Páll. Wypłynął i już nie powrócił. W drodze powrotnej z Anglii zaginął na oceanie. Jego poświęcenie zostało jednak zapamiętane.

Jonathan Wylie pisze: „Postawa Pálla z Nólsoy uświadomiła Farerom, że zmiana na lepsze nie musi zależeć od królewskich rozporządzeń czy kopenhaskiego gubernatora. Nólsoyar Páll pokazał, że inicjatywa może wyjść od Farerów. Jakkolwiek realne zmiany jeszcze nie zaszły, to pewne jest, że zmieniło się myślenie mieszkańców Wysp Owczych. Po chwilowej stagnacji nadeszły wreszcie wielkie zmiany XIX wieku".

1856. Ziemniak

A jednak Tórshavn miało wolę odrodzenia.

– Ten rok nie mógł się zacząć lepiej! – kipieli z radości farerscy kupcy. 1 stycznia pod młotek poszła faktoria handlowa duńskiego Monopolu. Prywaciarze wykupili też nieruchomości

Monopolu w Klaksvík, Vestmannie i Tvøroyri. Duńscy zarządcy wracali do Kopenhagi w poczuciu życiowej klęski, lądując często na marginesie życia publicznego.

Farerowie zaś porzucali farmy i ruszali na morze. Ktoś zauważył, że na rybach da się zarobić więcej niż na wełnie, zaczęto więc budować kutry. Nadeszła era komercyjnych połowów. Do Tórshavn ściągali zubożali wieśniacy z Norwegii i Danii w nadziei na lepsze życie. Miasto przeżywało rozkwit. W 1855 roku liczyło osiemset pięćdziesięcioro pięcioro mieszkańców, podczas gdy w 1801 tylko pięćset pięćdziesięcioro czworo (dane przedstawia Jonathan Wylie). Powstawały nowe sklepy i bary. Tórshavn połowy XIX wieku – muzyka bitych gwoździ i heblowania desek.

– Dziecko dorasta. Zaczyna na siebie zarabiać – dowcipkowali Farerowie w tawernach.

I jeszcze wielkie odkrycie: „ziemniak czuje się dobrze w naszej glebie". Dieta wyspiarzy została wzbogacona o potas. Skończyły się problemy z zaparciami i skurczami jelit. Migreny stawały się znośniejsze, a ból mięśni przychodził dużo rzadziej.

1888. Podwójne narodzenie

22 grudnia 1888 roku Farerowie przeczytali komunikat opublikowany na pierwszej stronie „Dimmalætting", wówczas jedynej gazety wydawanej na Wyspach Owczych: „Do wszystkich i każdego z osobna – jesteście proszeni na walne zgromadzenie, które odbędzie się drugiego dnia Świąt Bożego Narodzenia o godzinie trzeciej po południu w budynku Parlamentu. Będziemy dyskutować o tym, jak obronić Farerski Język i Farerskie Tradycje".

Podpisali: Júst á Húsum – królewski farmer z Tórshavn, Jens Olsen – kupiec z Tórshavn, Rasmus Christoffer Effersøe – doradca do spraw rolnictwa z Tórshavn, Christian Ludvig

Johannesen – nauczyciel z Toftir, Sámal Frederik Samuelsen – kwatermistrz z Tórshavn, Djóni í Geil – wydawca z Tórshavn, Enok Daniel Bærentsen – kupiec z Tórshavn, Hans Nicolai Jacobsen – jedyny księgarz na Wyspach Owczych, z Tórshavn, Jóannes Patursson – królewski farmer z Kirkjubøur.

26 grudnia 1888 roku w Tórshavn szalał huragan, drogi były grząskie i w wielu miejscach nieprzejezdne. Potężna nawałnica i sztorm na Atlantyku uniemożliwiły osadnikom z odległych wysp przedostanie się na Streymoy – dowiadujemy się z relacji dziennikarza „Dimmalætting". Mimo przeciwności budynek Parlamentu, Løgtingu, pękał w posadach.

– Żądamy wprowadzenia języka farerskiego do szkół! W nauczaniu historii szczególny nacisk należy kłaść na historię Wysp Owczych! – krzyczeli zgromadzeni.

– Pragniemy, by wszystkie duńskie modlitwy zostały zniesione i zastąpione farerskimi! – zabrał głos Effersøe, który kształcił się w Szwecji i Danii. – Pastor musi mieć prawo do wypowiedzi w języku farerskim. W kościele i poza nim! – postulował.

– Farerski powinien obowiązywać podczas wszystkich oficjalnych uroczystości! – zdzierał gardło Patursson.

– Domagamy się utworzenia Wyższej Narodowej Szkoły Farerskiej! – skandowali zgromadzeni.

Gdy głos zabrał szewc Johannes Bærentsen („Owszem, powinniśmy mówić po farersku. Ale w żadnym wypadku nie powinniśmy w tym języku pisać i czytać"), rozległy się gwizdy. Temperatura dysputy podskoczyła jeszcze gwałtowniej, gdy dzierżawca ziemi w Kaldbak, Bærent Wang, powiedział:

– Żądam, by w szkołach uczono wyłącznie po duńsku.

Jak podają kronikarze, tylko cudem uniknął linczu.

Chwilę później na mównicę żwawo wszedł podniecony poeta Evensen i żarliwie wyrecytował hymn wojenny, napisany na specjalną okazję przez jednego z organizatorów wiecu – dwudziestodwutelniegoletniego wówczas Jóannesa Paturssona.

Sam Patursson był zbyt nieśmiały, aby wyrecytować hymn, poprosił więc o przysługę Evensena.

Sześćdziesięcioośmiowersowe dzieło zaczynało się od słów: „Nadeszła godzina, by podać sobie ręce. Wskrzesić nasz ojczysty język".

Jak pisze Jonathan Wylie, gdy młody Evensen przekonywał, że „wszelka obcość powinna być przepędzona i zniknąć jak mydlana bańka", duński duchowny z południowej części wyspy Streymoy, C.A. Hansen, w geście buntu i wściekłości opuścił zgromadzenie, trzaskając drzwiami. Pozostali nie zareagowali tak impulsywnie, choć nie wszystkim podobała się filozofia Paturssona.

2005. Bitwa o matematykę

Spór o matematykę zażegnany – podaje Portal.fo, główna witryna internetowa Wysp Owczych. Dwoje uczniów z Gøty otrzymało wreszcie zgodę na korzystanie z farerskich podręczników do matematyki, jak życzyli sobie tego ich rodzice. Wcześniej rodzice, nie godząc się na nauczanie z duńskich skryptów, wypisali dzieci ze szkoły.

1889. Więźniarka pogody

Súsanna Helena Patursson miała niebywałe szczęście – po pierwsze mogła się kształcić, po drugie mogła się kształcić z braćmi, co w drugiej połowie XIX wieku było traktowane jako osobliwość.

Odkąd nauczyła się mówić, mogła też na głos wyrażać swoje poglądy i siadać przy stole z mężczyznami. To rodziło kolejną korzyść: Súsanna Helena raczyła się zakąskami lepszej jakości, w innych domach zarezerwowanymi wyłącznie dla mężczyzn. Zamiast obgryzać kostki, miała prawo do soczystych kurzych udek.

Angielski pisarz Charles Edwardes, który udał się z wizytą na Wyspy Owcze, tak zapamiętał spotkanie z siostrą Jóannesa Paturssona: „Przemierzałem właśnie drogę wzdłuż grzbietu góry z Tórshavn do Kirkjubøur, gdy natknąłem się na córkę farmera – młodą, osiemnastoletnią damę, która właśnie zakończyła edukację w Kopenhadze. Poznaliśmy się przypadkiem, szła do sklepu po wino, ciasto i cygara. Była piękna. Miała ciemne, niespotykane u nordyków oczy, gładką cerę i smukłą figurę. Coś jednak sprawiło, że nie potrafiłem jej podziwiać. Odniosła się do mnie w dziwny sposób: z szacunkiem, w którym dało się wyczuć pewną dozę pogardy"*.

Súsanna Helena miała zażartować z Edwardesa, przedstawiając się jako prosta wieśniaczka. – Moim zadaniem jest służyć mężczyznom. Podawać do stołu kolejne posiłki – miała powiedzieć z prowincjonalną naleciałością.

Jej ambicje wykraczały jednak daleko poza usługiwanie mężczyznom. Súsanna Helena chciała służyć kobietom. Z tej chęci w 1905 roku powstała pierwsza farerska gazeta z poradami dla kobiet – „Oyggjarnar" (Wyspy). Cztery lata później – pierwsza książka kucharska *Matreglur fyri hvørt hús* (Posiłki dla każdego domu). Minęły kolejne trzy lata i z drukarni w Tórshavn wyszedł kolejny poradnik: *Fríðka um búgvið* (Upiększanie domu).

„Súsanno Heleno, mam dość roli służącej w domu mojego męża. Czuję, że mogę więcej. Chcę wyjść do ludzi. Chcę podjąć pracę. Jaką pracę mogę podjąć?" – pytały kolejne czytelniczki „Oyggjarnar", początkujące sufrażystki.

„Musicie chcieć dwa razy mocniej niż wasi mężowie, pracować dwa razy ciężej i uczyć się równie sumiennie jak pracujecie" – instruowała Súsanna Helena, która słynęła z bezwzględ-

---

* Fragment niepublikowanych dzienników Edwardesa za Jonathanem Wyliem, *The Faroe Islands. Interpretations of History*, Lexington, Kentucky 1987, s. 150.

nej dyscypliny wobec siebie i innych. Lubiła rywalizować z mężczyznami, nie wystarczało jej nawet poczucie równości płci. „Kiedy podała mi dłoń – relacjonuje Edwardes – ścisnęła mocno, aż do bólu. Jak mężczyzna".
– Macie prawo do nauki! Macie prawo do pracy! – przekonywała na wiecach i pisała w „Oyggjarnar". – Macie prawo siadać przy stole z mężczyznami, macie prawo cieszyć się tymi samymi potrawami, co mężczyźni! – jej słowa stawały się refrenem w powolnie pisanej pieśni farerskiej emancypacji.

Powolnie pisanej, lecz rozpoczętej bardzo wcześnie. Początek ruchu sufrażystek w Stanach Zjednoczonych to przecież rok 1903. Pierwsza kobieta otrzymała angaż na paryskiej Sorbonie w 1906 roku. (Była nią Maria Skłodowska-Curie).

W 1906 roku – a więc rok po tym, jak Súsanna Helena Patursson wydała pierwszą kobiecą gazetę na Wyspach Owczych. Osiemnaście lat po „Świątecznym Spotkaniu" – narodzinach ruchu nacjonalistycznego, w którym poza Súsanną Heleną nie uczestniczyła żadna kobieta. Wreszcie siedemnaście lat po premierze pierwszej sztuki teatralnej napisanej po farersku. Autorstwa Súsanny Heleny Patursson.

O czym mogła opowiadać pierwsza sztuka napisana przez wyemancypowaną Farerkę? Niestety, do dziś zachowały się tylko fragmenty utworu *Veðurføst* (Więźniarka pogody). Wiemy jednak na pewno, że sztuka Súsanny Heleny wynosiła kobietę na piedestał. Zwracała uwagę na kobiecą mądrość i siłę. Była odzwierciedleniem nacjonalistycznych nastrojów panujących w domu Paturssonów. Pogardą wobec bierności.

Bohaterka – jej imienia nie znamy – nie mogąc wyściubić nosa z domu, postanawia najlepiej wykorzystać czas, ucząc swoje dzieci języka farerskiego. Języka, który w czasie powstawania dzieła nie gościł jeszcze na salonach i w urzędach.

2009. Więźniarka pogody 2.0

Sto dwadzieścia lat później Eleonora nie zdążyła na prom odpływający z Tórshavn na Islandię.

– Planowałam wprawdzie spędzić rok w Reykjavíku, ale tu jest tak niekomercyjnie, że nigdzie dalej się nie wybieram – zdecydowała Niemka, spoglądając bez żalu na odpływającą Norrönę.

Ostatnie trzy lata Eleonora spędziła na studiowaniu kulturoznawstwa i włóczeniu się po drezdeńskich squatach. Teraz znalazła pracę w przetwórni ryb w Vestmannie, gdzie odkryła nowe powołanie:

– Chcę napisać sztukę, której widzami będą przechodnie. Wystawimy ją na Niels Finsens gøta w Tórshavn.

– O czym będzie opowiadać?

– O izolacji. O bierności. Farerowie są tak hermetyczni i nieśmiali, kiedy widzą kogoś wyrazistego, nietypowego. Dużo bardziej nieśmiali niż kontynentalni Europejczycy. Zwyczajnie się peszą i traktują jak obcego. Wczoraj zorganizowałam przyjęcie. Upiekłam ciasteczka, miały być kalambury. Zaprosiłam całe towarzystwo z przetwórni. Chciałam, żebyśmy się bliżej poznali. Wiesz, że nikt nie przyszedł? Czasem czuję się tu jak w więzieniu. Irytuje mnie ta społeczna bierność, to chowanie się po domach. Urojone życie w internecie.

– Stałaś się więźniarką pogody – rzucam.

– Co?

2009. Miss mokrego podkoszulka

W maju 2009 roku Portal.fo ogłosił pierwsze farerskie wybory Miss Mokrego Podkoszulka. Zabawę zaplanowano na sierpień. W lipcu organizatorzy zmuszeni byli odwołać konkurs. Nie zgłosiła się żadna kandydatka.

2007. Jak wypije, to lubi przylać...

– W naszym społeczeństwie są dwie patologie – przyznaje Margretha Nónklett, koordynatorka farerskiego oddziału Amnesty International. – Jesteśmy konserwatywni. Nie akceptujemy mniejszości seksualnych.

– Mamy też problem z mężczyznami nadużywającymi alkoholu – dopowiada Elin z fundacji Kvinnuhúsið (Dom Kobiet). – Niektórzy, jak się napiją, to lubią przylać. Na przykład żonie.

W opublikowanym w maju 2008 roku raporcie rządu duńskiego z realizacji Międzynarodowej Konwencji w Sprawie Wszelkich Form Dyskryminacji Kobiet na Wyspach Owczych czytamy, że w 2006 roku farerskie centrum kryzysowe dla kobiet odnotowało 375 próśb o pomoc psychologiczną lub socjalną. Trzynaście osób przebywało w centrum dłużej niż tydzień.

1977–1983. Najokazalsza budowla północy

Syn Jóannesa Paturssona – Erlendur z Kirkjubøur – całe życie agitował za niepodległością Wysp Owczych i Grenlandii. Kiedy uznał, że jego starania zdają się na nic, obrał nowy cel: farerska brać wybuduje najokazalszą budowlę w tej części świata.

– Żeby każdy wstrzymywał oddech na jej widok – przekonywał podczas międzyrządowego szczytu państw nordyckich w 1977 roku.

Kilkanaście miesięcy później wpatrywał się z nabożeństwem w gotowy projekt Norwega Oli Steena i Islandki Kollbrún Ragnarsdóttir (ich prace zostały wybrane w konkursie spośród stu pięćdziesięciu ośmiu nadesłanych). Co przekonało Erlendura Paturssona – separatystycznego polityka i pisarza, który przepastnym opracowaniem losów farerskich rybaków z lat 1850–1970 zdradził pedantyczną chęć uporządkowywania otaczającej go rzeczywistości?

– Kierownicza rola Wysp Owczych – wyjaśnił mi późnej emerytowany nauczyciel historii z Sandoy, prawnuk autora słów do farerskiego hymnu, Símuna av Skarðiego. – Ten projekt wygrał dlatego, że została w nim uwypuklona rola Wysp Owczych oraz Farerów. Niewielkiego, lecz dzielnego narodu, który cierpi na deficyt narodowej dumy.

Dom Nordycki stanął na Wzgórzu Elfów w 1983 roku. Jego budowa trwała cztery lata. Dziś pełni funkcję najważniejszej placówki kulturalnej w kraju. To tu, w amfiteatrze Domu Nordyckiego, odbywają się noworoczne koncerty Farerskiej Orkiestry Symfonicznej, będące okazją do spotkań w nobliwym towarzystwie. Przychodzą premier, ministrowie, lokalni filantropi, lekarze, prawnicy, nauczyciele, literaci i – jak wyjaśnił mi kolega Mortan – tak zwana szeroka klasa aspirująca: drobni przedsiębiorcy i pracownicy rybnych faktorii, informatycy, listonosze i rzeźnicy. – Przepustka do „lepszego świata Farerów" – mówi Mortan – kosztuje nie mniej niż pięćset koron.

Do Domu Nordyckiego zjeżdżają też zagraniczni notable. To tu o tym, jak bardzo jest farerski, przekonywał w 2007 roku Bill Clinton („Musicie wiedzieć, że moi przodkowie, tak jak wasi, byli irlandzkimi mnichami").

Jeszcze częściej pojawiają się artyści ze Skandynawii i Grenlandii. Prezentują Farerom swoją sztukę – ujmującą i skromną, archetypiczną, nieznaną szerzej, jakby zarezerwowaną wyłącznie dla nordyckiej braci. Dziś na przykład odbędzie się koncert folkowej grupy Aldubáran z gościnnym udziałem lokalnego barda Hanusa G. Johansena. W programie utwory do słów nieżyjącego już norweskiego poety – Jakoba Sande z Dale.

Muzyka Aldubáran przywodzi mi na myśl wiele skojarzeń – a to dworskie kompozycje na mandolinę i wiolonczelę, a to wczesne ballady Leonarda Cohena i radiowe słuchowiska dla dzieci z lat siedemdziesiątych – śpiewane bajki, w których uczucie lekkości oddawały wysokie tony skrzypiec, fletu i wiolonczeli, nastrój grozy potęgowały zaś niskie dźwięki trąbki i klarnetu basowego. Symfoniczny cukierek.

Jeden z utworów, *Da Daniel drog* (Kiedy odszedł Daniel), opowiada o nastoletnim chłopcu z Haugesund. Jego rodzina klepie biedę, postanawia więc się go pozbyć. Matka pakuje Daniela w podręczny worek i wysyła w świat. Ot, kolejny Sienkiewiczowski Antek.

– Znasz język norweski? – pytam po koncercie Hanusa.
– Znam. Wszyscy jako tako znamy – odpowiada. – Tak jak duński. Tyle że norweskim posługujemy się dla przyjemności, a duńskim z konieczności.

Po koncercie postanowiłem jeszcze poszwendać się po Domu Nordyckim. Modernistyczne wnętrza zaprojektowane przez Islandkę i Norwega. Ściany z duńskiego szkła. Stalowa konstrukcja i mosiężne wykończenia także są duńskie. Wszystkie drzwi i framugi wykonano z fińskiej brzozy. Jest też akcent norweski – łupkowe meble. Podłogi ułożono ze szwedzkich desek sosnowych.

– Gdzie ta kierownicza rola Wysp Owczych, o której mówiłeś? – pytam później nauczyciela z Sandoy. – Farerską to ja widziałem tylko trawę na dachu...

– Musisz wiedzieć – odpowiada – że te podłogi, meble, drzwi, framugi i wykończenia, że to wszystko wyprodukowaliśmy my, Farerowie.

1990. Gol Torkila z Sandavágur

Komentator sportowy farerskiej telewizji Árni Gregersen zdziera gardło: „Torkil! Tuż przy nim dwóch Austriaków. Torkil wygrywa pojedynek! Torkil! Co on robi?! Idzie sam na bramkę, strzela i... O Boże, gol! Torkil Nielsen strzela bramkę!

Jeden do zera dla Wysp Owczych! Jeden do zera dla Wysp Owczych! Torkil Nielsen z Sandavágur! Ojojojoj! Ojojojoj! Wyspy Owcze prowadzą! Torkil Nielsen na jeden zero. Radość piłkarzy nie ma końca... Naprawdę, naprawdę nieprawdopodobne. Przeszedł tych wszystkich obrońców z niesłychaną łatwością. Austriacy prostowali nogi, chcieli faulować, a Torkil mimo wszystko strzelił. Jeden do zera dla Wysp Owczych. Jeden do zera dla Wysp Owczych. To więcej, niż moglibyśmy wyśnić! To dużo, dużo, dużo więcej, niż mogliśmy oczekiwać!".

– To dużo, dużo, dużo więcej, niż mogliśmy oczekiwać – Regin Egholm powtarza słowa farerskiego komentatora, które zapadły mu w pamięć jak *I have a dream* Martina Luthera Kinga albo jak księżycowa refleksja Neila Armstronga. – W całej naszej historii nie było chyba bardziej doniosłego wydarzenia.

Ta opinia również została zasłyszana. Wyraża ją społeczeństwo: sprzątaczki i ministrowie, starcy, geje, humaniści i matematycy.

Cofnijmy się zatem do roku 1990. Jest chłodny środowy wieczór 12 września. Na boiskowym zegarze w szwedzkiej Landskronie wybiła sześćdziesiąta pierwsza minuta. Rozgrywający pierwszy oficjalny mecz eliminacyjny piłkarze Wysp Owczych remisują bezbramkowo z silną drużyną austriacką. „Oto nasze Termopile" – komentuje rozemocjonowany wysłannik farerskiej telewizji. Austriacy biją w bramkę Jensa Martina Knudsena jak na strzelnicy w lunaparku – często, lecz bez rezultatu. Powinno być już cztery, pięć do zera. Piłka jednak, zamiast trzepotać w siatce, co chwila obija ciało bramkarza ekwilibrysty – na co dzień kierowcy wózka widłowego w przetwórni ryb w Runavík.

Ośmiuset przybyłych do Szwecji Farerów miało przedni ubaw, widząc bezsilność sowicie opłacanych piłkarzy austriackich w starciu z rybakami, studentami i handlowcami. Światowcy pokroju Antona Polstera czy Andreasa Herzoga nie potrafili wymyślić absolutnie nic. Na ich drodze stawał cudacznie interweniujący bramkarz w kremowej czapie z pomponem – Jens Martin Knudsen.

– Torkil! – wrzasnął wreszcie farerski spiker nie spodziewając się tego, co miało nastąpić.

Długie podanie na połowę Austriaków. Piłka spada na czterdziesty metr od bramki Michaela Konsela, wprost pod galaretowate nogi Roberta Pecla. Ten ma kłopot z ujarzmieniem futbolówki, która w końcu dostaje się w posiadanie Torkila Nielsena – sprzedawcy materiałów budowlanych z Sandavágur, trzykrotnego uczestnika Międzynarodowych Olimpiad Szachowych. Farer z siódemką na koszulce prze samotnie na bramkę Austriaków. Próbują mu jeszcze przeszkadzać obrońcy – Pecl, Kurt Russ i Michael Streiter – wykazują się jednak dojmującą bezradnością. Jeszcze nieskuteczny wślizg Pecla, jeszcze nieprzytomne spojrzenie Russa, jeszcze z ław podniosą się niedowierzający kibice, nim wreszcie Torkil huknie lewą nogą z dwudziestego metra w prawy dolny róg bramki, demaskując niezdarność Konsela. Euforia.

Na dziesięć minut przed końcem meczu komentator austriackiej telewizji Michael Kuhn informuje: – Jeśli właśnie przyszli państwo do domu i włączyli telewizor, niech państwo nie sądzą, że zwariowałem. Muszę państwu powiedzieć, że gramy z Wyspami Owczymi i jest 1:0 dla rywali.

Wreszcie dziewięćdziesiąta minuta:

– Proszę państwa, ja się gotuję tu w Landskronie – krzyczy spiker Gregersen. – Co za emocje! Jeśli wcześniej w szeregi Austriaków nie wdarła się panika, to teraz już z pewnością jest obecna! Co można jeszcze powiedzieć, kiedy zobaczy się tak piękną bramkę? Ach! Proszę państwa, tak, to koniec! Koniec! Wyspy Owcze wygrywają jeden do zera! Torkil Nielsen! Wyspy Owcze! Torkil Nielsen ustawia się do zdjęcia z Jensem Martinem Knudsenem. Dwaj bohaterowie meczu z Austrią.

2007. Knudsen

Jensa Martina Knudsena poznałem, kiedy kończył karierę meczem w Klaksvík. Jego drużyna NSÍ Runavík, remisując z piłkarzami z Klaksvík 2:2, zdobyła mistrzostwo farerskiej ligi za rok 2007.

– Czy to najszczęśliwszy dzień w twojej karierze? – pytam.

– Ważniejsze było chyba zwycięstwo nad Austrią – Jens wraca wspomnieniami do pamiętnego meczu.

– A dlaczego graliście w Szwecji, a nie na Wyspach Owczych?

– Bo do 1991 roku nie było u nas trawiastych boisk.

– To na czym kopaliście podczas lokalnych rozgrywek?

– Na sztucznej trawie albo, dawniej, na piachu lub żużlu – odpowiada i opróżnia nos po piłkarsku, to znaczy: zatykając jedną dziurkę i wydmuchując zawartość drugiej na syntetyczną murawę.

– Dzięki czapce z pomponem stałeś się najbardziej rozpoznawalnym farerskim piłkarzem. Dlaczego ją nosisz? To zabieg marketingowy?

– Jakieś dwadzieścia lat temu rozciąłem głowę. Żeby zabezpieczyć szwy poprosiłem matkę o uszycie czapki. Rany się zabliźniły, a czapka została.

2008. Przeklęty „sen"

– Duńczyków akceptuję jedynie w charakterze partnerów biznesowych i turystów. Nienawidzę, jak wściubiają nosy w nasze sprawy, jak próbują za nas decydować – wyznał mi zacietrzewiony A., jeden z najbogatszych Farerów. – Dlatego bardzo poważnie myślę o zmianie nazwiska. Chcę zrezygnować z duńskiej końcówki „sen". *Sen* to po duńsku „syn", np. Jensen – to syn Jensa. Co zrobić z „senem"? Idziesz do najbliższej *kommuny*, czyli urzędu gminy, wyciągasz z portfela cztery tysiące koron i pozbywasz się wstydliwego kłopotu.

Jens Martin Knudsen i syn
foto Maciej Wasielewski

2006. Jóannes z Tvøroyri

Były premier Jóannes Dan Eidesgaard z Tvøroyri nie jest separatystą. Niemniej, gdy zasiądzie wygodnie w fotelu i zapali fajkę, lubi roztaczać wizje wielkości Wysp Owczych. Eidesgaard świetnie mówi po angielsku. Wcześniej był nauczycielem. Jest też dumnym Farerem i obrońcą zagrożonego języka. Zapewne dlatego, nagabywany przez zagranicznych reporterów, udziela wywiadów wyłącznie po farersku.

2007. Mama Dania da kieszonkowe

Kierowca autobusu numer czterysta Tórshavn–Klaksvík, zapytany, czy Wyspy Owcze mają szansę stać się trzecim – po Czarnogórze i Kosowie – krajem europejskim, który uzyska niepodległość w XXI wieku, odpowiada:

– Niemożliwe. Obecnie koniunktura gospodarcza jest bardzo dobra, ale to się zmienia w systemie dziesięcioletnim: po latach tłustych przychodzą chude. Jesteśmy zbyt słabi, by uniezależnić się od Danii. Wyspy Owcze to nastolatek, który od czasu do czasu musi przychodzić do mamy, Danii, po kieszonkowe.

2008. Dziecko dorasta i odchodzi

Nacjonalista farerski Jørgen Niclasen nie chce kieszonkowego.

W czerwcu 2008 roku rosyjska telewizja informacyjna Russia Today zainteresowała się dążeniami niepodległościowymi Wysp Owczych. Przewodniczący farerskiej Partii Ludowej Jørgen Niclasen w rozmowie z dziennikarzem stacji oświadczył:

– Wyspy Owcze, jak każde dziecko, dorastają. A kiedy dziecko dorasta, to chce być niezależne od swoich rodziców i zbudować własny dom.

Napis „*We can be Faroes*", wyświetlany na ruchomym pasku u dołu ekranu, bardzo nie spodobał się Farerom. – *We are Faroes* – odburkiwali, wyłączając odbiorniki.

2009. Lindo, pokonaj Duńczyków!

W piątki Heri odpoczywa od pracy. Zamiast siedzieć w fotelu kierowcy i wciskać przyciski do rozdziawiania autobusowych drzwi, będzie siedział w domowym fotelu i wciskał przyciski pilota, manipulując dźwiękiem jedynej farerskiej stacji telewizyjnej.

Telewizor włączy kilka minut po siedemnastej, kiedy stacja posiłkuje się jeszcze audycją radiową. Do rozpoczęcia czterogodzinnego bloku wieczornego pozostały dwa kwadranse. Odtąd, aż do późnego wieczora, kiedy Heri pójdzie z przyjaciółmi żegnać dzień do tawerny, możemy przewidzieć – jak w *Truman Show* – każdy jego ruch.

A wyglądać to będzie mniej więcej tak: Heri chrząknie, po czym wstawi do piekarnika mrożoną pizzę z papryką i salami. Spojrzy, czy pokrętło temperatury wskazuje dwieście dwadzieścia stopni. Musi wskazywać. Jak znakomitej większości wchodzących w dorosłość Farerów, piekarnik służy mu wyłącznie do rozmrażania.

Od tej chwili ma dwanaście minut (zgodnie ze wskazówką producenta pizzy) na prysznic, udawanie Bryana Adamsa i przebranie. Po tym czasie zabrzęczy alarm. Przy wyciąganiu wypieczonego placka Heri najpewniej się oparzy, jeśli oczywiście nie zrobił tego w ciągu ostatniego tygodnia. Z rozżarzoną blachą ma dosłowną styczność średnio raz na siedem dni.

– *Helviti!* – zaklnie pod nosem po farersku, choć swoją złość, częściej niż w języku ojczystym, wyraża posiłkując się zwrotami wyłowionymi z Tamizy.

Jeszcze zadzwoni telefon („Mówisz, że Joan wypływa jutro na Grenlandię? Co? Będzie opiekunką dzieci? Porozmawiamy o tym w tawernie. Tak, widziałem cię na trasie. Przy Kollafjørður. Jak to nie pozdrowiłem, kiedy pozdrowiłem! Ja też będę głosował na Lindę! Przekonasz się, pokonamy Duńczyków!"), jeszcze wystrzeli prażona w mikrofali kukurydza, jeszcze kapsel od mleka zdąży wylądować w koszu na śmieci, zanim Heri wtopi się w wygodny fotel przed telewizorem, z pilotem w lewej i telefonem komórkowym w prawej dłoni.

Wieczorem będzie wysyłał esemesy na Lindę Andrews, trzydziestopięcioletnią Farerkę, która została bohaterką narodową, docierając do finału duńskiej edycji rozrywkowego programu *Fabryka Gwiazd* (uczestnicy programu – amatorscy piosenkarze – doskonalą swój warsztat pod okiem fachowców, by później walczyć na scenie o esemesy widzów, zasilające konto duńskiej stacji DR1). Teraz, trawiąc trzeci trójkąt pizzy, Heri rzuci okiem na farerski serwis informacyjny *Dagur & Vika* (wiadomość dnia: Linda w finale *Fabryki Gwiazd*. Druga wiadomość: Bjørn Patursson i jego żona czują się dobrze w Tórshavn. Po piętnastu latach samotnego życia na Koltur opuścili wyspę), a następnie będzie szukał szczęścia, śledząc losowanie liczb w loterii Gekkur („Co zrobisz z taką sumą, jeśli uda ci się wygrać?", „Najpewniej spłacimy z mężem kredyt na domek letni w Bøur. Myślę też o korekcie nosa"). Ani razu nie spojrzy przez okno, choć odkąd zasiadł przed telewizorem, deszcz chlusnął już trzy razy i trzy razy się rozpogodziło. Przejechało jedenaście aut, w tym dwa przekroczyły dozwoloną prędkość, a dwudziestoletnia Marta paradowała główną ulicą w mokrej bluzce, wystawiając na pokaz swoją kobiecość.

– Lindo, pokonaj Duńczyków! – Heri wzniósł okrzyk przed telewizorem. Razem z nim finał śledzą równie podekscytowani współlokatorzy, Regin i Jógvan.

– O zwycięstwo będzie jednak trudno – objaśnia mi Jógvan. – Konkurentami Lindy w finale są duńska grupa Alien Beat Club i Mohamed, naturalizowany Duńczyk o chłopięcej urodzie, maneryczny jak tani amant, ale to właśnie pobudza wyobraźnię kopenhaskich nastolatek. A one gotowe są wysłać po pięćset esemesów każda. Przeczytałem, że trzynastolatka z Odense zakochała się w starszym o rok koledze ze szkoły. Jej uczucie przetrwało osiem dni, ale chłopak ma pamiątkę: dostał od niej siedem tysięcy esemesów.

— Ten Mohamed ma w sobie coś z Jamiroquaia albo z Kris Kross — wtrąca Regin. — Swoją drogą, Jógvan, nie puchnie ci głowa od czytania takich dyrdymałów? — dodaje i z koleżeńską czułością trzaska kolegę w kark zwiniętym w rulon aktualnym wydaniem farerskiego dziennika „Sosialurin". Jógvan lekceważy zaczepkę, a gazeta ląduje na stole. Na pierwszej stronie zdjęcie Lindy Andrews i napis wyjątkowo tłustą czcionką: „Wysyłajcie esemesy i pamiętajcie o różnicy czasowej w Danii".

Zgodnie z regulaminem programu *Fabryka Gwiazd* uczestnicy finałowego koncertu śpiewają po dwa utwory. Linda ma już za sobą poprawne wykonanie *So What* z repertuaru kalifornijskiej wokalistki Pink. Alien Beat Club celują w gusta szerszej publiki. Decydują się na sprytny zabieg — łączą Eltona Johna (*The Circle of Life*) z dyskotekową gwiazdką Lady GaGą (*Just Dance*).

— Zdaje się, że Alien Beat Club także mają apetyt na zwycięstwo! — czyta z promptera prowadząca najchętniej oglądane widowisko telewizyjne w Danii Lise Ronne. Publiczność w kopenhaskim studio piszczy, klaszcze i podryguje.

Pierwszy odpada Mohamed.

— Tak zadecydowali widzowie. Bardzo mi przykro, Mohamed — mówi, a może wciąż czyta Lise Ronne. — Dotarłeś do finału, więc na szczęście nie zdążymy za tobą zatęsknić. Pamiętaj, jesteś wielki, Mohamed. Podążaj dalej drogą, którą sobie wytyczyłeś — udziela telewizyjnych rad, tylko raz na jakiś czas spoglądając na realizatorów. Chłopiec, wierząc, że jest wielki, pada w objęcia prezenterki. Fanfary. Cyrk. Oklaskiwanie łez.

Ostatnia runda finału. Linda i Alien Beat Club mają do wykonania utwór napisany przez Sørena Rasteda *Det bedste til sidst*. Przed laty Rasted trafił do europejskich rozgłośni z dyskotekowym singlem o chwytliwym refrenie: *Come on Barbie, let's go party*.

Pierwsza śpiewa Linda.

– I dobrze – zauważa Heri. – Mówi się, że niby ostatni wykonawca zapada w pamięć, ale tu może zagrać prawo świeżości. Alien Beat Club muszą się napocić, żeby nie skalkować Lindy. Nie skalkowali. Znów piski i brawa. Znów gęstsze.

– Nic z tego. Trzeba myśleć analitycznie – zabiera głos Regin. – W samej Danii mieszka pięć i pół miliona Duńczyków, to jest sto piętnaście razy więcej niż Farerów na Wyspach Owczych. W gazecie piszą, że *Fabrykę Gwiazd* ogląda milion Duńczyków. Linda nie ma szans.

Jeszcze projekcja reklam, jeszcze papierowy dialog członków jury, na widowni festiwal głupawych uśmiechów, wreszcie nieudawane emocje finalistów.

Telekomunikacyjne szaleństwo zakończone. Widzowie zadecydowali. Zwycięzca zdobył pięćdziesiąt jeden procent głosów. Milion dwieście siedemdziesiąt pięć tysięcy esemesów. Najbardziej spektakularny pojedynek farersko-duński rozstrzygnięty. Na korzyść… Farerów. Linda, tylko Linda! Linda jak Nólsoyar Páll, jak Torkil Nielsen i Jens Martin Knudsen. Milion dwieście siedemdziesiąt pięć tysięcy esemesów. Milion dwieście siedemdziesiąt pięć tysięcy esemesów wygenerowanych przez czterdziestoośmiotysięczne społeczeństwo.

2009. Lubię Polskę

– Jestem wolny od nacjonalistycznych uprzedzeń. Zresztą jestem liberałem, zwolennikiem zjednoczonej Europy – zapewnia Bogi Winther, inżynier elektryk, bratanek Bjørna i Tróndura Paturssonów. Bogi był łaskaw wpuścić mnie przemokniętego do samochodu, gdy spostrzegł, jak stałem w deszczu na opłotkach Vestmanny, w oczekiwaniu na okazję.

– Skąd jesteś? – pyta Bogi.
– Z Polski – odpowiadam.
– Z Polski?! W 2006 roku spędziłem w Polsce wakacje! Piękny kraj, doświadczony przez los. Co prawda przed hotelem w Krakowie skradziono mi nowy samochód, ale to nie jest jeszcze powód, by źle myśleć o całym społeczeństwie, prawda? Ach, co to był za samochód...

2008. Ostrygojad

Wyniki wyborów parlamentarnych z 19 stycznia 2008 roku uświadamiają, jak bardzo podzielone jest farerskie społeczeństwo. Wyspiarzy dzieli stosunek do Danii. Jedni chcą chodzić do kina na filmy z duńskimi napisami, inni bojkotują kartoniki z duńskim kakao Matilde i sięgają po lokalne wyroby mleczne przedsiębiorstwa MBM, którego krowy – z powodu obfitych opadów – pasą się w hangarach.

Statystyka dopowie, że do trzydziestotrzyosobowego Løgtingu dostali się przedstawiciele sześciu ugrupowań – trzech separatystycznych i trzech unitarnych. Za niepodległością Wysp Owczych opowiada się siedemnaścioro deputowanych. Przeciwko – szesnaścioro.

Od 1948 do końca 2010 roku Farerowie mieli dziewięciu premierów o poglądach unitarnych i trzech separatystów. W tym czasie Wyspy Owcze gotowe były uznawać autorytet Danii przez czterdzieści lat. Kontestowały przez dwadzieścia dwa.

Klatka

Jeden z obrazów Olego Wicha, duńsko-farerskiego artysty awangardowego i muzyka, przedstawia posępnego ostrygojada w klatce. Ptak wychyla łeb zza kraty i rozpacza z powodu niewoli. Klatka jest otwarta.

Mr. Tamburine Man

Od rana niemal całe Sandavágur rozprawia o dzisiejszej uroczystości. Britta i Emma, miejscowe kucharki, strażniczki przepisu na wyśmienity tort lodowy, walczą z czasem. Do wieczora wszystkie potrawy muszą być gotowe. Obie panie są wyraźnie podekscytowane. Na co dzień dbają, by piłkarzom lokalnego klubu nie zabrakło wypranych getrów i pachnących kokosowym płynem koszulek treningowych. Pracują sumiennie, ale i niezauważalnie. Po meczach, po treningach, tak by nie przeszkadzać. Kiedy nikt inny nie krząta się po budynku przy Hammershaimbsvegur.

Dziś będzie inaczej. Dziś wszystkie podniebienia ocenią pracę Britty i Emmy. Dlatego teraz ze szczególną atencją doglądają baraniej pieczeni. Britta podlewa mięso sosem śmietanowym, Emma co rusz zagląda do sąsiedniego piekarnika, gdzie pęcznieją ciasta śliwkowe. Intensywna woń, niczym dzwon pobliskiego kościółka, obwieszcza mieszkańcom Sandavágur nadchodzące święto.

Na Owcach każdy pretekst jest dobry, by świętować, by spotkać się w gronie sąsiadów i przyjaciół. Jeżeli nie ma wyraźnego powodu do celebracji, to szybko się takowy wymyśla. Komuś urodziło się więcej jagniąt, niż się spodziewał, ktoś inny sprzedał z zyskiem wysłużone auto, jeszcze ktoś wyśnił, że w zatoce pojawią się wieloryby. Okazja zawsze się znajdzie. Dziś jest nią zakończenie sezonu piłkarskiego. Drugoligowa drużyna FS Vágar zajęła trzecie miejsce i była o włos od awansu do najwyższej klasy rozgrywkowej. Któż by się jednak przejmował takim rozstrzygnięciem?

– Dobrze by się stało, gdybyśmy awansowali w przyszłym sezonie – kwituje Atli, szpakowaty pięćdziesięciolatek, łososiowy magnat, właściciel przetwórni ryb i jeden z zarządców klubu piłkarskiego. Znajdujemy się w jego domu na zboczu góry. Atli kończy pisać przemowę na okoliczność dzisiejszego wieczoru. – Ale jak się nie uda, to przecież rwać włosów z głowy nie będę.

Dochodzi dwudziesta. Stoły ustawione w kształcie podkowy, przybrane w odświętne obrusy. Uginają się pod ciężarem frykasów. Z importu.

Sery pleśniowe, drób, cytrusy, jabłka i śliwki. Argentyńskie czerwone wino i niemiecki Jägermeister. Farerowie zmuszeni są sprowadzać na Wyspy nawet mąkę.

– Kilka lat temu mieliśmy tu szczególnie dokuczliwą jesień – wtrąca Jón, syn Atliego, przystojny blondwłosy młodzieniec, piłkarz i obiekt westchnień vágarskich dziewcząt. – Z powodu mgły, porywistego wiatru i sztormu na oceanie przez kilka dni nie wylądował ani jeden samolot. Ani jeden statek nie wpłynął do naszych portów. Przerwano dostawy, a po kilku dniach półki ze świeżymi warzywami zaczęły świecić pustkami.

– Jesteśmy skazani na kontynentalną Europę jak pies na swojego pana – śmieje się Atli.

Wysłużona sala bankietowa klubu z Sandavágur może pomieścić jakieś dwieście osób. Miejscowi spotykają się tu bardzo często. Na weselach, chrzcinach, stypach, podczas dyskusji dotyczących przyszłości osady i gdy przychodzi dzielić wielorybie mięso.

Ściany obite boazerią, przyozdobione klubowymi proporcami, fotografiami emerytowanych piłkarzy. Kopanie piłki jest na Wyspach tyleż popularne, co nierentowne. Farerowie mają hopla na punkcie futbolu. Jeśli wskazać pięciu przypadkowych mieszkańców Wysp Owczych, to trzech z nich gra (bądź grało w przeszłości) w którymś z tutejszych klubów. Co najmniej jeden ma w rodzinie reprezentanta kraju.

Ich pasja może być jednak zaledwie sposobem na urozmaicenie życia, nigdy sposobem na życie. Piłkarze z Vágar są nauczycielami, pracownikami przetwórni i policjantami. To te profesje pozwalają im utrzymać rodziny, urozmaicić niedzielny obiad drogą suszoną rybą.

Dochodzi dziewiąta. Na sali tłoczno i gwarno. Są działacze i pracownicy klubu, wreszcie piłkarze i ich rodziny. Sporo też przyjaciół zespołu, mieszkańców Sandavágur.

– *Kaka or Ronaldinho. Who is better?* – Rafał Chmielewski, polski piłkarz FS Vágar wypytuje o słynnych Brazylijczyków ich rodaka, Herona. Młody, niespełna dwudziestoletni młodzieniec jest daleki od rozwiązywania dylematów Polaka. Tęskni za domem, za rodzinnym osiedlem Parkque Lafaiete w Rio de Janeiro. Brakuje mu słońca i czerwonej fasoli. Nie zna farerskiego. Kilka miesięcy wcześniej rozpoczął naukę angielskiego. Przychodziła do niego korepetytorka. Naklejała w mieszkaniu karteczki z podstawowym słownictwem. Na lodówce zawisły kurze jajka, jogurt i cała gama wędlin. Na szafie garderoba w dni słoneczne i deszczowe. Na oknie to, co za oknem. Cała praca poszła na marne. Heron okazał się niepojętnym uczniem, za to namiętnym kochankiem. Zasymilował się jedynie z korepetytorką.

Heron tęskni, kiedy jego kobieta jest w pracy. Tęskni za Brazylią. Całe dnie spędza w domu. W łóżku, pod grubą pierzyną. Przed rokiem sprowadził dekoder z brazylijskimi kanałami. Od tamtej pory telewizora nie wyłącza nawet, gdy idzie spać.

Podobnie jak starego radiomagnetofonu, z którego dzień i noc rozbrzmiewa samba. Samba i brazylijskie seriale kryminalne. Na stoliku przed telewizorem stygnie konsola Nintendo i gra z grubawym Ronaldo na okładce.

— Heron to nasz Ronaldo, niestety, nie zagra z nami w przyszłym sezonie — do rozmowy włącza się Silva, jego rodak. — Żal patrzeć, jak tęskni za Brazylią. Marnieje z każdym miesiącem. Wiem, co przeżywa. Mam to za sobą. Właściwie czuję się już Farerem. Mieszkam tu od sześciu lat.

Silva ma trzydzieści pięć lat i jest u kresu sportowej kariery. Serdeczny, towarzyski, miejscowi go lubią. Na Vágar znalazł przyjaciół i żonę, piękną jasnowłosą przedszkolankę (i piłkarkę). Urodziła mu córkę. On sam jest nauczycielem w tutejszej zerówce. Po pracy trenuje dzieci. Brazylia jest dla Silvy już tylko nostalgicznym wspomnieniem. Domem są Wyspy Owcze. Zrozumiał to kilka miesięcy temu, kiedy w odwiedziny przyleciała jego matka.

— Mama nigdy wcześniej nie opuszczała Brazylii. Tu na miejscu narzekała, że zimno i że ten przeklęty deszcz. Mówiła: synu, koniec świata się zbliża. — gdy wychodząc z domu, zostawialiśmy otwarte drzwi. Albo że muszę być głupcem, skoro trzymam na noc klucze w stacyjce samochodu. Ale kto zechce ukraść moje auto? Kto przepłynie nim Atlantyk?

Specjały Britty i Emmy znikają ze stołów w zadziwiającym tempie. Przejęte kobiety nawet nie pomyślą, by skubnąć choćby koreczek z zieloną oliwką, szynkę parmeńską czy sałatkę owocową. Zamiast tego bacznie spoglądają na biesiadników. Wyłapują każdy zachwyt, każde drgnienie w kąciku ust. To ich święto. Tylu pochwał, tylu ciepłych słów nie usłyszały podczas wszystkich urodzin. Farerowie są powściągliwi w komplementowaniu („Jeśli coś jest zrobione dobrze, to przechodzi się nad tym do porządku dziennego", wyzna przy innej okazji pisarka prozy dziecięcej Rakel Helmsdal).

– Britta! – doniośle przywołuje ją któryś z piłkarzy. – Twój łosoś w cytrynie nie ma sobie równych na całej Vágar.
– To prawda! – chóralnie odpowiada reszta drużyny. – Wznosimy toast za kulinarny talent Britty!
– Spróbujcie ciasta śliwkowego Emmy! – przerywa Heðin, który łapczywie nakłada kolejny kawałek. – Właściwie to nie chcę, byście się do niego dobierali! Będzie więcej dla mnie!
– Wypijmy za kulinarny talent Emmy!

Heðin to rubaszny poczciwiec przed czterdziestką. Ojciec trójki dzieci, działacz sportowy, urzędnik w graniczącej z Sandavágur osadzie Miðvágur, wreszcie społecznik i kronikarz amator. Dokumentuje wszystkie ważniejsze wydarzenia w okolicy. Chrzty i pogrzeby, polowania na zające i mecze piłkarskie. Nakłada nam właśnie porcję spiku – specyfiku przypominającego słoninę, w istocie śmierdzącego tranem plastra tłuszczu z wieloryba.

– To nasz narodowy przysmak – obwieszcza z dumą, rozpoczynając powolny proces przeżuwania. – Europa ma nam za złe, że polujemy na grindwale. Nazywa nas barbarzyńcami, kłusownikami.

Heðin przywołuje obrazki z wypraw na walenie, niczym pisarz Heðin Brú, autor noweli *Honor biedaka*. Dziesiątki łodzi wypływają na wody Atlantyku, bo ktoś z lądu wypatrzył stado grindwali. Dorośli mężczyźni i ich kilkunastoletni synowie, oderwani od codziennych obowiązków, zasadzają się na morskie ssaki, prowadząc je do zatoki. O tym, co następuje później, chciałoby się prędko zapomnieć. Setki olbrzymów poprzebijanych harpunami, zasztyletowanych nożami o długości mieczy, wydobywających z siebie ostatnie przeraźliwe dźwięki rozpaczy. Całości okropieństwa dopełnia widok krwistoczerwonego akwenu. Francuz, Polak, Rosjanin czy Niemiec mają drgawki na samą myśl o polowaniu. Dla Heðina to tradycja, jak dla Polaków karp na Boże Narodzenie, jak dla Amerykanów indyk na Święto Dziękczynienia.

— Uderzcie się w piersi — Heðin podnosi głos. — Zabijacie kury, zabijacie świnie. Hodujecie zwierzęta, by je później zabić. Wieloryby cieszą się wolnością do chwili śmierci. Nie jesteśmy kłusownikami, bo bierzemy tylko tyle, ile jesteśmy w stanie zjeść. Połów jest darem od Boga. Człowiek tak często uzasadnia i motywuje swoje działania wolą bożą.

Kilka minut do dwudziestej trzeciej. Były już toasty, życzenia, wreszcie popisy słowne trenerów i działaczy. Czas nieprzerwanie umilają dźwięki gitar i postukujących kieliszków. Na Wyspach prawie wszyscy grają w piłkę. Wszyscy grają na gitarze.

— Lubimy biesiadować — tłumaczy Atli. — Za oknem szaruga, słońca mamy jak na lekarstwo, więc łatwo o depresję. Wspólna zabawa to sposób na jej ominięcie.

Kiedy rozmawiamy, pięćdziesięcioro Farerów wyśpiewuje radosne mantry. Kobiety i mężczyźni siedzą przy stołach i, pozostając w charakterystycznym uścisku ramion, wybijają rytm podeszwami butów.

— Można się prawdziwie wzruszyć — zaczepia nas Jovan, Serb, gwiazda drużyny z Vágar. Czarne, kręcone włosy, ciemna karnacja, w przedbiegach wygrałby konkurs na sobowtóra Platiniego. Właśnie temu podobieństwu zawdzięcza przydomek Michel. — Przyjechałem z Belgradu przed dwoma laty i doznałem szoku. Wchodzę do sklepu, nie ma pieczywa, pytam, czy będzie pieczywo, a kasjer z irytującym uśmiechem odpowiada: *„Please, relax"*. Boli mnie ząb, puchnie policzek, pytam, czy w okolicy jest dentysta, a kierowca autobusu mówi: *„Please, relax"*. Przez dwa dni samoloty nie odlatywały do Kopenhagi. Farerowie przyjmowali to ze spokojem, tylko obcokrajowcom puszczały nerwy. Szybko zrozumiałem, że albo się dostosuję do ich stylu życia, albo przestanę być tu mile widziany.

Musiało być już po drugiej, w każdym razie straciliśmy poczucie czasu, kiedy w geście przyjaźni, a może dlatego, że odśpiewano już wszystkie farerskie pieśni, Oddmar, nauczyciel języka duńskiego i matematyki, szarpnął nagle za gryf, intonując pierwsze dźwięki przeboju Boba Dylana:

„Hej, tamburynisto, zaśpiewaj mi swą pieśń, dziś nie wybieram się już nigdzie. Tamburynisto, przecież wiesz, że już nie śpię, w ten poranek pachnący rosą".

Nie dokończył drugiego refrenu, a my już chcieliśmy dostosowywać się do ich stylu życia. Już czuliśmy, w tę noc pachnącą rosą, że jesteśmy mile widziani.

Mæncypantka

Wielu próbowało zrobić sobie zdjęcie z farerską owcą, po czym – po setnej próbie – wyklinali na czym świat stoi i fotografowali kamienie lub ocean.

– Prędzej sfotografujesz elfy huldufólk* niż owcę – podsumował stary farmer i wszyscy mu przytaknęli.

Uciekają. Gnają co tchu, gubiąc kosmyki runa w załomach skał. Ścinają zakręty, przeskakują płoty, sadzą susy po wertepach – wystarczy trawiasta półeczka wielkości notesu, by wisiały jak lotki wbite w środek tarczy. W bezpiecznej odległości od człowieka. Płochliwe gimnastyczki klifów i wąwozów.

Jedna jedyna Mæ zatrzyma się i poczeka, aż przechodzący ludzie zechcą poczęstować ją jabłkiem.

---

* Huldufólk – elfy opisywane w mitologii nordyckiej, rzekomo mieszkające między innymi pod potężnym kamieniem w malutkiej osadzie Lambi na wyspie Eysturoy. Głaz leży w centralnym punkcie portu, tuż przy pochylni do wodowania łodzi, i choć jest w tym miejscu absolutnie niepraktyczny, nikt dotychczas nie odważył się go usunąć. Istnieje bowiem przesąd, że niepokojenie elfów mogłoby je rozzłościć i ściągnąć na ludzi pasmo nieszczęść.

– Któregoś zimowego wieczora Mæ uznała, że ma dosyć bezczynnego stania na mrozie i poszła za moją mamą do Bryggjan, naszej knajpy. Niezauważona dotarła pod lokal, zeszła wyślizganym chodnikiem i skorzystała z uchylonych drzwi. Przedsionek z szatnią, olbrzymim lustrem i toaletami nie za bardzo ją zainteresował, więc gdy tylko otworzyły się drugie drzwi, prowadzące bezpośrednio do baru, Mæ wślizgnęła się do środka. Przerwała kilku mężczyznom partyjkę bilardu, minęła stare organy, zauważyła mamę i zabeczała radośnie.

Mæ wygoniono, ale na niewiele się to zdało, bo kwadrans później przechytrzyła wszystkich jeszcze raz: wbiegła, zrobiła rundę honorową dookoła bilardzistów, strzeliła kopytkami o posadzkę i ulotniła się na dwór.

Michel, właścicielka ekscentrycznej owcy, kolekcjonuje tego typu przygody, odkąd dostała Mæ jako prezent na jedenaste urodziny.

To, że owcom zawdzięcza nazwę archipelag i że to List Owczy*, a nie rybi, ptasi czy jeszcze inny, jest najstarszym dokumentem, jaki powstał na tych ziemiach, nie oznacza, że kudłaci sprinterzy są traktowani przez Farerów ze szczególnym pobłażaniem. Owszem, dba się o ich zdrowie, chroni prawem, organizuje konkursy urody, ale koniec końców spiżarnie pękają w szwach od owczych podrobów, a przez uchylone kuchenne lufciki co chwila wyziewa na ulicę aromat stęchłej skarpety, informujący, że ktoś gotuje baraninę. Jest oczywiste, że owce wolą wydeptywać górskie ścieżki, zamiast patrzeć ludziom w oczy i udawać maskotki.

* List Owczy (Seyðabrævið) – wydany dwudziestego czwartego czerwca 1298 roku przez norweskiego króla Eryka II, najstarszy istniejący dokument zapisany w języku farerskim. List regulował przepisy dotyczące hodowli owiec, polowania na wieloryby i użytkowania ziemi. Zawierał wątki społeczne i gospodarcze. Jego oryginał znajduje się w bibliotece uniwersytetu w szwedzkim Lund.

*

Mæ postanowiła się jednak zaprzyjaźnić.

– Gdy była mała, zachowywała się jak pies. Nie odstępowała mnie na krok, płatała figle, a kiedy zamykaliśmy ją na noc w pomieszczeniu dla zwierząt, płakała wniebogłosy – wspomina Michel. Wkrótce nikogo w Vestmannie nie dziwił widok owcy prowadzonej na smyczy przez gromadę dzieci lub biegającej za nimi po krętych uliczkach osady.

– Oto mamy własne Bullerbyn – zaczęli mówić mieszkańcy.

W książce Astrid Lindgren ośmioletnia Lisa zabiera swoje jagniątko, Pontusa, do szkoły.

– Nigdy nie wzięłam Mæ na lekcje, tego by było za wiele. Ale kiedyś śledziła mnie, gdy szłam na trening piłki ręcznej. W trakcie ćwiczeń podbiega do mnie spóźniona koleżanka i emocjonuje się: „Jejku, Michel, twoja owca stoi przy drzwiach hali, jakby na ciebie czekała". Minęło półtorej godziny, a Mæ wciąż tam była i razem wróciłyśmy do domu. Później towarzyszyła mi jeszcze wielokrotnie. Czasami zostawialiśmy otwarte drzwi, by mogła oglądać, jak gramy.

Herb Vestmanny jest skromny i dość typowy – fiordem płyną ryby, na niebie dyskutują dwa ptaki. Po środku, jak falbany – masywne góry. Ryby. Ptaki. Wzgórza. A może domalować na jednym z nich Mæ?

– Pamiętam czas, kiedy po osadzie grasował szalony pies, który atakował owce. One boją się nawet małych kundelków, a ten był byczy i wyjątkowo agresywny. Do nas przyszedł tylko raz, bo jak Mæ zorientowała się, że chce ją ugryźć, z impetem ruszyła mu naprzeciw i przegnała na osiem wiatrów – zdaje relację Michel. – Podobnie było z wielkim, jurnym baranem. Biegał za nią przez kilka dni, aż wreszcie nadszedł kres zalotów, w salonie naszego domu... Ktoś zostawił niedomknięte drzwi, wbiegła Mæ, za nią baran. Salon, kuchnia i z powrotem, poleciały szklanki, kwiaty, talerzyk z herbatnikami, zadrżała komoda pod telewizorem, krzesła przekoziołkowały gdzieś w kąt. Gonitwa skończyła się pod niskim stołem. Nasza sprytna Mæ przebiegła, a jej adorator się zaklinował.

Według danych farerskiego biura rolnictwa (Búnaðarstovan) liczba owiec na archipelagu utrzymuje się rokrocznie na stałym poziomie i wynosi ponad siedemdziesiąt tysięcy dorosłych samic oraz nie więcej niż dwa tysiące baranów. Trzydzieści pięć dziewczyn dla jednego chłopaka. Czym ujęła Mæ pana Upartego, że tak zaciekle walczył o jej względy?

Niechęć do natrętnych podrywaczy jest jednak niczym wobec miłości do jedzenia.

– Jabłka, gruszki, suchy chleb, krakersy, chrupki, truskawki, marchew, winogrona, paluszki, wszelkie resztki ze stołu – wymienia jednym tchem jadłospis Mæ jej opiekunka. – Ale to nie tak, że specjalnie kupujemy te rzeczy. Na stałe w menu jest tylko owcza karma. Pewnie dlatego, kiedy daję jej jakiś smakołyk, gotowa jest zjeść moje palce.

Jak każdy szanujący się czworonóg, Mæ poznała także smak kwiatów z doniczki.

– Nie chcemy robić z domu zwierzyńca, ale ona zawsze znajdzie sposób, by zajrzeć, co oglądamy w telewizji i co pachnie w piekarniku. A zjedzone kwiaty? Czym są dwa storczyki wobec setek wizyt? – mruga porozumiewawczo Michel.

Kilku mieszkańców Vestmanny mogłoby z kolei zapytać: czym jest codzienny spacer z zakupami wobec tych kilku razy, gdy podchodziła Mæ i pakowała nam głowę do torby? Zagraniczny turysta, który pewnej zimy przyjechał na moment do osady i zobaczył przypadkiem, jak Mæ bawi się z dziećmi, do dziś opowiada znajomym, co to za piękny kraj te Faroje, gdzie owce jeżdżą na sankach, aportują patyki i reagują na ludzką mowę.

Od drugiego roku życia (w 2009 skończyła dziewięć lat) Mæ rodzi każdej wiosny przynajmniej jedno jagnię. Choć każde jest lub było podobne do matki z fizjonomii, to żadne nie przejęło i nie nauczyło się zaufania do człowieka.

Mniej więcej w tym samym czasie, co Mæ, w słowackich Tatrach, koło Ždiaru, przyszedł na świat baranek Bartuś. Bartuś potrafił zginać kolanka i przepełzać pod elektrycznym pastuchem. Czasami zbiegał z łąki, jakimś sposobem otwierał sobie drzwi gospodarstwa i całą swą puchatością tulił się do domowników. Historia Bartusia jest smutna, bo kończy się w żołądkach jego właścicieli.

– Pierwotny plan był rzeczywiście taki, by zjeść Mæ jak każdą inną owcę. Ale jej płacz, słodka buzia i nasze wspólne zabawy spowodowały, że odwlekaliśmy moment zabicia. Tłumaczyliśmy sobie: „może za rok", aż po paru latach stało się jasne, że Mæ jest częścią rodziny i chcemy, by dożyła z nami starości.

Wracamy do domu po dziesięciogodzinnej zmianie w vestmańskiej przetwórni ryb. Jest sporo po północy, pusto, szumi potok. W perspektywie ulicy majaczy kulisty kształt. Powiększa się. To ona. Mała, czarna główka, bystre spojrzenie, możemy podejść na wyciągnięcie ręki. Nie mamy nawet złamanego suchara, więc pozostaje wzajemne przyglądanie się. Mija minuta, krótkie meknięcie. Mæ rusza spokojnym krokiem w ciemną paszczę stromego nabrzeża.

– Michel, takie historie powinny być w zasadzie na porządku dziennym. Ludzie udomawiają kozy, świnie, osły, różne ptaszyska*. Natomiast w tutejszych owcach jest wiele dzikości. Mæ to tylko sympatyczny wyjątek.

* Alicja Lasota-Moskalewska w książce *Zwierzęta udomowione w dziejach ludzkości* pisze o ponad czterdziestu gatunkach oswojonych przez człowieka. Na liście są między innymi gepardy, kormorany, rarogi, gajale,

– Znam kilka innych owiec, które były oswajane od jagnięcia, ale rzeczywiście, przyjaźń kończy się zwykle bez sentymentów. Rodzą się młode, starsze idą na rzeź. To, że Mæ żyje tak długo, jest dla wielu ludzi dziwaczne i niepojęte. Ale choćby było i tysiąc podobnych do niej, dla naszej rodziny pozostanie niezwykła.

bantengi, jaki, łosie, fretki, jedwabniki, czy – uznawane w średniowiecznej Polsce za domowe ptaki stróżujące – żurawie. Autorka cytuje także *Pamiętniki* Jana Paska, w których pojawiają się oswojone wydry.

Gwiazdy

Październik 1986 roku, Reykjavík

Elegancka posiadłość Höfði w północnej części miasta. Zdaniem rezydującego w niej po wojnie ambasadora brytyjskiego wielokrotnie nawiedzana przez duchy. Ostatecznie sprzedana za zgodą brytyjskiego rządu. Unoszące się nad salą obrad zjawy mieli też zaobserwować liczni znawcy parapsychologii.

Duchy z Reykjavíku sprzyjały demokracji. Nie wiedzieli tego jeszcze przywódcy dwóch mocarstw, Ronald Reagan i Michaił Gorbaczow, którzy spotkali się w październiku 1986 roku w Höfði.

– Ameryka musi odejść od programu antyrakietowego! – grzmiały mury budynku za sprawą donośnego głosu Gorbaczowa.

– Proszę o tym zapomnieć, panie Gorbaczow – miał odpowiedzieć Reagan. Tym razem był bardziej stanowczy i zdyscyplinowany niż zwykle. Nie popełnił gafy, jak dwa lata wcześniej, podczas audycji radiowej. Sądząc, że mikrofon jest wyłączony, zażartował: „Moi drodzy Amerykanie, cieszę się, że mogę wam oznajmić podpisanie dokumentu zakazującego istnienia Związku Radzieckiego. Pięć minut temu wydałem rozkaz zbombardowania ZSRR".

Spotkanie w Reykjavíku, które – zdaniem historyków – zaważyło na rychłym upadku komunizmu, dla Islandii miało zupełnie inny wymiar. Komercyjny. Świat zaczął baczniej przyglądać się dalekiej wyspie na północy Atlantyku. Casus Islandii okazał się drogocenną lekcją dla kolejnych premierów Wysp Owczych.

2 lutego 2007, Tórshavn

W farerskich mediach pojawia się niesprawdzona informacja o planowanej na maj wizycie Billa Clintona. Premier Wysp Owczych Jóannes Eidesgaard formułuje wypowiedź dla jednej z gazet: „To byłby jeden z najważniejszych gości, jacy kiedykolwiek przybyli na Wyspy Owcze. Clinton jest niewyobrażalnie charyzmatycznym człowiekiem i znakomitym mówcą. Nie mam wątpliwości, że jego wizyta pozwoliłaby wreszcie zaistnieć Wyspom Owczym na arenie międzynarodowej".

Jeszcze jedno okrągłe zdanie na łamach prasy. Tym razem wypowiedziane przez Jana Mortensena, szefa Departamentu Gospodarki: „Taka wizyta mogłaby potwierdzić, że stajemy się atrakcyjnym graczem na arenie międzynarodowej. Jeśli w pełni wykorzystamy tę szansę, nasza gospodarka i sektor turystyczny mogą sporo na tym zyskać".

13 grudnia 2007, Tórshavn

Stary Farer splunął tytoniem na drewnianą belę mostu i powiedział:
– Brzydka dziewczyna długo w chłopcach nie przebiera. Bierze pierwszego, który ją zechce i kocha go do końca życia.

Chwilę później, w centrum Tórshavn pojawił się billboard, obwieszczający o planowanym na czerwiec koncercie Bryana Adamsa.

6 marca 2007

To już pewne: Bill Clinton odwiedzi Wyspy Owcze. Spotkanie odbędzie się jednak nie w maju, ale w październiku. Clinton przyleci na zaproszenie Farerskiego Stowarzyszenia Pracodawców. Przez trzy kwadranse będzie się dzielił z biznesmenami swoją wiedzą o globalizacji. Wynagrodzenie byłego prezydenta utrzymywane jest w tajemnicy. Karta wstępu na seminarium w Domu Nordyckim to koszt trzech tysięcy koron (ponad tysiąc sześćset złotych).

– Co ten Clinton może mądrego powiedzieć przez czterdzieści pięć minut? – męczy swoją żonę O., drobny przedsiębiorca z Tórshavn. Nie czeka jednak na odpowiedź. – Tak czy inaczej, pójdę. Wszyscy będą.

Nie poszedł. Zwlekał, a bilety rozeszły się w pół godziny.

Kilka tygodni później

Bill Clinton zatrzyma się w najlepszym na Wyspach Owczych, czterogwiazdkowym hotelu Føroyar, na obrzeżach Tórshavn. Będzie miał do dyspozycji minibar, darmowy internet, telewizję satelitarną, dziesięć kanałów telewizji cyfrowej, płatne kanały pornograficzne, żelazko, stół do prasowania, telefon, suszarkę do włosów i „wszelkie dodatkowe dogodności, oferowane przez hotel".

1 października 2007, Tórshavn, Vágar

Dzień przylotu Billa Clintona. Farerowie są dumni, bo kilka tygodni wcześniej amerykański prezydent zdecydował się odstąpić od zasady i skorzystać z usług farerskich linii lotniczych.

– Z radością informuję, że nasze linie lotnicze Atlantic Airways przewiozą Billa Clintona z islandzkiego Keflavíku na Vágar, a następnie z Vágar do Kopenhagi – obwieszcza wyprostowany jak nigdy szef linii Magni Arge.

Farerska dziennikarka Tórun Ellingsgaard, która podczas spotkania z Billem Clintonem będzie pełniła funkcję konferansjerki, deklaruje w rozmowie z „The Guardian": „Jeśli panu Clintonowi spodoba się u nas, zawsze może zostać dłużej, na przykład do końca tygodnia. Jesteśmy na to przygotowani".

30 września 2007

– Więcej srania, niż gadania – mówi do siebie O. – Dobrze się stało, że nie dostałem biletów. Na spokojnie obejrzę wszystko w telewizji.

O. czuje jednak, że coś traci.

1 października 2007, Vágar

Farerski samolot z Billem Clintonem na pokładzie wylądował o czasie. Na lotnisku nie było takiego tłoku od września 1990 roku, kiedy Farerowie przyszli dziękować swoim piłkarzom za heroiczne zwycięstwo nad Austrią.

Siedemnaście lat później wizyta Billa Clintona została okrzyknięta przez farerskie media najważniejszym wydarzeniem. Opinia ta pojawiła się jeszcze przed tym, jak były prezydent Stanów Zjednoczonych zdążył postawić nogę na Vágar.

Prezenter farerskiej telewizji mówi do kamery:

– Odkąd Clinton ustąpił z urzędu prezydenta, zdążył przemawiać do wielu organizacji i firm w wielu miejscach na całym świecie, ale jeszcze nigdy w tak małym kraju jak Wyspy Owcze.

Po czym dodaje:

– Mamy to? Dobra, dajcie mi teraz kubek wody.

W tym czasie prezenter CBS komentuje:

– Clinton uważa, że nie ma na tyle mało znaczącego miejsca na ziemi, by nie prowadzić kampanii na rzecz swojej żony.

Kilka minut po jedenastej. Uzbrojeni w aparaty fotograficzne w telefonach gapie rozpoczynają ostrzał z fleszy w kierunku amerykańskiego eksprezydenta. Clinton opuszcza samolot lekko zblazowany, w nieformalnym stroju (niebieskie dżinsy, błękitne polo z niedoprasowanym kołnierzykiem, czarny sweter), z prawą ręką w kieszeni i niedopiętym rozporkiem.

– Witamy cię, Billu Clintonie! – pozdrawiają pisklwie zorganizowane grupy młodych Farerek i gdyby pomnożyć je razy tysiąc, to można by się poczuć jak na urodzinach Kim Dzong Ila. Amerykański prezydent rewanżuje się wystudiowanym uśmiechem i podnosi do góry otwartą dłoń w geście pozdrowienia.

1 października 2007, Tórshavn

Bill Clinton, już w stroju oficjalnym (szary garnitur, niekwestionowanie biała koszula, czerwony krawat w białe grochy), rusza na wyreżyserowany spacer po głównym deptaku Tórshavn. Mija siedzibę parlamentu, pub, kiosk, sklep sportowy, zagląda do siedziby urzędu gminy (Tórshavnar Kommuna), po czym wstępuje na filiżankę kawy do budynku informacji turystycznej.

Burmistrz Tórshavn Heðin Mortensen wita Clintona, a także towarzyszącego prezydentowi wysokiego urzędnika ONZ, Szweda Hansa Blixa, następującymi słowami:

– To wielki zaszczyt przyjmować tak prominentnych i dystyngowanych gości. Dwa wielkie nazwiska, którymi media z całego świata interesują się od lat. Wielu z nas wciąż trudno jest uwierzyć, że gościcie właśnie w naszym kraju.

Miesiąc później, podczas półprywatnej rozmowy, Heðin Mortensen zdradzi:
— Ja tak naprawdę po pracy najchętniej zakładam gumiaki i idę w pole robić przy owcach.

1 października 2007, godzina 16, Dom Nordycki, Tórshavn

Bill Clinton, zanim usiądzie w wygodnym czerwonym fotelu i odpowie na pytania przedsiębiorców, będzie przez czterdzieści minut dzielił się swoimi refleksjami na temat globalizacji, po czym wskaże zagrożenia współczesnego świata. Da również popis wiedzy na temat figur retorycznych.
— Drodzy Farerowie! Jestem szczęśliwy, że możemy być tu dziś razem. Chcę, byście wiedzieli, że czuję z wami szczególną więź — zapewniał przy mównicy, a szczególność tej więzi wyraził zamaszystym gestem ramion. — Pewnie nie wiecie, ale w osiemnastym wieku rodzina mojej matki zamieszkiwała tereny Irlandii Północnej. Tak jak wy, byli farmerami. Wiem, że wywodzicie się od dzielnych irlandzkich mnichów, przybyłych tu w siódmym wieku. Właśnie dlatego tak dobrze was rozumiem! — zakończył, otrzymując za swoje wystąpienie gromkie brawa.
— Właśnie dlatego tak dobrze nas rozumie! — cieszył się J., właściciel niewielkiej firmy transportowej z Tórshavn, który dwa dni później kupił pierwszą od 1984 roku książkę: *Giving: How Each of Us Can Change the World* (Dawać. Jak każdy z nas może zmienić świat). Autor: Bill Clinton.

19 lutego 2009, Vestmanna

Heri, dwudziestopięcioletni kierowca autobusu relacji Tórshavn–Vestmanna, wyznaje:
— Jesteśmy o, tacy mali — przykłada palec wskazujący do koniuszka kciuka, żeby pokazać, jak małe są według niego

Wyspy Owcze. – Dlatego taka Madonna w życiu się do nas nie pofatyguje. Za mało nabywców płyt, za mało biletów, które udałoby się sprzedać. Boli mnie to.
– Dlatego słuchasz Bryana Adamsa? – pytam.

4 czerwca 2008, Vágar

U schyłku pierwszej dekady XXI wieku zapewne niewiele jest państw, gdzie spośród wszystkich artystów świata największe triumfy święci Bryan Adams.

Od tygodni w największym sklepie muzycznym w jedynym centrum handlowym w kraju najchętniej kupowaną płytą jest kompilacja największych przebojów Kanadyjczyka. Tuż przed jego najnowszym albumem *11*.

– Gdybym znalazł się w stanie śpiączki w 1991 roku, kiedy na listach przebojów królowało *Everything I Do* do filmu o przygodach Robin Hooda, a następnie obudził się w czerwcu 2008 roku i nastawił farerskie radio, mógłbym odnieść wrażenie, że przespałem jeden dzień – powie mi później prezenter komercyjnej rozgłośni.

W dniu koncertu ludzie na ulicach żartują, że Bryan Adams ma czterdzieści osiem tysięcy czterystu trzydziestu trzech fanów. Na lotnisku Vágar witany jest ze wszelkimi honorami. Za bramką tłum podnieconych gapiów wykrzykuje imię swojego gwiazdora. Nastolatki, ich starsi bracia, rodzice i dziadkowie. Na wysokim maszcie łopoczą dwie flagi – farerska i kanadyjska. Sklepikarka Durita wpatruje się w czerwony klonowy liść.

4 czerwca 2008, Tórshavn

O tej porze roku noce są białe, a oczy szczypią bardziej niż po kąpieli solnej. Na płycie stadionu narodowego przy Gundadalur kotłują się dwa tysiące osób. Dwudziesto- i trzydziestolatkowie.

Nie rozpoznasz, kto jest studentem, a kto pracuje na co dzień w przetwórni ryb. Kto prowadzi autobus, a kto jest szefem działu analiz w banku Føroya. Tu wszyscy zlewają się w jedno, jak drogie perfumy i lakiery do włosów, których opary unoszą się nad stadionem. Mężczyźni, jakby umówieni – wszyscy w modnych sweterkach, dżinsach rurkach i niepraktycznych na tej szerokości geograficznej białych sportowych butach. Dziewczyny agresywnie umalowane, przyprószone nieśmiertelnymi cekinami, wyszykowane jak na koktajle. Gdyby żyli w Danii, z pewnością woleliby wydać pieniądze na Moloko, Moby'ego albo Franza Ferdinanda. Właśnie na Franza Ferdinanda stylizuje się grupa Jensa Marni Hansena, która przygotowuje publiczność na spotkanie z Bryanem Adamsem.

W końcu na scenie pojawia się zrelaksowany autor przeboju z *Robin Hooda*. Krytycy muzyczni oceniają, że już nigdy nie wydobędzie się z wieloletniego kryzysu twórczego. Kto kiedykolwiek zabawił na urodzinach hipermarketu albo dał się wciągnąć w obchody Dni Miasta Barczewa, ten najprędzej poczuje atmosferę panującą teraz na murawie boiska.

Leniwe dźwięki gitary w przerwie między utworami. Już było *Have You Ever Really Loved a Woman?*, a publiczność wciąż czekała na *Please Forgive Me*, kiedy Bryan Adams zapowiedział najświeższy przebój, powtarzany w farerskim radiu bodaj częściej niż jego dżingiel.

– Teraz zagramy *I Thought I'd Seen Everything*. – Rozlega się histeryczny pisk publiczności. – Kiedy jestem pośród was, w tym niezwykłym miejscu, mogę powiedzieć to samo: myślałem, że widziałem już wszystko. Ale nie, bo jesteście wyjątkowymi ludźmi, którzy żyją w wyjątkowym miejscu.

Farerowie poczuli się wyróżnieni, docenieni, zauważeni. Oczy świeciły się im jak dzieciom słuchającym bajek. Słuchali uważnie, za każdym razem, kiedy obcokrajowiec, którego darzą sympatią, wypowiadał się o ich kraju. Ktoś powie, że to prawda uniwersalna, dotyczy Izraelczyka i Palestyńczyka. Tak, ale atencja Farera jest szczególna. Przypomina reakcję niedowartościowanej kobiety, która pierwszy raz słyszy, że ktoś ją pokochał, choćby to „kocham" zabrzmiało nie wiadomo jak beznamiętnie.

Farerowie zaczęli czcić Bryana Adamsa. Dalej kupowali jego płyty i zakładali T-shirty z nazwiskiem artysty na piersiach. Nie mieli mu za złe, że dwa dni później, już w norweskim Tromsø, znalazł się w nowym „wyjątkowym miejscu", pośród nowych „wyjątkowych ludzi".

Po wizycie Clintona, Tórshavn

Apartament, w którym zatrzymał się prezydent Clinton, został ochrzczony jego nazwiskiem. Każdy, kto zechce się poczuć jak były prezydent Stanów Zjednoczonych, musi sięgnąć do portfela po dziewięćset czterdzieści euro. Śniadanie jest wliczone w cenę pobytu.

Apartament Clintona na co dzień służy zagranicznym delegacjom, w szczególności zaś premierom i ministrom. O możliwość wynajmu na jedną noc pytają często zakochani, młode pary i absolwenci szkół, którzy w prezydenckim łóżku chcą uczcić zdany egzamin dojrzałości.

Dach

Na stronie największego internetowego serwisu informacyjnego Wysp Owczych pojawiła się wiadomość: Były prezydent Stanów Zjednoczonych Bill Clinton postanowił wymienić zadaszenie we wszystkich swoich posiadłościach. Zainspirowany pobytem na Wyspach Owczych, zdecydował się na popularną na atlantyckim archipelagu wersję trawiastą. – Trawiaste dachy są pełne uroku i bardziej przyjazne dla środowiska –

powiedział Bill Clinton. Pierwszy taki dach przykryje bibliotekę byłego prezydenta.

Przedsiębiorca O. od dwóch lat nosił się z wymianą dachu domu, który odziedziczył po rodzicach. Trawiasty wydawał mu się niepraktyczny i kłócił się z jego wyobrażeniem o estetyce. – Ale skoro ten Clinton mówi, że pełen uroku, to może zostawię i tylko podreperuję? – zwrócił się do żony, znów nie czekając na odpowiedź.

Żonie trawiasty dach podobał się od zawsze, więc kiedy następnego dnia portal przyznał się do dziennikarskiego figla na prima aprilis, postanowiła nie wyprowadzać męża z błędu.

Dzień po koncercie Bryana Adamsa, lotnisko Vágar

Bryan Adams postanowił spędzić dodatkowy dzień na zwiedzaniu i fotografowaniu Wysp Owczych. Tuż przed wejściem na pokład prywatnego odrzutowca odczuł fizjologiczną potrzebę. Nie myśląc zbyt długo, zawrócił w kierunku lotniskowego trawnika. Spojrzał w niebo, westchnął z nostalgią, jak wzdycha się podczas bolesnego pożegnania, i oddał mocz.

900 mil samotnej żeglugi

Ove krzątał się po poddaszu, szukając starej harmonii, kiedy z kuchni dobiegł go głos matki:
– Synu, skończył się chleb. Miałbyś chwilkę?
Z domu Joensenów do jedynego sklepu spożywczego na Nólsoy było nie więcej niż trzysta metrów krętą ścieżką w kierunku portu.
Ove skończył grzebanie w szpargałach.
– Czy kupić coś jeszcze? – zawołał, zarzucając na ramię przewiewną kurtkę.
– Dzięki, tylko to.
Prom łączący Nólsoy z Tórshavn zdążył przepłynąć tam i z powrotem, ale Ove nie wracał. Olevina Joensen znała doskonale charakter najstarszego syna, więc nie było dla niej specjalnym zaskoczeniem, że musi czekać na pieczywo, jakby wieziono je z Islandii. Wyszła przed dom. Dzień był wyjątkowo ładny, od rana nie spadła ani kropla deszczu. Kolorowe łodzie, które wypłynęły w kierunku Streymoy, wyglądały jak stado egzotycznych ptaków. Od strony kościoła przyspacerowała sąsiadka, niosąc płócienny worek z cebulą.
– Nie widziałaś może, czy Ove kręci się gdzieś przy nabrzeżu?

– Nie było go, pewnie poszedł z Hansenami na klify poszukać gniazd nawałników.

– A tak, rzeczywiście mieli się wybrać – przypomniała sobie gospodyni i postanowiła odprowadzić koleżankę kawałek w głąb osady.

Czterdzieści lat później rozmawiam z Guðrun, która zna finał tej historii.

– Olevina musiała poradzić sobie tamtego dnia sama. Jej syn spotkał w porcie szypra, który zaproponował mu pracę na zagranicznym jachcie, od zaraz. Popłynęli do Tórshavn ustalić szczegóły. Ove nie zdążył poinformować matki, że wyjeżdża. Nie było go dziesięć miesięcy.

Rozmowy

George Hartwig poznał Ove Joensena w 1984 roku, w trakcie swojego rejsu kajakiem dookoła archipelagu.

– Wciąż widzę jego wysmaganą wiatrem twarz, pamiętam ogniki w oczach, serdeczność i olbrzymią przyjemność, jaką sprawiało mu przebywanie i rozmawianie z ludźmi – wspomina sześćdziesięcioletni miłośnik farerskich łodzi i alk olbrzymich, mieszkający na barce pod Hanowerem. George za moją prośbą i namową odszukał dziennik podróży sprzed ponad dwudziestu pięciu lat.

Piątek, 29 czerwca 1984, Rituvík–Lambi

Usłyszałem dziś opowieść o mężczyźnie, który planuje samotny rejs łodzią wiosłową z Tórshavn do Kopenhagi. Trudno mi w to uwierzyć.

Sobota, 30 czerwca 1984, Lambi

W środku nocy zauważyłem faceta próbującego przybić do brzegu. Wyszedłem mu pomóc. Łódka była zbyt ciężka dla dwóch par rąk, więc zawołaliśmy chłopaka pijącego piwo z dziewczyną w samochodzie na nabrzeżu. Przyszedł też brat Emessy, która wczoraj opowiadała mi o samotnym żeglarzu. Kiedy dwaj pomocnicy wrócili do swoich zajęć, mężczyzna przedstawił się jako Ove i powiedział, że wiosłuje z Nólsoy do Klaksvík. Przez sześć godzin zmuszony był walczyć z niesprzyjającym wiatrem, który uniemożliwiał mu bezpieczne wpłynięcie do portu. Nie wydawał się zbyt przejęty całą sytuacją, a ponieważ nie był także zanadto śpiący – zaprosiłem go do namiotu na herbatę z rumem. Zaczęliśmy rozmawiać jak starzy znajomi. Wypytywał o mój kajak.

Pamiętnej nocy, kiedy słońce zaszło za horyzont tylko na chwilę, Ove miał stwierdzić: „Poznałem zarówno Atlantyk, jak i Pacyfik, widziałem na oceanach rzeczy, które trudno objąć rozumem, i jakiś czas temu przekonałem się, że tu, na Farojach, nie ma dla mnie prawdziwego wyzwania".

Myśl

W 1977 roku trzydziestodwuletni nauczyciel angielskiego Colin Quincey podjął samotną próbę przeprawy łodzią wiosłową z Nowej Zelandii do Australii. Udało mu się dotrzeć do celu po sześćdziesięciu trzech dniach (do dziś pozostaje jedynym, który przewiosłował w pojedynkę Morze Tasmana i przeżył).

Ove pracował wówczas na Oceanie Spokojnym jako kapitan jachtu należącego do słynnej rodziny Forbesów. W trakcie postoju w porcie na Fidżi dowiedział się o wyczynie Australijczyka.

W głowie żeglarza z Nólsoy zaczęła kołatać się pewna myśl.

Wiwat bohater!

„Usłyszałem o Quinceyu i utwierdziłem się w przekonaniu, że powinienem zrobić to samo w swojej ojczyźnie" – przyznał Ove w rozmowie z Georgem, kiedy rankiem po pierwszym spotkaniu pili kawę w domu Emessy. Lada moment mieli udać się do Klaksvík.

Niedziela, 1 lipca 1984, Lambi–Klaksvík

Ostatnie pożegnania, zdjęcia i wypływamy. Mój kajak z łatwością wyprzedza masywną łódź Ovego, ale dostosowuję się do jego tempa, wiosłujemy obok siebie. W drodze do latarni morskiej Mjóvanes tuż obok nas bawi się w wodzie stado fok i dwa spore morświny. Za przylądkiem Ove wpływa Dianą Victorią do potężnej jaskini. Wyciągam aparat – w błysku flesza mój kompan wygląda jak duch w upiornym rydwanie. Nad zatoką Gøtuvík pilot helikoptera kursującego między wyspami kręci dookoła nas rundę honorową. Ove przestaje wiosłować i uradowany jak dziecko macha farerską flagą. Kilkanaście minut później historia się powtarza: mijamy duży rybacki kuter, znów okrzyki, radość, pozdrowienia.

Zanim dotarliśmy do Klaksvík, Ove zacumował Dianę Victorię obok głazu na rogatkach fiordu Kalsoy i zrobił generalne porządki – umył pokład i kadłub łodzi, udekorował ją flagami narodowymi, wypolerował pokrywy schowków, a na końcu pieczołowicie przyczesał swoją blond fryzurę, jak pan młody, który za moment ma poślubić ukochaną. Dopiero po tej osobliwej ceremonii mogliśmy ruszać dalej. Do portu w Klaksvík wpływaliśmy przy akompaniamencie wiwatującego tłumu.

– Jakkolwiek patetycznie to zabrzmi, czułem się wtedy jak wybraniec losu. Wokół Ovego roztaczała się niesamowita aura – twierdzi dzisiaj George.

Ponad dwa tysiące ludzi przyszło zobaczyć śmiałka, który za trzy tygodnie miał wyruszyć w samotny rejs z Wysp Owczych do Danii.

George pamięta, że patrzył na ten niecodzienny festiwal z podziwem:

– To przypominało szaleństwo, zbiorową euforię, koronację króla. Ludzie świętowali do późnej nocy, gratulowali Ovemu inicjatywy i odwagi, oglądali jego łódź. A on rozmawiał ze wszystkimi, szczęśliwy i dumny, może trochę onieśmielony. Traktowano go jak ambasadora i rzecznika narodowego. Świadomość, że któregoś dnia może dopłynąć na kontynent i rozsławić kraj, działała na wyobraźnię wielu Farerów.

Pływalnia

– Czy Ove miał jakiś cel, oczywiście poza chęcią sprawdzenia się w ekstremalnych warunkach? – znów konsultuję się z Guðrun.

– Marzył mu się tu na wyspie basen. Szkolny basen dla dzieci i młodzieży, żeby nie musieli pływać kawał drogi promem do Tórshavn. Dzięki wyprawie i zainteresowaniu sponsorów miał uzyskać fundusze na jego budowę.

Wycinki z życiorysu

Z biogramu Ovego Joensena: przychodzi na świat 3 grudnia 1948 roku w Tórshavn. Jako dwunastolatek kupuje pierwszą, czteroosobową łódkę. Tuż po czternastych urodzinach zostaje pomocnikiem kucharza na łajbie Víking, na której wypływa w trzytygodniowy rejs. Kilka dni po powrocie podejmuje pracę jeko młodszy marynarz pokładowego na statku żeglującym w kierunku Grenlandii. Rozpoczyna życie w rytm przypływów i odpływów: Anglia, Dania, Niemcy, Belgia, Antigua i Barbuda, Oceania.

W dniu, w którym zapomina kupić matce chleb, wypływa prawdopodobnie na Nową Fundlandię.

1983 rok, najpiękniejsza z pięknych

– Chciałbym, aby była piękna, smukła i wierna – powiedział Ove do Hanusa Jensena, który zaoferował się zbudować łódź odporną na najtęższe fale.

Nadali jej imię Diana Victoria. Była faktycznie smukła (6,60 m długości, 1,70 m szerokości), wierna (najlepszym wzorom farerskiego szkutnictwa) i najpiękniejsza z pięknych, bo z elementami niebiesko-czerwonego krzyża na białym tle. Jak flaga Wysp Owczych.

Determinacja

George towarzyszył Ovemu jeszcze jeden dzień.

Poniedziałek, 2 lipca 1984, Klaksvík–Svínoy

Zjadamy śniadanie w tanim hoteliku Soli Deo Gloria. Od samego rana wieje porywisty wiatr, więc musimy zrezygnować z wiosłowania do Hvannasund – miejsca zamieszkania przyjaciół Ovego. Ostatecznie docieramy tam samochodem. W obiadowym menu prawdziwa farerska ryba serwowana z płatami i wątróbką grindwala. Wracamy do Klaksvík, jesteśmy umówieni z osiemdziesięciotrzyletnim Fischerem Heinesenem, specjalistą od map i kompasów. Późnym popołudniem żegnamy się i odpływam na Svínoy.

21 lipca 1984 roku na nabrzeżu portowym w Tórshavn zgromadził się tłum, jakiego nie widziały Faroje. Moment był doniosły: Ove Joensen, ubrany w biały dres i gumowce, zaopatrzony w kufer prowiantu i naręcze map, wyruszał w podróż do Kopenhagi. Miał przewiosłować w pojedynkę dziewięćset mil morskich. Prawie tysiąc siedemset kilometrów.

Po siedmiu dniach podróży, w okolicach Szetlandów, zepsuł się nadajnik radiowy i Ove zmuszony był podpłynąć do jednej z platform wiertniczych, aby naprawić usterkę. Kiedy przebywał na wieży i rozmawiał z mechanikami, przywiązaną do przęseł Dianą Victorią zajęły się fale. W wyniku uderzeń roztrzaskały się drewniane elementy rufy, a w poszyciu łodzi powstała dziura wielkości jabłka.

Ove Joensen i Diana Victoria przy nabrzeżu w Tórshavn
foto z archiwum gazety „Sosialurin"

Guðrun domyśla się, jak trudne momenty przeżywał wówczas żeglarz:
— Straty były zbyt duże, by Ove mógł bezpiecznie kontynuować wyprawę. Wrócił na Wyspy Owcze zawiedziony i zły. Ale nie zamierzał się poddać.

Rok później lato na Atlantyku było wyjątkowo niespokojne. Tym razem Ove wiosłował na Szetlandy sześć dni dłużej. 5 sierpnia przesłał wiadomość:
„Nadaję z platformy wiertniczej Dyvi Omega. Pozycja: 60 stopni i 45 minut szerokości północnej, 3 stopnie długości zachodniej. Na pokładzie wszystko w porządku. Jutro wieczorem zamierzam osiągnąć południowe Szetlandy od zachodu. Moje najlepsze pozdrowienia dla was wszystkich. Ove, Diana Victoria".

Dalsze szczegóły są nieznane, wiadomo tylko, że Ove dotarł do jednego z portów na Mainland, ale z powodu sztormu i fatalnej prognozy pogody na kolejny tydzień zdecydował się ponownie przerwać ekspedycję.

Jedenaście miesięcy później, 1 lipca 1986 roku, Dianę Victorię i jej kapitana widziano na Nólsoy w asyście siedemdziesięciu osób stojących na kei. „Czuję, że pech mnie opuścił i tym razem się uda" — to były jego ostatnie słowa, zanim umocował farerską flagę na rufie, usadowił się na drewnianej ławie i wypłynął z portu.

Pierwszy raz nie towarzyszyła mu ulubiona kotka, Miss Hvannasund.

Pierwszy raz Ove zdecydował się wyruszyć z rodzinnej osady, a nie z Tórshavn. „W stolicy jest za duża presja" — zwierzył się przyjaciołom.

11 lipca minął pechowe Szetlandy.

Cztery dni później filmował go helikopter brytyjskiej BBC.

Gdy Ove odczuwał senność, wchodził do specjalnego luku o kubaturze lodówki, sprawdzał, czy kompas leży w bezpiecznym miejscu i przymykał klapę.

Mógł liczyć tylko na siebie. Żadnego patrolu asekuracyjnego, ekipy dowożącej żywność i tym podobnych. „Bo wtedy równie dobrze mógłbym w ogóle nie wypływać" – przekonywał.

31 lipca dziennik „Sosialurin" opublikował świeżutkie zdjęcie z duńskiego Limfjordu, na którym lekko łysiejącego mężczyznę witała u wrót cieśniny gromada ludzi.

11 sierpnia w duńskich mediach ogłoszono:

„Ove Joensen przywiosłował do naszych serc.

Dziś po południu ponad dziesięć tysięcy ludzi witało na kopenhaskim nabrzeżu Farera, który w czterdzieści jeden dni przepłynął łodzią ze swojej ojczyzny do stolicy Danii. Jako pierwszy pogratulował Joensenowi burmistrz miasta Egon Weidekamp".

Druga strona medalu

Raz jeszcze Guðrun:

– Nie wiem, czy Ove był gotowy na taki splendor. Wizyty u królowej i ważnych osobistości, sesje zdjęciowe, setki wywiadów. Dla człowieka, który całe życie spędził na oceanie albo wśród grona bliskich osób w maleńkiej osadzie na prowincji, to musiał być szok. Choć oczywiście liczył się z tym i pewnie na swój sposób oznaki popularności sprawiały mu przyjemność.

Mówi Birgir z Tórshavn, który pamiętnego sierpniowego poniedziałku był w Kopenhadze i patrzył, jak Ove daje buziaka Małej Syrence i macha flagą do tłumu:

– Ove zwyciężył, choć kiedy trzy lata wcześniej informował ludzi o swoich planach, wielu odnosiło się do nich z powątpiewaniem. Wiedzieliśmy, że lubi zajrzeć do kieliszka. Baliśmy się o jego kondycję, ale wszyscy mocno zaciskali kciuki za powodzenie misji. Lekarze, którzy później go badali, powiedzieli, że nie przeżyłby, gdyby nie to, że w trakcie rejsu pochłaniał końskie porcje suszonych płatów baraniny i mięsa wieloryba.

Losy bohatera po sierpniu 1986 roku owiane są mgłą tajemnicy. W książce *Ove* autorstwa Kirstin Didriksen i Ragnhild Joensen zdjęcia uradowanego wioślarza w objęciach ludzi i notki o jego sukcesie sąsiadują bezpośrednio z artykułem z gazety „Dimmalætting" z 29 grudnia 1987 roku:

„Trzydziestodziewięcioletni Ove Joensen nie żyje. W czwartkowy wieczór, po dwóch dniach poszukiwań, ratownicy wyłowili jego ciało z wody, dwieście pięćdziesiąt metrów od brzegu przy Høgabóli na Eysturoy. Jak udało się ustalić, 24 grudnia około godziny osiemnastej Ove wypłynął z Runavík w kierunku Nólsoy. Po trzech godzinach dwaj mężczyźni z Toftir zauważyli nieopodal portu dryfującą Dianę Victorię. Jej kapitan prawdopodobnie stracił równowagę i – uderzając głową o burtę – wpadł do wody. Był pijany".

Dwie dekady później na Nólsoy trzej starsi mężczyźni przy kamieniu upamiętniającym Ovego odprowadzają wzrokiem uczniów czwartej klasy, maszerujących na prom. Dzieciaki płyną na basen do Tórshavn. Za uchylonymi drzwiami portowego hangaru schnie świeżo odmalowana Diana Victoria.

Lądowa dziewczyna

I

Zajrzałem do piwiarni Glitnir w portowej dzielnicy Tórshavn, gdzie od poniedziałku do soboty panuje atmosfera pijackiego zapomnienia. W knajpie unosi się odór przetrawionego alkoholu. Biesiadnicy zniszczyli już tyle Jacka Danielsa, że teraz z trudem wydmuchują jego opary. Obserwuję, jak przytruty gość zbiera się do wyjścia. Chwiejnym krokiem podchodzi do wieszaka, na którym wisi dziesięć, a może dwanaście skórzanych palt. Przez chwilę rozgląda się za swoją własnością, poszukiwanie sprawia mu jednak trudność – skórzane palta są podobnie skrojone. Szybko daje za wygraną, mówi coś pod nosem i wychodzi bez okrycia.

Później ktoś stłucze szkło, ktoś wrzaśnie: *„For helviti!"*, ktoś inny puści bąka, lecz będzie mu to zapomniane. Nikotynowy swąd wgryza się w tapicerki kanap. Kolonialne meble i wątłe światło lamp – teatr upadłości. Rezerwat, gdzie roztocza kurzu trzymane są pod ochroną. „Miłośnik prozy Hornby'ego poczułby się jak w domu", myślę sobie i rozglądam się na boki. Wszystkie stoliki zajęte. Manchester United gra z Liverpoolem. Farerów dzieli stosunek do niepodległości i sympatie do brytyjskich klubów piłkarskich.

– Połowa kraju jest za Manchesterem, a połowa za Liverpoolem. Jeśli kibicujesz Liverpoolowi, możesz się do nas przysiąść – zaprasza mnie J., żeglarz i poławiacz łososi. Zanim za tydzień ponownie wyruszy na połów, będzie zaglądał do Glitnir każdego dnia, by wprawić się w nastrój, i następnie, będąc już odpowiednio znieczulonym, spółkować z B.

– Poznajcie się, to B., moja lądowa dziewczyna – przedstawia nas J. – A to człowiek, który przynajmniej nie zaprzeczył, że kibicuje Liverpoolowi.

Kobieta o błędnym spojrzeniu podaje mi rękę. Nieprzyjemnie wyuzdanym uśmiechem zdradza braki w uzębieniu. Jeśli J. jest tuż po czterdziestce, to B. jest od niego o dekadę starsza, a wygląda, jakby mogła być świadkiem uchwalenia Zasady Samostanowienia* z 1948 roku.

– J. ma tylko mnie – wyznaje nagle w pijackim bełkocie B. i uderza pięścią w stół.

– Mam tylko ją... ale w Tórshavn! – szturcha mnie zawadiacko łokciem J., niewiele sobie robiąc z obecności lądowej dziewczyny. – Jestem z nią, bo w tym kraju w ogóle nie ma zawodowych dam do towarzystwa. Kiedyś była jedna, ale się chłopom znudziła. Podobno popłynęła robić karierę w Kopenhadze.

– Gdyby nie ja, spałbyś w miejskiej noclegowni, łajdaku – rzuca z pretensją B., po czym szczypie J. w dość już buraczany nos.

– Tam jest schludniej niż u ciebie, gangreno. I towarzystwo sensowniejsze!

Byłem pewien, że zaraz dojdzie do rękoczynu. Chciałem już nawet wzywać barmana, tymczasem oboje wprawili mnie w osłupienie. Wybuchnęli śmiechem, B. zaś dobrotliwie masowała J. po klatce piersiowej.

– Nic już z tego nie rozumiem, do widzenia – mówię i wstaję.

– Zostań, siadaj – nawołuje wciąż chichocząca para. – Nie jesteś pierwszym, którego nabraliśmy – tłumaczy J. – B. to moja

---

* Zasada Samostanowienia – akt prawny regulujący stosunki między Danią a Wyspami Owczymi. Na jego mocy Wyspy Owcze uzyskały częściową autonomiczność.

żona. Przyszliśmy uczcić mój powrót. Nie było mnie w domu przez sześć tygodni, łowiłem ryby na Grenlandii. A co do tego przedstawienia, musisz wiedzieć, że B. – oboje patrzą mi prosto w oczy, B. znów uśmiecha się lubieżnie – musisz wiedzieć, że B. lubi czasem czuć się sponiewierana. To ją stymuluje, rozumiesz?

II

– Dasz wiarę – zagaja Árni, kiedyś szef banku, dziś terapeuta z ośrodka pomocy dla alkoholików w Velbastaður, od sześciu lat abstynent – dasz wiarę, że my, Farerowie, pijemy z dobrobytu?
– Jak to?
– Nasze domy urządziliśmy wymarzonymi meblami, handlarze drogich samochodów całują nas po rękach. Mamy oszczędności na starość i wykupione mieszkania w Tórshavn dla naszych dzieci. Widzieliśmy tyle świata, że znudziło nam się przeglądanie zdjęć. Nawet nie możemy specjalnie czuć się egoistami, bo część cotygodniowego wynagrodzenia wpłacamy na konta fundacji charytatywnych. W dodatku zarabiamy coraz więcej, a pracujemy coraz mniej.
– W moim kraju marzymy o takim życiu.
– Pracujemy coraz mniej, mamy zatem coraz więcej wolnego czasu. I już nie wiemy, czym go wypełnić. Nie stawiamy sobie nowych celów, nie wiemy, do czego dążyć. Perspektywa wolnego weekendu bywa przerażająca: „O nie, znów się narąbię stockiem. Zacznę pić w południe, żeby przespać tę cholerną sobotę". W niedzielę powtórka, z przerwą na rodzinny obiad. No, bo ile razy można popłynąć na Skúvoy? Ile razy można oglądać maskonury na Mykines? Żyjemy na pół uśpieni, szukamy sposobów zabicia czasu, próbujemy uciekać od melancholii, która szybko przeradza się w depresję.

III

Portowa pijalnia piwa Tórshøll, u zbiegu ulic Heinasonar gøta i Dr. Jakobsens gøta. Przed zaryglowanymi drzwiami wyczekuje mieszkaniec Tórshavn. Jest niedziela. Okazało się, że nieszczęśnik zapomniał po kilku głębszych, że tego dnia wszystkie lokale, w których serwuje się alkohol, są nieczynne. Ma za co pić. Jest rybakiem. Przed piętnastoma laty ożenił się z bogatą Norweżką.
– Dlaczego pijesz? – pytam.
– Bo jestem nieszczęśliwy – odpowiada bezbłędną angielszczyzną.
– Dlaczego jesteś nieszczęśliwy?
– Bo żyjemy coraz szybciej, a ja – tu bierze oddech – powoli przestaję nadążać...

Koltur: samotności, sprawdzam cię!

– Czym dla ciebie jest samotność? Wyborem, ucieczką, dążeniem, karą, potrzebą, emocją, przekleństwem, spełnieniem, masochizmem czy koniecznością? Siłą twórczą czy destrukcją? Czy izolacja to ratunek, czy karcer? Czy samotność to niezależność? Czy niezależność to samotność? – pytała mnie żona filozofka, a ja nie potrafiłem jej odpowiedzieć.

Józef Tischner w *Filozofii dramatu*: „Kto buduje dom, buduje świat. Kto jednak buduje dom-warownię, ten chce się izolować od świata bądź nad nim dominować, ale to już nie jest dom, to jest ostrzeżenie i groźba".

Tadeusz Konwicki w *Zwierzoczłekoupiorze*: „Przeznaczeniem inteligentnego człowieka jest samotność".

Pensjonariusz domu spokojnej starości w Miðvágur: – Wiesz, chłopcze, co jest największą ironią samotności? Że przeżywamy ją zbiorowo!

Czy można iść na kompromis z samotnością? Czy samotność może być przyjazna? Czy można ją kontrolować?

Wyspa Koltur to samotność kontrolowana. Taka samotność kształtem przypomina na wpół wynurzonego hipopotama.

Na stronach internetowych poświęconych aforyzmom znalazłem 361 rozważań na temat samotności. Sądzę, że przynajmniej cztery opisują doświadczenia małżeństwa Paturssonów – jedynych mieszkańców Koltur.

Gustaw Herling-Grudziński: „Jedynie samotność jest w życiu człowieka stanem graniczącym z absolutnym spokojem wewnętrznym, z odzyskaniem indywidualności".

Hermann Hesse: „Samotność jest niezależnością, życzyłem jej sobie i zdobyłem po długich latach. Była ona zimna, o tak, ale była też cicha, prawdziwie cicha i wielka, podobnie jak zimne, ciche przestworza, po których wędrują gwiazdy".

José Ortega y Gasset: „Dopiero w samotności człowiek jest naprawdę sobą".

Anna Kamieńska: „Czasem jest pełno ludzi po to, aby głębsza była samotność".

– Samotność na Koltur i w Kopenhadze to zupełnie inne samotności – stwierdza Bjørn Patursson. – Samotność na Koltur pochodzi z wyboru. Jest więc samotnością przyjazną. Samotność w Kopenhadze jest przygnębiająca, bo na centralnym deptaku, wśród obcych ludzi, nie wytłumaczysz sobie, że wybrałeś samotność.

„Czy czujesz się samotny?" – pytanie, które usłyszał setki razy, mogłoby zbrzydnąć nawet wodolejowi. Ale Bjørn i jego żona Lukka wiedzą, że to niewysoki rachunek za życie, które wiodą na Koltur od 1993 roku.

Bjørna poznałem przelotem, dosłownie – bo na prowizorycznym lądowisku na Koltur: on wskakiwał na pokład śmigłowca Atlantic Airways, z którego ja w pośpiechu zeskakiwałem. Leciał do Tórshavn na spotkanie z córkami. Nie było czasu na rozmowę, zdążyłem jedynie uścisnąć mu dłoń i wręczyć widokówkę z panoramą Warszawy, na której wcześniej zapisałem jedno pytanie: „Drogi Bjørnie, czy czujesz się człowiekiem spełnionym? Wyrazy sympatii, M. z Polski". Chwilę później pilot nakazał mi oddalić się na dwadzieścia kroków od helikoptera, dwa silniki rozbujały wirnik i maszyna uniosła się w powietrze. Hałaśliwy świst silnika szybko przerodził się w stłumiony szmer. W końcu śmigłowiec rozpłynął się w chmurze, a cisza zaczęła gęstnieć. Poczułem podniecające osamotnienie.

Mam pewność, że przez następnych pięć godzin byłem jedynym człowiekiem stąpającym po Koltur. Jak się później dowiedziałem, żona Bjørna, Lukka, od dwóch dni korzystała z dobrodziejstw Tórshavn (raz w miesiącu udaje się do fryzjera, odwiedza studio urody i robi zakupy w centrum handlowym).

Wiedziałem też, że na Koltur nie można przypłynąć łodzią. Połączenie morskie jest niebezpieczne i niepraktyczne. Jedynym rozwiązaniem pozostaje podróż helikopterem, który kursuje trzy razy w tygodniu. Ponieważ nikt oprócz mnie nie zszedł z pokładu, miałem prawo sądzić, że byłem tu zupełnie sam, jak dozorca w szkole w wigilijną noc.

Koltur ma dwa i pół kilometra kwadratowego. Gdyby spłaszczyć wyspę i wykorzystać każdy jej skrawek, starczyłoby miejsca na parking dla ośmiuset trzydziestu trzech aut osobowych. Ziemia tych rozmiarów mogłaby urodzić trzysta siedemdziesiąt pięć tysięcy marchewek. W przewodnikach przeczytamy, że Koltur jest: „niewielka, wąska, mikroskopijna, kameralna". Nic bardziej mylnego. Kiedy staniesz u podnóża stożkowatej góry Uppi á Oyggj albo przycupniesz na przepastnych łąkach w dolnej części wyspy, poczujesz jej ogrom.

Trudno go opisać. Jest tu wszystko – skalne kloce i chybotliwe patyki traw, strome klify i piaszczysta plaża. Wysoka na czterysta siedemdziesiąt siedem metrów góra i rozległa nizina, która z lotu ptaka wygląda jak facjata z licznymi szramami. Bruzdy w ziemi wypełnia krystaliczna słodka woda, która spływa w dół wyspy. Dotknięte klątwą bezruchu ptaki, słońce, mgła, bryza, wicher, siąpawica i ulewa. Widok z Koltur w kierunku siostrzanej wyspy Hestur – to widok na cały świat.

Trudno opisać, co czuje człowiek wydeptujący w pojedynkę trawę Koltur. Znałem przecież na wyrywki *Przypadki Robinsona Cruzoe*, nieco później zaznajomiłem się z przewrotnym losem Chucka Nolanda w *Cast Away* Zemeckisa – obaj bohaterowie mierzyli się z samotnością, która była jednak dziełem przypadku. Nie trwała paru chwil i nie była przez nich kontrolowana. Samotność przyjazna musi być kontrolowana. Musisz mieć świadomość, że w każdej chwili możesz z niej zrezygnować.

Ja miałem tę świadomość, wiedziałem, że za pięć godzin przyleci śmigłowiec, wyskoczy z niego Bjørn Patturson, a ja zajmę wygrzane przez niego siedzenie i udam się z powrotem do Sørvágur.

Byłem więc raczej uczestnikiem oryginalnego safari, aniżeli wydrwionym przez los rozbitkiem. Czułem podniecenie wynikające z obcowania z naturą – nie tyle dziewiczą, co niezepsutą przez człowieka. „W końcu Koltur to nie Hurgada – pomyślałem – koszulek tu nie sprzedają. Nie miałby kto sprzedawać".

Fetysz – poczucie, że może cię dostrzec co najwyżej amerykański satelita. Czułem ekscytację dziecka pierwszy raz pozostawionego bez opieki. Co można zrobić, zachłystując się swobodą? Można wykrzyczeć miłość, można zdjąć buty, skarpetki i spodnie – i dopóki stopy się nie odmrożą – paradować na bosaka, w bokserkach lub bez. Można palić papierosy, fikać koziołki, udawać gibona, na głos śpiewać wstydliwe piosenki i wejść na pastwisko ogrodzone elektrycznym pastuchem.

Wszedłem, rozejrzałem się dookoła. Było pusto. Znalazłem wzniesienie, z którego szczudlarz mógłby łapać chmury ręką. Położyłem się twarzą do nieba i zmrużyłem oczy. Pomyślałem mniej dostojnie o tym, co Hesse sformułował pół wieku wcześniej i w odmiennych okolicznościach („Samotność jest niezależnością, życzyłem jej sobie i zdobyłem po długich latach. Była ona zimna, o tak, ale była też cicha, prawdziwie cicha i wielka, podobnie jak zimne, ciche przestworza, po których wędrują gwiazdy").

Dodam, że moja samotność pachniała bardziej wilgocią gleby niż morską bryzą. Kontemplowałem ją, żując soczystą słomkę trawy. Moja samotność miała organiczny smak. Leżałem i wpatrywałem się w niebo otwarte – namiot błękitny. Przez tych kilka chwil bardziej byłem, niż miałem. Jak nigdy dotąd byłem pewny, że lepiej być.

Z letargu wyrwało mnie dudnienie ziemi. Spojrzałem w prawo w kierunku Uppi á Oyggj i zamarłem. Spróbujcie wyobrazić sobie hordę rozpędzonych kudłaczy – posturą zbliżonych do byków, z wycelowanym w waszą stronę ostrym porożem. I to wszystko dwieście metrów od was (tumanów kurzu nie było tylko dlatego, że ziemia jest tu wiecznie nasiąknięta deszczem). Moje przerażenie było tym większe, że nigdy wcześniej nie spotkałem się z taką zwierzyną. Zerwałem się i zacząłem uciekać w kierunku elektrycznego pastucha. Miałem szczęście, choć zwierzęta zwolniły dopiero jakieś pięćdziesiąt metrów przed ogrodzeniem. Zamykając za sobą furtkę, przeczytałem komunikat na tabliczce, której wcześniej nie dostrzegłem: „Teren prywatny. Proszę nie wchodzić". No tak, Farer przecież nie będzie straszył: „Uwaga, groźny owłosiony potwór o pysku byka. Zapomnij o czerwonej kurtce". Dla Farera prośba „nie wchodzić" wystarczy, by nie wchodzić. Zerknąłem jeszcze raz na podłączony do prądu płot i pomyślałem, już spokojny: jaka samotność, takie emocje. Kontrolowane.

Następnego dnia dowiedziałem się o istnieniu tak zwanej szkockiej rasy wyżynnej – osobliwej odmiany bydła, cechującej się długimi rogami i kudłatą sierścią. Zwierzęta te znane są z dużej wytrzymałości na surowe warunki pogodowe i dlatego podczas osiedlania Koltur sprowadzono je na wyspę. Dziś jest ich tu trzydzieści.

Bjørn nie jest torreadorem, lecz na co dzień musi obcować ze szkocką rasą wyżynną. Bydło i owce to podstawowe źródło dochodu Paturssonów. Jak zauważył dziennikarz Agence France Presse, Bjørn jest zarazem pasterzem, weterynarzem i rzeźnikiem. Każdego roku zarzyna sto sześćdziesiąt owiec i sześć krów, a mięso – chudsze od tradycyjnej wołowiny – rozprowadza po zaludnionych wyspach archipelagu.

Farmerem został na życzenie. W 1993 roku napisał list do rządu z pytaniem, czy nie mógłby zasiedlić opustoszałej wyspy Koltur.

– Rząd zgodził się na dzierżawę wyspy za opłatą nierujnującą naszego budżetu – mówi Lukka, z zawodu księgowa, strażniczka finansów rodziny Paturssonów.

– Wychowałem się na farmie i zapragnąłem na nią wrócić – wyznaje Bjørn.

Bjørn nie tylko zrezygnował z kierowania produkcją w kompanii mleczarskiej i sutego wynagrodzenia – czterdziestu tysięcy koron miesięcznie – lecz także razem z żoną zdecydował się pozostawić w Tórshavn dwie dorastające córki.

– Zazwyczaj to dzieci pierwsze opuszczają dom. U nas było odwrotnie i nie żałujemy – wyznaje Lukka.

Zanim jednak nazwiesz ją wyrodną matką, spróbuj wczuć się w specyfikę Wysp Owczych – kraju, w którym trzyletnie mikrusy chodzą za ręce po zakamarkach osad bez opieki i wiedzy rodziców, gdzie plastikowe wiaderka, łopatki i trzykołowe rowerki porozrzucane są po jezdni jak po przedszkolnym dywanie. Gdzie funkcjonuje etos wielopokoleniowej rodziny, w której babka dogląda wnucząt, podczas gdy rodzice grzebią w owczym gnoju albo upiększają profile na portalach społecznościowych, łagodząc katusze pracy biurowej.

Paturssonowie zapragnęli życia na Koltur. Jeśli spytasz, czy w pierwszej kolejności kierowali się chęcią życia w samotności, to powiedzą, że nie. Wskażą subtelną różnicę: – Dominująca była chęć życia blisko natury.

Dziś Koltur wydaje się już ujarzmiona. W centralnym punkcie wyspy Bjørn postawił spalinowy agregat. Kilkanaście metrów dalej doliczyłem się dwudziestu jeden czerwono-żółtych beczek Shella i stu ośmiu plastikowych worków z sianem. Bjørn myśli także o instalacji wiatraka.

Atrybuty cywilizacji zmieniają Koltur, ale ta wciąż pozostaje miejscem, w którym człowiek jest gościem na włościach natury, a nie natura zdaje się na łaskę człowieka.

Agregat znajduje się w połowie drogi między dziewiętnastowieczną chałupą Paturssonów a jeszcze bardziej wiekowymi zabudowaniami – Heimi í Húsi oraz Norðri í Gerði.

Heimi í Húsi to farma sięgająca czasów wikińskich. Na początku zamieszkiwała ją prawdopodobnie tylko jedna rodzina, której specjalnością była uprawa kukurydzy. Z ulotki turystycznej o Koltur wyczytać można, że tuż przed reformacją sprowadziła się na wyspę druga familia. Tak powstała farma Norðri í Gerði. Rodziny z początku żyły obok siebie w przyjaźni. Z czasem jednak się poróżniły. Dziś już nikt nie wie o co.

Pierwszą precyzyjną datą porządkującą historię wyspy jest rok 1584. Wtedy król duński Fryderyk II Oldenburg podzielił Wyspy Owcze na część katolicką i protestancką. Koltur została oddana pod jurysdykcję Kościoła katolickiego i wcielona do Korony Duńskiej. Nie wiemy, ilu osadników żyło na Koltur między XVI wiekiem a końcem XIX. Różne źródła podają, że dom znalazło tu od kilkunastu do kilkudziesięciu mieszkańców. Liv Kjørsvik Schei i Gunnie Moberg, badaczki kultury i historii Wysp Owczych, dowodzą, że Koltur ściągała także mieszkańców okresowych, choćby hodowców kukurydzy, zwabionych wyjątkowo żyznymi glebami.

U progu XX wieku liczba mieszkańców osiągnęła pięćdziesiąt osób. Pojawiły się kłopoty związane z eksploatacją wyspy. Prawo regulujące hodowlę owiec, które do dziś pozostaje w niemal pierwotnym kształcie z 1298 roku, pozwalało sprowadzić na Koltur maksymalnie sto sześćdziesiąt sześć owiec. Jeśli podzielić je pomiędzy pięćdziesięciu osadników, to szybko zrozumiemy, że ich hodowla nie mogła być opłacalna. Część mieszkańców opuściła wyspę w poszukiwaniu lepszego bytu. Podczas spisu ludności w 1950 roku doliczono się już tylko dwudziestu jeden osadników Koltur, zagospodarowujących cztery farmy.

Z każdym dziesięcioleciem liczba mieszkańców wyspy topniała jeszcze bardziej gwałtownie. Szukali szczęścia i łatwiejszej pracy w Tórshavn. W 1990 roku Koltur opuścili ostatni mieszkańcy.

Heimi í Húsi: chata prymitywna, baśniowa i przytulna. Z niskim, trawiastym dachem, z kamienną ścianą i kamiennym płotem, gdzie kamienie – drobne i te większe – ułożono przed wiekami tak zmyślnie, że niemal tworzą monolit. Konstrukcja godna mistrza gry w tetris. Jeśli spojrzeć przez niewymiarowe okno, to dostrzeżemy niewielką kwadratową izdebkę z łóżkami przylegającymi do ściany. Na środku rozpalano ognisko, przy którym kucharzyli i grzali się domownicy. Domowe ognisko na Koltur nie płonie od lat.

Zmylić mogą jaskrawożółte i różowe zabawki na drewnianym tarasie Paturssonów. Traktor i kilka foremek.

– Czasem, zwłaszcza latem, odwiedzają nas dzieci z wnukami, a także dzieci naszych krewnych – wyjaśni później Bjørn.

Teraz, kiedy słońce błyskawicznie skryło się za ołowianą chmurą i Koltur nabrała szarości, zabawki są najbardziej jaskrawym elementem na wyspie. Wpatruję się w nie od minuty, odczuwam przygnębienie i pustkę – córkę samotności, do której kochankowie jej matki wolą się nie przyznawać. Wpatruję się w te zabawki i zaczyna mi doskwierać brak życia na Koltur. Cisza, która do tej pory cieszyła, zaczyna mnie irytować. Nagle bliższy od Hessego staje mi się Tischner. Samotność to epidemia dzisiejszych czasów – rozumiem to zdanie, ale nie podoba mi się jego zajadłość. Zgadzam się z nim i jednocześnie nie. Wiem, że widzieć w samotności jedynie fenomen psychiczny to pewny redukcjonizm. Z drugiej strony – człowiek świadomie wybierający samotność staje się filozofem. Świadoma samotność to rezygnacja z uczucia. Wybiera się ją, by najpełniej realizować inną z ludzkich aktywności – myślenie.

Dychotomia.

Jeszcze spuszczę kamień znad przepaści – tak, by uderzył o wyrastające z oceanu skały (będzie spadał trzy sekundy). Jeszcze spojrzę na Streymoy (tam jest najwięcej życia na Wyspach Owczych), jeszcze przebiegnie gromadka szynszylowych owiec (drepczą jak dziewczyny na wuefie) i przyleci helikopter, na chybcika wyskoczy z niego Bjørn Patursson, uścisnę mu dłoń, wymienimy serdeczności, po czym wskoczę szybko do kabiny, zamknę drzwi i po chwili maszyna uniesie mnie do góry. Opuszczę Koltur, nie wiedząc, która wizja samotności jest mi bliższa – Hessego czy Tischnera.

Miesiąc później otrzymałem krótki e-mail od gospodarza Koltur:

„Drogi M.,

Dziękuję za kartkę. Czuję się szczęśliwy i spełniony. Nie skłamię, jeśli powiem, że myślę o moim szczęściu każdego dnia. Czasem tylko mam do siebie pretensje, że za mało podróżuję. Od 1997 roku przebywam na Koltur trzysta pięćdziesiąt dni w roku. Więc może czas najwyższy wybrać się na przykład do Warszawy?"

Bjørn do Warszawy jeszcze się nie wybrał. Natomiast w styczniu 2009 roku, po piętnastu latach życia w samotności, opuścił z żoną Koltur i przyjął ministerialną posadę specjalisty do spraw promocji Wysp Owczych. Teraz z samotnością obcuje jego córka Malan Patursson z mężem i dziećmi.

Filozof, literat i noblista Bertrand Russell o sobie: „Wśród wszystkich zajęć i wszystkich przyjemności od wczesnych lat czułem ból samotności. Uciekałem od niego najbardziej w chwilach miłości, jednak nawet wówczas, po refleksji, stwierdzałem, że ucieczka polegała częściowo na iluzji. Nie znałem żadnej kobiety, dla której żądania intelektu byłyby tak absolutne jak dla mnie, i gdziekolwiek intelekt interweniował, stwierdzałem, że wzajemne zrozumienie, którego szukałem w miłości, często zawodziło. [...] Ale w głębi duszy czułem się zawsze samotny, a moje najgłębsze uczucia nie dotyczyły rzeczy ludzkich. Morze, gwiazdy, wiatr nocą w odludnych miejscach – więcej dla mnie znaczą niż nawet istoty, które kocham najbardziej, i jestem świadom, że uczucia dla ludzi są dla mnie w gruncie rzeczy próbą ucieczki przed daremnym poszukiwaniem Boga".

Głos z pobocza szosy numer 40

Czasem myślę o Wyspach Owczych jak o wielkim mieście na wodzie. Mieście niepodobnym do żadnego innego, pokrojonym na kawałki, na sporym obszarze zupełnie opustoszałym, ale w pełni niezależnym i samowystarczalnym. Mogę iść czterdzieści minut z ronda w Kollafjørður do stacji benzynowej i nie spotkać nikogo. Mija mnie tylko sznur samochodów, ale jest ciemno i nikt z przejeżdżających nie zdąży nawet dostrzec mojej twarzy. Auta znikają, jakby ześlizgiwały się w otchłań.

Wiem, że z obu stron drogi rozpościera się rozległa dolina, której pilnują potężne góry, ale widzę je tylko, gdy coś przejedzie nieco wolniej i na dwie, trzy sekundy odsłoni kawałek okolicy w świetle reflektora.

Próbuję wyobrazić sobie, jak wyglądałyby te pustelnie, gdyby porastały je lasy, i przychodzi mi do głowy, że wtedy na pewno nie szedłbym tą drogą, nie machał do beczących w ciemnościach owiec i nie zachwycał się poziomym deszczem, bo byłoby to najstraszniejsze miejsce na świecie. Widmowa kraina, w której rządzą strzygi i hamadriady, słychać rozpaczliwy jęk znad zatoki i wszelka ludzka zuchwałość przestaje cokolwiek znaczyć.

Duchy wymarłych drzew miasta na wodzie nie znoszą zuchwałości.

Jepetto

W Leynar na wyspie Streymoy żyje współczesny Jepetto. Niewtajemniczonych osadników bezpieczniej jednak pytać o Olego Jakoba Nielsena, stolarza, rzeźbiarza, wytwórcę lamp albo najżyczliwszego mieszkańca Leynar. Współczesny Jepetto jest Duńczykiem. Myśli po farersku, mówi do drzew i uwalnia z fletu ludowe melodie. Przed pracą czyta Tolkiena, pochrupuje gorzką czekoladę i popija kawą z nutą cynamonu. Jest też jedynym człowiekiem na świecie, który rzeźbi w farerskim drewnie.

W pracowni Olego Jakoba podskoczył telefon.
– Ole, tu Gretta. Przyjeżdżaj szybko do Tórshavn! Katastrofa! Hansen najpewniej zwariował! Zamówił buldożer, chce zrównać z ziemią dom i ogród. Wszystkie drzewa pójdą na przemiał!
– Zaraz tam będę – odparł zwięźle Ole i odłożył słuchawkę. Zdjął skórzany fartuch, kapelusz zwinnie rzucił na wieszak, oczyścił długą siwą brodę z opiłków drewna i udał się do wyjścia.

Z Leynar do Tórshavn przy dobrej pogodzie można się dostać w dwadzieścia minut. Ole nie miał czasu do stracenia. Wiedział, że młody Hansen nie będzie zwlekał z rozbiórką, że jeszcze chwila, a buldożer strawi drogocenne drzewo jak świnia trufle. Drogocenne, bo na Wyspach Owczych nie ma naturalnych lasów, a nieliczne plantacje są osobliwością, jak rowerzyści na karkołomnych serpentynach do Oyndarfjørður lub Gjógv. Do tego drzewa z Hansenowej posesji były pierwszymi, jakie przyjęły się na niegościnnych glebach archipelagu. Furgon Olego Jakoba może bez kaszlu wyciągnąć sto czterdzieści kilometrów na godzinę. Na odcinkach między Leynar i Hoyvík obowiązuje ograniczenie prędkości do osiemdziesięciu. Ponieważ sytuacja była alarmowa, a Ole tylko w takich sytuacjach zwykł łamać przepisy, mknął wijącą się jak makaron szosą z prędkością stu kilometrów na godzinę.

– Ole, tu jeszcze raz Gretta. Dom już zburzony, zaraz będzie po drzewach, spróbuję zatrzymać buldożer, może uda mi się zagrać na zwłokę.

Ole przycisnął gaz, auto rozpędziło się do stu pięciu.

– Właśnie wjechałem do Tórshavn, jeszcze trzy zakręty i jestem. Gretto, nigdy tak szybko nie jechałem!

Zdążył. Kilkanaście drzew wciąż ciągnęło soki z ziemi, a operator buldożera i Hansen zajadali maślane ciasteczka w konfiturze Gretty.

Ole podszedł do drzew. Musnął dłonią pierwsze i zaczął do niego szeptać.

– Jakiś świr chyba? – odezwał się operator buldożera, a resztka konfitury wypadła mu z ust i powędrowała na uniform przykrywający nadmuchany brzuch.

– Nie jestem świrem. Jestem rzeźbiarzem. Mieszkam w Leynar i chętnie kupię od Hansena wszystkie drzewa – przedstawił się z dostojnością króla Ole Jakob. – Mam jednak zasadę, że za drewno nie płacę więcej niż tysiąc koron. Pańskie jest wyjątkowe, mogę zatem zaproponować dwa tysiące.

– A bierz, człowieku, i za darmo, tylko wytnij na własny koszt – odparł bezceremonialnie Hansen i tak dobili targu. Hansen w godzinę miał oczyszczoną działkę i mógł lać beton pod fundament nowego siedliska, zaś Ole Jakob wszedł w posiadanie najstarszych drzew na Wyspach Owczych. Buk południowy przetransportowano frachtowcem z Ziemi Ognistej około 1830 roku.

– Ole, dlaczego na Wyspach Owczych nie rosną drzewa? – zapytałem.

Rzeźbiarz z Leynar odesłał mnie do pradawnej sagi.

Niegdyś Wyspy Owcze porastały gęste lasy. Na wrzosowiskach jeszcze dziś znajdziecie pojedyncze badyle i obumarłe korzenie, a nieopodal kopalni węgla kamiennego na Suðuroy natknąć się można na liściaste gałęzie.

Co się więc stało, że dziś nie zachował się ani jeden las, z wyjątkiem kilku sztucznych plantacji?

Legenda prowadzi nas do czasów, gdy władzę nad Wyspami Owczymi sprawował król norweski Olaf I Tryggvason, surowy i chciwy władca. Były to czasy chrystianizacji archipelagu i słonych podatków zasilających skarbiec króla Olafa. Daninę dostarczali farerscy posłańcy. Któregoś razu ich danina nie zadowoliła władcy.

– W jakie dobra obrasta wasza ziemia? – miał spytać poirytowany Olaf. Na co usłyszał:

– Sprawiedliwy panie, nie posiadamy nic prócz skamieniałej ziemi, mokradeł, wrzosowisk, grząskich łąk i niewielu marnych pastwisk.

– Niech będzie, jak powiedzieliście! Co jest w górze, niech zginie pod ziemią, co znajduje się pod ziemią, niech się z niej wydostanie!

I stało się, jak powiedział. Lasy stąpiły pod ziemię, a ziemia urodziła tysiące kamieni, które do dziś rozsiane są po moczarach, wrzosowiskach i grząskich łąkach.

– Istnieje też naukowa teoria bezleśności – uśmiecha się Ole Jakob. – Geolodzy mówią, że lasów na Wyspach Owczych nie było nigdy, także w holocenie. Dla drzew nieprzyjazne są tutejsze gleby, wiosenne przymrozki, morski aerozol i przede wszystkim wiatr – wylicza rzeźbiarz z Leynar, po czym dodaje niczym sprawny bajarz albo mag: – Ale to zbyt proste tłumaczenie! Mnie bardziej przekonuje historia króla Olafa. Wierzę w czary. Widzisz ten gruby zeszyt? Zapisuję w nim zaklęcia. Na przykład, jak kawałek drewna zamienić w ruchomą lalkę. Wierzę – w tym momencie chwyta garść opiłków i podrzuca je do góry – wierzę, że każdy kawałek drewna ma duszę!

– Jak Jepetto! Dlatego każdy kloc podpisujesz imieniem? – pytam.

Na wysokiej do sufitu półce każdy niewykorzystany kawał drewna podpisany jest imieniem. Doliczyłem się sześciu Jógvanów, po dwóch Magnusów i Bjørnów. Jest też Rakel, Heðin, Petur, Óli, Ingrid, Agnethe.

– Oj nie, co to, to nie! – kiwa głową Ole i w pośpiechu wdrapuje się na drabinę, by zdjąć z półki Rakel. – Podpisuję każdy kawałek, żeby pamiętać, kto był darczyńcą. Ten na przykład podarowała mi Rakel, Rakel Helmsdal, moja córka, baśniopisarka.

– A Heðin, Petur, Bjørn?

– To obcy ludzie. Na Wyspach Owczych nie można wycinać drzew bez zezwolenia. A o zezwolenie trudniej niż o dzień bez deszczu. Dlatego, ilekroć wiatr położy drzewo, jego właściciel dzwoni do mnie, a ja przyjeżdżam i płacę. Na całym archipelagu ludzie wiedzą, że w takich przypadkach należy dzwonić do Olego Jakoba.

– I starcza ci tego drewna?

– Tak, mam nawet zapasy. Jestem najpewniej j e d y n y m człowiekiem na ziemi, rzeźbiącym lampy w farerskim drewnie.

– Ile lamp jesteś w stanie wyprodukować w miesiąc?

– Więcej niż sprzedać.

– A ile sprzedasz w miesiąc?

Ole Jakob Nielsen w swojej pracowni
foto Maciej Wasielewski

- Dwie, trzy lampy.
- To muszą być bardzo drogie lampy...
- Jedyne na świecie z farerskiego drewna.

Atelier Olego Jakoba jest bardziej kreskówkowe niż rzeczywiste. Jest jak muzyka Yanna Tiersena, jak manufaktura czekolady albo stronica książki z rozkładanymi obrazkami, której tekturowe cudeńka pozostają w pamięci długo po odejściu dzieciństwa. Tu skromność jest rozkoszna, a rzemiosło myli się z magią.

Do pracowni Olego Jakoba prowadzą wąskie kamienne schodki, potem musisz chwycić za kołatkę, a gdy drzwi zaczną skrzypieć, buchnie woń świeżej żywicy. Przywita cię siwy Duńczyk w kapeluszu włóczykija i najpewniej zaprosi na herbatę. Na pięciu metrach kwadratowych upchnął imadło, tokarkę, pilarkę, frezerkę, strugarkę i szlifierkę. Stary szwedzki piecyk służy za biurko, na którym porozrzucane są dłuta, młotki i strugi. W kącie spoczywa dziwaczna miotła. Jej kij przypomina pełzającego węża.

Każdy krok, każdy wymach ręką w geście zdziwienia – wywołuje wirowanie wiórów, które mienią się teraz w ciepłym świetle lamp jak magiczny proszek.

Przytulnie. Docenisz to najbardziej, gdy za oknem zawieja, a wicher wprawia szyby w drżenie.

O farerskiej przytulności pisał pastor Børge Kielberg:

> Jeśli nigdy nie znalazłeś się przy ognisku w przędzalni, gdy na zewnątrz wył zimowy sztorm, a deszcz uderzał o szyby w oknach, gdy kołowrotek obracał się wściekle, a gręplarka świszczała, to nie wiesz, czym jest farerska przytulność. Już za chwilę się ściemni, a latarnia z wielką metalową pokrywą rozbłyśnie – właśnie wtedy wszystko będzie tak, jak być powinno.

„Wszystko jest tak, jak być powinno", pomyślałem za pierwszym i za każdym następnym razem, kiedy odwiedzałem warsztat Olego, usytuowany na stromej skarpie, tuż nad rozszalałymi falami Atlantyku.

Tu każdy kloc surowego drewna, każda drzazga ma wyjątkową historię. Weźmy tę sosnę z najniższej półki. Pochodzi z Jutlandii. Została ścięta, zanim Jutlandia stała się rezerwatem przyrody. W 1864 roku Dania przegrywa wojnę z Prusami. Splądrowany kraj kurczy się o jedną trzecią. W Duńczykach odradza się patriotyzm, a z patriotyzmu rodzi się społecznictwo. Jego przejawem jest ochrona przyrody. Na Jutlandii powstaje pierwszy rezerwat.

Albo zwróćmy uwagę na modrzew z trzeciej półki od góry. Pochodzi ze smoczkowej alei w Trongisvágur. Od pięciu lat matki z Suðuroy chadzają na tamtejszą plantację drzew i wieszają na modrzewiach smoczki, z których wyrosły ich pociechy. Smoczkowa aleja to rozczulające miejsce, gdzie smoczki wszystkich kolorów mienią się nad naszymi głowami jak ekspozycja w sklepie z lampami.

I zupełnie inna historia. Kłoda drewna, a na niej wyżłobione: „K. K. † 2006". Sześćdziesięcioletni Duńczyk lubił skakać przez urwiska. W Leynar mu się nie udało.

Na najwyższą półkę trafi buk Hansena. Ole Jakob wyrzeźbi z niego abażury, które trafią do zjawiskowego domu Tróndura Paturssona w Kirkjubøur. Będą o nich później pisać w przewodnikach. Wydłubie też ozdobny cyferblat, dopasuje mechanizm i stworzy zegar o wartości małego samochodu. Odtąd będzie zaklinał zegar, żeby tylko nie znalazł się na niego kupiec.

– A jak zaklinasz, to po duńsku, czy farersku? – pytam Olego Jakoba.

– Po farersku – odpowiada po chwili namysłu. – Zaklinam, myślę i śnię po farersku. Mieszkam tu od trzydziestu pięciu lat. Zaklinam od dwudziestu.

– A o czym lubisz śnić?

– A tego ci już nie powiem. To bardzo intymna sprawa. Koniec tego teatru. Żegnaj dniu.

Powoli stygną strugarka, pilarka i szlifierka. Kurz zamieciony w kąt, Ole gasi światła. Opuszczamy pracownię i ryglujemy drzwi. Chwilę później dobiegają nas szmery z pracowni. Rozchodzimy się do naszych domów, nie wiedząc, czy to wiatr stuka po szybach, czy też świat drewienek Olego Jakoba budzi się do życia.

101 rzeczy do zrobienia przed śmiercią

Spośród stu jeden rzeczy, których według Richarda Horne'a* warto spróbować przez śmiercią, Jana ma za sobą dwadzieścia osiem lub dwadzieścia dziewięć.
– Nie mam pewności co do jednej – przemyśliwuje Jana w dniu dwudziestych pierwszych urodzin. – Horne pisze, że warto, choć raz w życiu, wykąpać się w oceanie w towarzystwie delfinów.
– Na czym polega twoja wątpliwość? – pytam.
– Kąpałam się w oceanie z grindwalami.
– Z tego, co wiem, grindwale są dużymi delfinami. Wielkością dorównują nawet orce. Myślę, że można ci zaliczyć tę kąpiel.
– Ale ja do nich strzelałam. Harpunem. Też się liczy?

Tendencyjny reporter, pisząc o polowaniu na grindwale, zestawi trzy obrazki. Na pierwszym idylliczna scena: gromadka rozkosznych waleni z ufnością podpływa do ludzi. Dowiadujemy się, że grindwale są łagodnymi ssakami i z łatwością nawiązują kontakt z człowiekiem. Ujmuje nas urok tych wyjątkowo rozrywkowych mieszkańców północnego

---

* Szkocki autor poradników, dwa spośród nich – *101 Things To Do Before You Die* i *101 Things To Do Before You're Old And Boring* – stały się bestsellerami.

Atlantyku – z natury żywotne grindwale mogą godzinami oddawać się wodnym figlom. Cieszymy się, gdy co rusz wystawiają ciemnoszare pyski i wpatrują się w nas przyjacielsko. Śmiejemy się wreszcie, gdy uderzają płetwami o taflę oceanu, obryzgując nasze twarze słoną wodą.

Na drugim obrazku zobaczymy brunatną od krwi zatokę (to nie jest wyolbrzymienie – akwen rzeczywiście nabiera koloru posoki). Na horyzoncie wyrastają przed nami dziesiątki łodzi motorowych. To Farerowie zaganiają do brzegu poszarpane harpunami, lecz jeszcze żywe walenie. Wykorzystują elementarną cechę grindwali – lojalność. Silne więzy społeczne skazują na śmierć także nieranionych członków stada. Zdrowe grindwale płyną za okaleczonymi towarzyszami do zatoki, gdzie zostaną zarżnięte.

Ich zwłoki zostaną rozłożone na plaży w rzędach, jedne przy drugich, w równych odstępach. Wokół zwłok krążyć będą uczestnicy wyprawy. Ojcowie i ich nieletni synowie. Ci najmłodsi – w dmuchanych kamizelkach na wypadek utonięcia. Tendencyjny reporter przyrówna gapiów do insektów ściągających do padliny. Powie: tylko w czerwcu 2006 roku osadnicy z Hvalby wybili dziewięćdziesiąt sześć grindwali. Na plaży w Hvalbie zgromadziło się wówczas ponad czterystu z sześciuset sześćdziesięciu trzech mieszkańców osady.

Atmosfera osiedlowego spędu. Kiermasz. Raut.

Zobaczymy jeszcze zbliżenie głupio rozdziawionego pyska walenia, nieruchomo rozwartego ślepia i dwojga uhahanych nastolatków uwieczniających to za pomocą aparatu fotograficznego w telefonie komórkowym. Melodia zarzynania grindwali to rozpaczliwy, chwytający za gardło pisk, ożeniony z warkotem silników i pstrykiem idiot-kamery.

Na trzecim obrazku zobaczymy uśmieszek Jany, kwitujący rozbrajające wyznanie:
– Ale ja do nich strzelałam. Harpunem. Też się liczy?

*

Tendencyjny reporter dla poparcia swoich racji posłuży się chłodnymi statystykami: między rokiem 2001 a 2007 odbyły się 62 polowania na grindwale, podczas których wybito 4848 sztuk. To dało 38 285 jednostek skinnu. Na jeden skinn przypada 38 kilogramów mięsa i prawie tyle samo tłuszczu. Reporter przyzna, że wyżej przedstawione statystyki są nieco mniej drastyczne w porównaniu do ubiegłych dziesięcioleci, w tym rekordowego okresu od 1981 do 1990 roku, kiedy podczas 176 polowań wyrżnięto 18 806 grindwali. Gdyby podzielić zdobycz pomiędzy wszystkich mieszkańców Wysp Owczych, także urodzonych godzinę po polowaniu, każdy z nich otrzymałby po 113 kilogramów mięsa.

– Ale ja do nich strzelałam, z harpuna. Też się liczy?
– Ile miałaś lat, jak strzelałaś do grindwali? – odpowiadam pytaniem.
– Piętnaście.
– Nie widzisz w tym nic niewłaściwego?
– Ty jadasz wieprzowinę, a więc sankcjonujesz proceder zarzynania świń. My nie zarzynamy świń.
Popularna odpowiedź.
– Nie zarzynamy świń ani kurcząt. Wierzymy, że udany połów jest darem od Boga – argumentuje innym razem Regin, który uczestniczył w jedenastu polowaniach na grindwale. – Międzynarodowa społeczność uwzięła się na nas. Niektóre zachodnie wydawnictwa bojkotują nasz kraj i nie wydają przewodników po Wyspach Owczych. Ignorują nas także biura turystyczne. Europa chce zniszczyć naszą tradycję, ale to dyletanci, którzy nie mają pojęcia o naszej kulturze. A wiesz, czym według Innuitów różni się łowca od kłusownika?
– Łowca zabija, by przeżyć. Zabija tylko tyle, ile potrzeba mu do wykarmienia rodziny – aktywuję dość powierzchowną wiedzę o ludach arktycznych.

– Otóż to! A kłusownik zabija dla zysku! My nie zabijamy dla zysku! Nie jesteśmy kłusownikami! – wykrzykuje Regin. – Możesz siedzieć w domu i popijać herbatę, gdy reszta osadników uczestniczy w polowaniu. Jeśli tylko wpisałeś się na listę chętnych do podziału wielorybiego mięsa, to z pewnością otrzymasz swój przydział.

Potwierdzenia informacji o rzekomym bojkocie Wysp Owczych nie znalazłem ani w biurach podróży, ani u wydawców przewodników. Dotarłem za to do opracowań międzynarodowych organizacji do walki z morskim kłusownictwem, które jasno wskazują, że w czasach rozwiniętej i taniej komunikacji morskiej i powietrznej polowania nie mają uzasadnienia ekonomicznego. Tym bardziej w państwie dobrobytu.

Regin był nieprzeciętnie rozemocjonowany, gdy mówił o wielorybniczej tradycji. Jego emocje przypominały w jakimś stopniu zaciekłość Palestyńczyka albo Baska. W zasadzie każdego, kto czuje, że jego historia i tradycja są zagrożone. Farerowie są radykałami, gdy idzie o historię i tradycję. Bez radykalizmu Wyspy Owcze nie miałyby ani historii, ani tradycji.

Być może radykalne przywiązanie do wielorybniczej tradycji sprawiło, że bez echa przeszło – wydawałoby się przełomowe – oświadczenie Pála Weihe i Høgni Debes Joensena, głównych inspektorów sanitarnych Wysp Owczych. W sierpniu 2008 roku wystosowali komunikat: „Z przykrością odradzamy spożywania mięsa grindwali ze względu na niebezpieczne dla ludzkiego zdrowia stężenie toksyn. Naród farerski wie, że dzięki grindwalom udało mu się przetrwać najtrudniejsze czasy, ponieważ wielorybie mięso ratowało Farerów od głodu. To ironia, że teraz mięso z grindwali może zagrażać centralnemu układowi nerwowemu, powodować kłopoty z ciśnieniem i upośledzenia mózgu."

W ciągu kolejnego roku odbyły się trzy polowania.

– Jak smakuje spik? Jest kleisty, trochę żylasty, słonawy, wchodzi w zęby, żuje się go jak gumę rozpuszczalną, ma posmak tranu. Wyśmienity! – Jana opowiada o tłuszczu z grindwala. – Z kolei mięso jest suche. Dlatego najczęściej polewamy je śmietaną i zagryzamy kartoflem.

– Nie boisz się jeść wielorybiego mięsa? Nie odstraszają cię laboratoryjne ekspertyzy?

– A skąd! Te groźby to kolejna nieudolna próba oderwania nas od tradycji.

Dla Jany skonsumowanie wielorybiego płata to nie tylko tradycja. To przede wszystkim akt patriotyzmu, manifestacja farerskości, nawet modlitwa.

– Być Farerem – definiuje Jana – to być dzielnym na morzu, nieźle kumatym na lądzie i spożywać mięso z grindwala. Trzy, cztery razy do roku.

Grindwale tak silnie zakorzeniły się w farerskiej kulturze, że aż dziw bierze, że ich podobizny nie umieszczono na fladze narodowej. Obfitych połowów życzą sobie przecież nie tylko rodziny rybaków, lecz także pastorowie podczas nabożeństw, politycy podczas wieców i spikerzy radiowi w dniu polowania.

W Muzeum Sztuki w Tórshavn znajdziemy kilkanaście płócien poświęconych polowaniom na wieloryby. Wśród nich malowidła Sámala Joensen-Mikinesa, pierwszego farerskiego malarza, którego sława wyszła poza granice Wysp Owczych. Zwracam uwagę na dwie pozycje, zatytułowane jednakowo – *Pilot Whale Killing*. Pierwszy obraz powstał w 1944 roku, drugi w 1957. Na obu łodzie. Na łodziach wielorybnicy, dźgający grindwale harpunami. Autor ten sam, tytuł ten sam, postaci te same, tylko inny przekaz. Pierwszy obraz jest wyjątkowo ponury: mroczne kontury uczestników polowania, poszarpane korpusy grindwali, krwistoczerwony akwen, a w tle zachodzące słońce, przypominające raczej zarys płonącego miasta. Batalia. Rzeź. Destrukcja.

Drugie zarzynanie jest za to beztroskie, oskrobane z farby posępności. Ciepłe, przyjemne dla oka kolory. Błękitne, przejrzyste niebo. Grindwale wydają się raczej oddawać zabawie, niż walczyć o życie. Niedokładne sylwetki gimnastykujących się łowców. Harpuny przypominają wiosła. Apologia współżycia człowieka z naturą.

Jeszcze raz spoglądam na oba płótna i zastanawiam się, co mogło sprawić, że Mikines tak diametralnie zmienił filozofię. Pierwszy obraz wydaje się przecież potępieniem *grindadráp*, drugi jego gloryfikacją. Kiedy powstawał pierwszy *Pilot Whale Killing*, Mikines miał trzydzieści osiem lat, więc chyba nie możemy go posądzać o młodzieńczą buńczuczność? Odpowiedzi szukam u kustosza muzeum, Mortana Vanga (brata Johanny, bohaterki opowieści o nieistnieniu Wysp Owczych na hiszpańskich mapach).

– Stosunek Joensena-Mikinesa do polowania jest sprawą drugorzędną – odpowiada Vang. – Jego twórczość można podzielić na dwa okresy: depresyjny i idylliczny. Malarz wcześnie stracił ojca. Prawie wszyscy mężczyźni z jego osady utonęli podczas połowu. Być może dlatego w pracy twórczej szczególnie interesowała go śmierć, motywy funeralne i cierpienie. Większość jego dzieł ma właśnie posępny charakter. *Pilot Whale Killing* z 1957 roku wpisuje się już w okres idylliczny. Mikines nauczył się afirmować życie.

Pilot Whale Killing z 1944 roku. *Pilot Whale Killing* z 1957 roku. Posępna rzeź czy radosny, malowniczy rytuał? Nieświadoma metafora różnicy w spojrzeniu na polowanie oczami obcego i Farera.

Obcy to ja i każdy inny ciekawski *grindadráp*, spoza osady, spoza archipelagu. Obcy to intruz, a intruza lepiej odciągnąć od zatoki, w której zarzynane są grindwale. Jeszcze coś zobaczy, coś sfilmuje. A po co komu zachodnie obłudne moralizatorstwo? Farerowie pragną cieszyć się prawem do polowań na grindwale. Z drugiej strony chcą budować gospodarczą więź z Zachodem, chcą wzbudzać zaufanie Londynu, Berlina, Paryża czy Waszyngtonu. Dlatego wszystko, co mogłoby prowokować gniew Zachodu, wolą robić po cichu. Z dala od obcych. Być może dlatego Janusz Kamola – Polak, który od dwóch dekad żyje na Wyspach Owczych – o mało nie został zlinczowany przez wielorybników za pstrykanie zdjęć podczas polowania na walenie w stolicy kraju.

Szczególnie obcy dla wyspiarzy jest kanadyjski ekoradykał Paul Watson. Część farerskiego społeczeństwa widzi w nim wroga numer jeden. Pozostali mają go za błazna albo pirata.
– To ekoterrorysta, populistyczny bandyta! Metody walki, które stosuje, są nieskuteczne i świadczą o jego głupocie. Gdyby choć trochę poczytał o lobbingu, to byłby dla nas dużo groźniejszy – uważa Jana. Pomija fakt, że w 2000 roku Watson został ekologicznym bohaterem roku magazynu „The Times".

Paul Watson zaciska pięści, gdy mówi o polowaniach na wieloryby. Wielokrotnie zapewniał w rozmowach z dziennikarzami, że oddałby za nie życie. Od 1977 roku stoi na czele organizacji Morski Pasterz, która walczy z morskimi kłusownikami.
– Najchętniej bym ich wszystkich powystrzelał – wyznaje.

Flotylla Watsona to trzy okręty dalekomorskie, obsługiwane przez kilkudziesięciu ochotników. Pierwsze pytanie, jakie Watson zadaje podczas rekrutacji nowych członków załogi, brzmi: „Czy jesteś gotów umrzeć za wieloryba?".
– Ta megalomania – powiedzą krytycy działań Watsona – oddaje najlepiej jego kondycję psychiczną i nieodpowiedzialność w działaniach.
– W tym pytaniu jest pasja – ripostują zwolennicy Kanadyjczyka. – Może je zadać tylko szlachetny wojownik.

Przeczesuję internet w poszukiwaniu nagrań z wypraw Watsona. Na jednym z nich migawkowy zapis pięciotygodniowej misji w Arktyce. „Morski Pasterz" ściga potężny frachtowiec należący do japońskich wielorybników. Ubrani w kamizelki kuloodporne członkowie załogi Watsona ostrzeliwują kłusowników z armatek wodnych i kulek z farbą. Używają też kwasu masłowego. Ostry zapach zjełczałego tłuszczu jest trudny do zniesienia nawet dla morskich wygów. Japończycy wymiotują jeden po drugim.

Watson trzykrotnie przybywał na Wyspy Owcze – w 1985, 1986 i 2000 roku.

– Farerskie polowania na grindwale to barbarzyństwo, na które nie ma miejsca w XXI wieku – grzmiał podczas ostatniej publicznej debaty w Tórshavn, transmitowanej przez telewizję. – Mówicie, że śmierć grindwala to chwila, ale to nieprawda. Grindwal traci świadomość i przestaje czuć po dziesięciu, a czasem piętnastu minutach niewyobrażalnych męczarni.

– To nie pańska sprawa, panie Watson. Nie potrzebujemy tu pańskich mądrości – miał usłyszeć, już nieoficjalnie, od wysokich urzędników farerskich Kanadyjczyk.

– To nie pańska sprawa – mógł usłyszeć Pierce Brosnan.
– To nie pańska sprawa – mógł usłyszeć Richard Dean Anderson.
– To nie pani sprawa – mogła usłyszeć Brigitte Bardot.
– To nie pani sprawa – mogła usłyszeć Linda Blair.

Oni wszyscy są związani z organizacją Paula Watsona. Oni wszyscy przejęli się losem grindwali i opowiedzieli przeciw wielorybnikom. „To nie ich sprawa" – komentują Farerowie. A w podtekście: „Co wy wiecie o naszym życiu?".

Sir Anthony Hopkins też nie jest pożądanym gościem na Wyspach Owczych. W 1989 roku użyczył głosu do rysunkowej reklamówki opowiadającej o kontrowersyjnych praktykach farerskich wielorybników. Znów pełno krwi i rozbebeszonych grindwali. Dogorywające na plaży walenie ronią łzy. „Skowyt, który słyszycie – czyta Hopkins – to skowyt przerażonych waleni na chwilę przed śmiercią. Wszystkie walenie skowyczą. Tłum ludzi na plaży raduje się".

Petura poznałem przez autostop. Był uprzejmy podwieźć mnie z Leynar do Vatnsoyrar, mimo że jechał tylko do Sandavágur, dziewięć kilometrów przed Vatnsoyrar. Jest tuż po trzydziestce. Ma kuter i żyje z połowu czarniaków.

– Jak jesteś dzieckiem i obserwujesz polowania z boku, to chcesz zrobić wszystko, by następnym razem w nich uczestniczyć. Ja na przykład oszpeciłem sobie nożem dłonie, by wydać się bardziej męski. Ludzie, którzy nazywają wielorybników barbarzyńcami, nie wiedzą nic o prawdziwym życiu, o ciężkiej pracy. To koniunkturaliści. Być proeko to znaczy wiedzieć, jak zadbać o swój wizerunek. Podniecona młodzież z dobrych domów, która z nudów rzuca farbą i wymyśla krzywdzące nas hasła.

– Ale czy nie jest prawdą, że nie podejmujecie polemiki? – pytam. – Nie próbujecie bronić swoich racji, ograniczając się do zdawkowego stwierdzenia: „Taka jest nasza tradycja i nic wam do tego".

– Wdając się w polemikę, jesteśmy skazani na porażkę, a racja nie ma tu nic do rzeczy. Jest racja nasza i racja wszystkich innych. Nasza racja zostałaby pożarta – przekonuje Petur. – Dziś jest to tradycja, ale jeszcze niedawno pragmatyzm, konieczność. Walenie dostarczały nam niezbędnych surowców. Olej grindwala sprawdzał się jako smar do maszyn. Był też paliwem do lamp. Kupowali go od nas producenci świec, maści i kredek. Z wytopionego tłuszczu produkowaliśmy mydło, a z fragmentów szkieletu – parasole. Przyznasz, że pod tym niebem to przydatne udogodnienie. No i białko. Mięso grindwala chroniło nas przed niedoborem białka i uzupełniało naszą dietę w witaminy.

– Dziś możecie to wszystko kupić w hipermarkecie – mówię.
– Nie jesteś w stanie tego zrozumieć, prawda?

Co roku na Wyspach Owczych zabijanych jest od czterystu do tysiąca grindwali. Proceder ten jest zgodny z tutejszym prawem.

Polowania na grindwale nie mają komercyjnego charakteru. Ich mięsa nie można kupić w sklepach.

Latające samochody

Gdy wyjdziesz o zmroku na vestmańskie nabrzeże i spojrzysz na południe, w kierunku Kvívík, zobaczysz latające samochody. Hordy latających samochodów. Światła reflektorów zapalają się i gasną jak przeszkody na torze wyścigowym w radzieckiej grze elektronicznej. Te jednak są wielobarwne. Na czarnej tablicy nieba odcienie czerwieni, żółci i pomarańczy. Kolory zmieniają się na różnych wysokościach.

Zobaczysz, jak niektóre auta wspinają się pod górę zamaszystym łukiem. Inne spadają z nieba jak strącone odrzutowce. Iluzja. Spektakl świateł. Farerska Chanuka.

Wyznania palownika

Oferta nie do odrzucenia obejmuje kurację spa, bobsleje, koncert muzyki eksperymentalnej, retusz skóry, lunapark, krioterapię i podróż do Niemiec lub Francji. Uczestnik musi spełnić jedno kryterium: być martwą rybą.

W szczycie sezonu, w samej tylko Vestmannie, z przymusowej promocji korzysta nawet dwadzieścia jeden tysięcy czarniaków dziennie. Czarniak (*Pollachius virens*, po farersku wdzięcznie *upsi*) to drapieżnik z rodziny dorszowatych. Przypływają statkiem, schwytane w sieć jak drobinki ryżu. Atlantyccy turyści – łuski błyszczą w słońcu niczym flesze cyfrówek, boje przy burcie to wypchane ekwipunkiem plecaki, o bilety wstępu postarali się wcześniej organizatorzy. Zwiedzający są zdyscyplinowani – nikt nie zadaje naiwnych pytań, nikt nie odłącza się od grupy, nikogo nie kusi sprawdzić, czy budka obok bramy wjazdowej to kramik z pamiątkami. Przewodnik nie trzyma w ręku parasola, tylko dwudziestego dziś papierosa, i zamiast towarzyszyć wycieczce, spoczął na zydlu w nadbudówce trawlera.

Jest za dziesięć ósma, ponury lutowy dzień wygrzebuje się zza wzgórza. Najlepiej byłoby usadowić się w oknie starego budynku stoczni i poobserwować osobliwe przedstawienie, które właśnie ma miejsce. Na kilka minut Vestmanna zaczyna żyć, robi się gwarno, niezwyczajnie, jak przy okazji decydujących meczów ligi piłki ręcznej albo majowego święta łodzi. Wąską nadbrzeżną uliczką przeciska się autobus, za nim, jak młode za matką, sznur aut. Część ludzi zrezygnowała z pojazdów – odbijają się w szybie opustoszałego o tej porze klubu dla młodzieży, mijają skwer i schodzą na betonowy cypel. Mewy rozpoczęły swoją zmianę godzinę temu.

– Pracowników przetwórni można podzielić na trzy grupy: na tych, którzy są tu od zawsze, znają każdy liszaj na ścianie i pamiętają, ile ton ryb i jakim trawlerem przypłynęło danego dnia dekadę wstecz, na chętnych, którzy dorabiają w najgorętszym sezonie, oraz na obcokrajowców, coraz liczniej korzystających ze złagodzenia farerskiego prawa pracy dla imigrantów – mówi Jón, przedstawiciel grupy drugiej. W trakcie przerw i po pracy tworzy ilustracje do książek dla dzieci. Wkrótce wyjedzie studiować sztuki piękne do Wielkiej Brytanii.

Zanim ruszy pierwsza zmiana, część towarzystwa wypali papierosa w kontenerze przed wejściem, ktoś zaniesie do stołówki pudełko z drugim śniadaniem, inni będą się krzątać albo rozmawiać w szatni.

Wszyscy bez wyjątku muszą przejść inicjację, kiedy przybywają do fabryki wprost z podwórza, jeszcze w objęciach przyjemnej bryzy, przechowując w zakamarkach kapoty zapach porannej kawy i świeżego pieczywa, jeszcze zajęci myślami o informacjach usłyszanych w radiu lub wczorajszej wizycie u przyjaciół.

Inicjacja jest nieodwołalna i bezlitosna. U progu przetwórni wdziera się w nozdrza uporczywa rybia woń, powietrze momentalnie gęstnieje, staje się nieznośne, irytujące, okrutne. Tych kilkanaście metrów w podłużnym korytarzu, zanim wbijemy kod obecności i wejdziemy do przebieralni po fartuch i gumiaki, zanim dojdziemy do siebie i przestaniemy kląć

w duchu na podły los przerzucacza ryb, ten krótki dystans jest przetwórnianą golgotą, utrapieniem zaspanych, udręką wrażliwych i kołkiem w serce dla niezniszczalnych.
Za minutę człowiek obojętnieje.

Oferta nie do odrzucenia dla czarniaków obejmuje kurację spa, kiedy – zwiezione z trawlera – wpadają do stalowego basenu pełnego lodowatej wody. Chłopak stojący na pierwszym stanowisku uruchamia wybierak, ryby podjeżdżają mu do rąk, a on przesuwa je pojedynczo na terkoczącą taśmę. Zważone przez automat, chlupią do właściwej skrzyni i czekają na dalsze atrakcje.

Nigdy nie dowiedziałem się, jak ma na imię gość od spa. Stał nieruchomo jak posąg, nie odzywał się ani słowem, na przerwach czytał komiksy i sumiennie zmieniał skarpety z roboczych na przerwowe, chociaż nie było takiego obowiązku. Intrygował mnie. Samotny i dostojny władca najciemniejszego zakamarka przetwórni. Być może nie mieszkał nawet w Vestmannie, tylko w odległej chacie nad osadą, wśród skał i wrzosowisk, jak jakiś nordycki derwisz.

Nazywałem go sortmistrzem.

Oferta nie do odrzucenia dla czarniaków obejmuje lunapark i przejazd wagonikiem przez komnatę strachu, kiedy chuderlawy Áki bierze na łychy wózka widłowego jedną ze skrzyń od sortmistrza i zawozi ją do ucinacza głów.

Ucinaczem jestem ja. Naciskam kolanem guzik, przechylam podnośnik rampy i ryby wślizgują się do kuwety lub – jeśli przechylę za mocno – wprost w moje objęcia.

W komnacie strachu zainstalowano także stoły, przy których segreguje się nietypowy narybek. Oprócz czarniaków w sieci zaplątują się podejrzane dziwadła niewiadomych nazw i pochodzenia, obślizgłe i obłe koszmary głębin oceanu, jak na drzeworytach Elinborg Lützen.

Kata-ucinacza głów można tytułować także palownikiem, ponieważ lewą ręką chwyta nieszczęsne (już martwe) ryby za łby, kładzie je na ruchomej gąsienicy i – aby nie przemieszczały się przy gilotynowaniu – mocno nabija na szpikulec. Powinien to robić szybko i automatycznie – kiedy lewa ręka przekłuwa oko jednej ryby, w tym czasie prawa podaje następną.

Wzorowy palownik wygląda w trakcie pracy jak oszalały tancerz, jak czarnoksiężnik-nerwus, ubrany w wodoodporny skafander, ochronny beret i trzy pary rękawic. Groźny wariat z zapaskudzonego portu.

Dawniej farerski rybak obcinał swoim zdobyczom języki i chował je do drewnianego pudełka. W sobotnie wieczory języki z całego tygodnia liczono, a ich ilość decydowała o sumie zarobionych pieniędzy. System obowiązywał do późnych lat sześćdziesiątych dwudziestego wieku.

Taśmociąg z przytroczonymi czarniakami kolebie się miarowo. Zgrzytają noże, słychać głuchy stuk odciętych głów o rynnę ścieku. Korpusy koziołkują do następnego basenu, skąd przez otwór w ścianie zostaną wybrane do sali koncertowej.

Punkt dziesiąta dzwonek charczy na pierwszą przerwę. Zdejmuję w przedsionku strój kosmonauty i idę do stołówki na giełdę plotek.

Uwielbiałem te *pausy* przy herbacie i krakersie w przytulnej *kantinie*. Przytulnej, choć mieściło się w niej ponad trzydzieści osób – na raz schodzili się prawie wszyscy pracownicy. Mijali kwietnik na środku sali, napełniali plastikowe kubki gorącym napojem i sadowili się w przypadkowych konfiguracjach, rozmawiając półgłosem o niezrozumiałych sprawach. Często mnie lub M. ktoś zaczepiał, pytał, jak nam się podoba praca, Vestmanna, stancja, kraj. Zwykle siadałem przy podłużnym stole z młodymi. Po kwadransie znów skrzeczał dzwonek, płócienne rękawiczki zostawione na czas przerwy na kaloryferze stawały się przyjemnie ciepłe, filetujące kobiety zakładały foliowe płaszcze i czerwone czepki, a my, ucinacze-maszynowcy, znikaliśmy na końcu korytarza po nasze eleganckie garnitury z polichlorku winylu.

Oferta nie do odrzucenia dla bezgłowych czarniaków obejmuje bobsleje, kiedy dotrą zza ściany dzięki czerpakowi i zjeżdżalni, a potem kat-palownik nałoży je na ruchome płozy.

Bobsleje kursują co trzy sekundy, kat powinien więc błyskawicznie zgarnąć rybę, wsadzić jej ogon w kanalik stabilizujący i sztywno usadowić tuszę w nadjeżdżającym wózku. Tylko wtedy zainstalowany w torze bobslejowym system noży będzie w stanie rozpłatać czarniaka równo i precyzyjnie.

Najlepiej, jeśli na jednej zmianie pracuje co najmniej czworo katów. Dwoje może wtedy stać przy gilotynach w komnacie strachu, a dwoje sadza kadłubki na bobsleje. Zamieniają się rolami co dwie skrzynie od sortmistrza.

Oferta nie do odrzucenia dla bezgłowych i właśnie rozpłatywanych czarniaków obejmuje koncert muzyki eksperymentalnej, kiedy ryby przejeżdżają przez maszynę bobslejową i w hali roznosi się jazgot krojenia.

Odkąd usłyszałem pierwszy raz ten jednostajny zgrzyt, kojarzył mi się zawsze z pomysłami muzyków z Innan Glyvur na Eysturoy. Historia w farerskim stylu: jest końcówka 2005 roku, kilku facetów spotyka się z nudów na farmie, przeczesują warsztat od piwnicy po strzechy i ze znalezisk typu stara szlifierka, drąg, żyłki rybackie i obdrapana beka olejowa budują instrumenty. Pod nazwą Orka wydają album *Livandi Oyða* (Żywe pustkowie). Ich kreatywność zyskuje rozgłos i zaczynają koncertować po świecie.

Zarzuciłem Bogiemu, który gra w Orce na siedmiu wynalazkach, że w ich muzyce brakuje jednego elementu: hałasu maszyn filetujących z przetwórni w Vestmannie. Podrapał się w szczeciniastą brodę i odparł: – Musisz wiedzieć, że wykorzystaliśmy sample z przetwórni w Fuglafjørður.

Uwielbiałem vestmańskie maszyny, bo wytwarzały upajające dźwięki, a z ich podestów roztaczał się widok na pół przetwórni. My – palownicy-bobslejarze, mieliśmy wszystko jak na dłoni: ktoś nabierał filety stalową łopatą, inny regulował pokrętłem radiosłuchawki, Mircea ciągnął wózek z odpadkami, a hen w głębi Heðin sięgał wypaćkanymi rękawicami po ukrytą w kieszeni landrynkę.

Czułem się częścią tej drużyny, szczególnie kiedy Erlę oplatał woal mocnych perfum, a Connie kiwała głową, nucąc pod nosem jakąś piosenkę.

Oferta nie do odrzucenia dla rozciętych na pół i bezgłowych czarniaków obejmuje retusz skóry, kiedy dojeżdżają do końca maszyny bobslejowej i zainstalowana w płaskim przesmyku obieraczka zrywa ich oliwkowozieloną opaleniznę.

Czarniaki – godzinę temu jeszcze nieprzyzwoicie żywotne – wpadają teraz do skrzyń z wodą i lodem jako cienkie nagie trójkąty. Wyglądają jeszcze smutniej niż suszące się na przyportowych kamieniach sztokfisze.

Odcinek między torem bobslejowym a rampą bramkarza był królestwem kierującego podnośnikiem Jaspura. Chłopak imponował mi, podobnie jak sortmistrz. Korpulentny, powłóczący nogami, z kciukami wetkniętymi za szelki ogrodniczek, w sfatygowanej czapeczce Manchesteru United zawsze zdążał ze wszystkim na czas. Przestawić przepełnioną skrzynię – proszę bardzo. Wymienić pudło bramkarzowi – już się robi. Przygotować kolejną skrzynię, zajrzeć do kapryszącej maszyny lub zgilotynować testowo kilka ryb – bez problemu. Grał swoją rolę jak wirtuoz. Gdy pewnego dnia nie przyszedł do pracy i jego obowiązki przejął ktoś inny, w sekcji bramkarsko--filetującej zapanował chaos.

Na powrót Jaspura najbardziej czekał bramkarz. Osoba, która pełniła tę funkcję (przez długi czas był to M.), stała na wysokiej kratownicy, sterowała rampą przechylającą skrzynię z nagimi czarniakami i pilnowała, by pojedynczo lub parami kierować je na taśmę. Bardzo często ze skrzyni wypadało więcej ryb, niż mógł pomieścić pojemnik rampy, więc bramkarz musiał przyjmować rolę osiłka, który powstrzymuje napierający żywioł i stara się nie dopuścić, by weszli wszyscy naraz. Po opanowaniu sytuacji przesuwał trójkątne płaty na taśmociąg i przez dziurę w ścianie jechały one do pulpitów sekcji filetującej.

Oferta nie do odrzucenia dla czarniaków obejmuje jeszcze jeden retusz skóry, kiedy fileciarze wycinają im zbędne detale: resztki kręgosłupa, tłuste części grzbietu, faflukowaty, upstrzony kawałkami planktonu ogon – wszystko, z czym nie poradziła sobie do końca maszyna bobslejowa. Po wizycie u wizażysty-fileciarza, ryba jest nareszcie idealnie piękna. W tej sekcji pracują przeważnie kobiety – precyzyjniejsze i skrupulatniejsze. W najlepsze dni nożami operuje ponad dwadzieścia osób.

O dwunastej czas na drugą przerwę.
– Jón, czy sądzisz, że mam po co jechać w niedzielny poranek na Nólsoy? Zastanę tam kogoś?
– Tak, traktor i kota. Nigdy nie mogłem pojąć, po jasną cholerę ludzie z Nólsoy zwożą na swoją wyspę auta. Tam się przecież nic nie dzieje!
Elisabeth: – Wybacz, ale dzisiaj nie pokażę ci, gdzie Mia pływała w Wigilię, bo z Danii przylatuje mój syn i zaraz biegnę się przygotować. Jak miniesz dom Eriksenów, nie dochodząc do warsztatu, zauważysz żwirową ścieżkę w dół. To tam.
Mircea z Timişoary: – Wprowadziliśmy się do domu, w którym do wczoraj mieszkało trzech facetów z Polski. Chyba

budowlańcy. Powiedzieli tylko, że jadą szukać pracy na Islandii. Na do widzenia ukradli nam z lodówki dwie paczki mrożonych kurczaków, czekoladę i whisky.

Na korytarzu tablica korkowa z listą trawlerów zaopatrujących przetwórnię. Fram, siedemdziesiąt pięć ton. Dwa dni później – Vesturbúgvin, sto ton. Dzień po setce – Grønanes, siedemdziesiąt ton.

Oferta nie do odrzucenia dla upiększonych czarniaków obejmuje krioterapię, kiedy po przecięciu na trzy części wysyłane są do lodowych komór. Za ścianą przemieniają się w zamarznięte klocki i krętymi zjeżdżalniami pędzą wprost do pudeł.

Jednego dnia zostałem postawiony w tamtej strefie. Przywożono mi skrzynie pełne ogonów, miałem układać je na ruchomej siatce. Nie mogły się stykać. Prześlizgiwały się przez fontannę mlecznej masy, nikły w tunelu mrozu, a po chwili wyskakiwały w rogu hali, gdzie dwie dziewczyny pakowały je do kartonów i naklejały komputerowy wydruk z informacjami o jakości i wadze. Zajęcie okazało się jeszcze bardziej monotonne od operowania nożem na stanowisku wizażysty--fileciarza, ale z fontanny unosił się obłędny zapach, niespotykany w żadnej innej części fabryki. Konkurować mógł z nim tylko aromat drewnianych palet z chłodni.

W vestmańskiej przetwórni wszystko miało swoje miejsce i czas. Bez sortmistrza nie byłoby wózkarza i palowników, bez palowników – bramkarza i fileciarzy. Sekcja krioterapii drzemałaby po kątach, gdyby nie fileciarze i obsługiwacze krajalnicy, a pudełkowcy mogliby iść do domu, gdyby nie krioterapeuci.

Na marginesie głównego cyklu produkcyjnego obsługiwano jeszcze inne stanowiska. Trzy osoby wyciskały rybną papkę z olbrzymiego gąsiora i wypełniały nią płaskie kartony. Niektóre zamrożone klocki jechały po pasie transmisyjnym do sauny z opiekaczem i natryskami. Jeden człowiek miał odholowywać wózki pełne ości i łusek do pokoju utylizacji. Na drugiej zmianie powierzono tę funkcję olbrzymiemu Meksykaninowi. Kiedyś, spacerując wokół przetwórni, natknąłem się na niego, gdy uchylił drzwi pomieszczenia na śmieci i orzeźwiał się papierosem.

W naszym zespole było też dwóch konserwatorów maszyn, kontrolerka jakości produkcji, szefowa zmiany i pracownicy działu podróżniczego.

Po ośmiogodzinnej zmianie i trzech przerwach przychodziła na kolejne osiem godzin nowa brygada. W dobre dni przerzucaliśmy do spółki prawie pięćdziesiąt ton ryb. Noc należała do załogi techniczno-czyszczącej.

Oferta nie do odrzucenia dla czarniaków obejmuje wyprawę za granicę, kiedy w gustownych paczkach zostają odwiezione tirem na prom i koniec końców lądują w jakimś przygodnym sklepie rybnym na kontynencie.

Kilka miesięcy po zakończeniu pracy w przetwórni znalazłem cztery czarniaki w Mielniku na Podlasiu. Zapakowane w charakterystyczny brązowy karton z napisem „Faroe Seafood. Product of the Faroe Islands", leżały w chłodni gminnego sklepiku niedaleko starego kina Górnik. Były w postaci nieporcjowanej, więc musiano je wypatroszyć w Tórshavn, Runavík lub Vágur.

Przypomniałem sobie powroty z fabryki po wieczornej zmianie, gdy budził się sztorm, a wiatr trzymał mnie za rękę i nogę, zrywał kaptur i pakował setki ostrych igieł w nieosłonięte policzki. Przypomniałem sobie rybi odór przetwórnianego korytarza, kuwety pełne suchego lodu, krzyżaki do ostrzenia noży i lampki nad stanowiskiem bramkarza, by wiedział, jak szybko podawać filety. Wspomniałem zgrabiałe dłonie, stopy zmarznięte mimo wełnianych skarpet, czyszczone pod ciśnieniem pojemniki, łuski zmielone na paszę, pistolety do mycia noży i blatów, tratwiane wrota przy sortmistrzu.

Wspomniałem zesztywniałe czarniaki, zaspanego Hansa Kári, który przychodził do pracy po całonocnych sesjach w Counter Strike, oraz starszego faceta od selekcjonowania mutantów, który zawsze, kiedy mnie mijał, patrzył gdzieś w ścianę i mamrotał: *„Very good, very good"*.

Dużo później uchwycił go fotoreporter Portal.fo, aby zilustrować informację, że w vestmańskiej przetwórni martwy sezon, redukują załogę i mało komu jest tam do śmiechu.

Listonosz Karl

Kto pamięta albo chociaż słyszał o listonoszu Pacie z nieistniejącego miasteczka Zielona Dolina w hrabstwie Yorkshire, ten prędzej zrozumie społeczny podziw dla Karla Mikkelsena. Pata wymyśliła w 1981 roku BBC. Edukacyjna bajka o rezolutnym listonoszu szybko podbiła moje serce. Patrzyłem i uczyłem się od niezłomnego i serdecznego Pata. Pamiętam dobrze, że nie było takiej siły, która mogłaby przeszkodzić mojemu bohaterowi w dostarczeniu przesyłki. Pat dzielnie zmagał się z każdą śnieżycą, burzą i suszą, niestraszne mu były duchy i kosmici, a gdy trzeba było wdrapać się na drzewo po zbłąkanego kota albo zaopiekować się kozą niejadką – to wiadomo było, że pierwszy do pomocy będzie się rwać Pat. Pat miał szczęście żyć wyłącznie pośród dobrych ludzi. I choć wiem, że Zielona Dolina jest utopijnym wymysłem grupy pedagogów, to podskórnie cały czas szukam w ludziach drugiego listonosza Pata, a w podróżach drugiej Zielonej Doliny.

– Karl to dzielny człowiek – oznajmia sklepikarka z Klaksvík.
– Solidna firma. Drugiego takiego nie znajdziesz – dodaje pracownik stacji benzynowej pod Kollafjørður.

– A nogi to ma chyba ze stali – wychwala farmer z Sørvágur.

– Powiem tak: żeby mój stary Sven był choć w połowie tak sumienny jak Karl, to byłabym najszczęśliwszą żoną na świecie – wyznaje emerytka, która podwozi mnie z Leynar do Sørvágur rozklekotanym fordem. Stamtąd pozostaje mi jeszcze jakieś dziewięć kilometrów krętą, rzadko uczęszczaną drogą do rodzinnej osady Karla Mikkelsena – słynnego na całe Wyspy Owcze listonosza z Gásadalur.

Zdążyłem dojść do Bøur, osady oddalonej o pięć kilometrów od celu mojej podróży, kiedy zobaczyłem na drodze pierwsze od godziny auto. Kierowca jechał z naprzeciwka, dość wolno, tak że zdążyliśmy jeszcze wymienić się serdecznym gestem pozdrowienia. Samochód pojechał, a ja szedłem dalej. Po pełnym kwadransie auto wróciło. Tym razem kierowca zatrzymał się z piskiem opon i zapytał przez uchyloną szybę:

– Idziesz do Gásadalur?

– Tak, skąd wiesz?

– Droga donikąd indziej nie prowadzi. To jeszcze spory kawałek i wysoko pod górę, a samochody przejeżdżają tędy dwa, może trzy razy dziennie.

– A może ty udajesz się do Gásadalur?

– Oj, nie. Jadę w odwrotną stronę, do Miðvágur.

– Zatem nie mam wyjścia, *farvæl*! – rzucam beztrosko.

– No to *farvæl*, człowieku! – odpowiada na pożegnanie kierowca i odjeżdża.

Zdążyłem odmówić za Lou Reeda *Take a Walk on The Wild Side* bez drugiego refrenu, kiedy usłyszałem znajomy warkot silnika. Ten sam pisk opon, ten sam chrobot uchylanej szyby:

– Nikt przy zdrowych zmysłach nie chodzi pieszo tą drogą, zwłaszcza gdy zbiera się na ulewę. Myśl, że idziesz w pojedynkę, nie daje mi spokoju. Wsiadaj, podwiozę cię.

Tak poznałem Jóna Eliego, trzydziestoletniego muzykanta z Sørvágur.

– Popisujemy się na urodzinach i przyjęciach weselnych, trzy, cztery razy w miesiącu. Gramy głównie country. My, Farerowie, najbardziej lubimy właśnie country i klasykę rocka. Nie pytaj dlaczego – wyznaje mój uprzejmy szofer. Do Bøur przyjechał po sprzęt nagłaśniający. Dziś zagra na wyjątkowej uroczystości. – Do tawerny w Miðvágur przybędzie blisko dwustu gości. Miejscowa lekarka kończy osiemdziesiąt lat i zdecydowała się przejść na emeryturę. Ludzie cenią ją i kochają jak matkę, teraz chcą jej podziękować. Nie ma drugiej takiej osobistości w Miðvágur.

Jedziemy krętą wąską drogą, która oplata stromą górę, jak sznur pojmanego podczas zabawy w Indian i kowbojów. Klif, po którym wspina się nasze auto, ma ponad trzysta metrów wysokości.

Spoglądam na prawo. Masywna, chropowata ściana skalna. Po lewej przepaść i błękitne lustro spokojnego od godziny Atlantyku, z którego wystają Mykines i dwie siostrzane wysepki, Gáshólmur i Tindhólmur. Z perspektywy miejsca, w którym się znajduję, obrazek ten przypomina grę, w której uderzasz gumowym młotkiem w niespodziewanie wyrastające grzybki.

Jón Eli wciąż mówi o lekarce. Opowiada, jak walczyła z epidemią grypy, kiedy przed kilkunastu laty choroba ścięła z nóg co drugiego mieszkańca jej rodzinnej osady. W malutkiej przychodni pani doktor odbierała także porody, zszywała rozcięte głowy i wyjmowała połknięte igły z dziecięcych przełyków.

Jón doszedł właśnie do przełyków, kiedy dojechaliśmy do przewierconego przez górę tunelu, za którym kryje się Gásadalur. Po trzech minutach jazdy wyłoniła się przed nami niewielka osada, zakamuflowana na dnie doliny.

– Skąd ta nazwa, Gásadalur?

– Niektórzy mówią, że osada zawdzięcza swoją nazwę dzikim gęsiom, które szczególnie upodobały sobie to miejsce. *Gás* to po naszemu gęś, a *dalur* to dolina. Dolina Gęsi – wyjaśnia Jón Eli. – Jest jednak jeszcze legenda, która mówi o kobiecie imieniem Gása. Ta ponoć stroniła od ludzi i nie podporządkowywała się społecznym zwyczajom. Miała sprzeniewierzyć się zasadom Wielkiego Postu i zjeść mięso, za co została wygnana z rodzinnego Kirkjubøur bez środków do życia. To ona ponoć była pierwszą osadniczką w Gásadalur.

– A dziś, jesteście tolerancyjnym społeczeństwem?
– Jesteśmy serdeczni dla gości, ale z uszanowaniem inności wciąż mamy problemy. Mam tu na myśli pokolenie moich rodziców i dziadków. Starszy człowiek poda rękę imigrantowi z Nigerii, uśmiechnie się do niego i nawet spyta, jak mu się żyje na Wyspach. Ale geja uzna za zarazę.

Pożegnałem się z Jónem Elim, który niemal obraził się, gdy zaproponowałem mu banknot na paliwo. Chwilę później dotarłem do pierwszych zabudowań. Porozrzucane nierównomiernie siedliska, przykryte białą, żółtą, czerwoną, niebieską, a czasem smolistoczarną farbą kontrastują ze spłowiałymi pastwiskami. To pomysł Farerów na ożywienie martwych szaroburych osad. Bezruch aż boli. Gdyby nie targany na wszystkie strony worek wiatrowskazu przy lądowisku helikoptera, mógłbym odnieść wrażenie, że patrzę na obraz.

Mijam narysowaną betonem zagrodę do strzyżenia owiec. Pusta, tylko granulowany kał. Po chwili podbiega pies. Kundel, którego matkę musiał posiąść jakiś owczarek. Teraz przyjaźnie merda ogonem. Wytrzeszcza ślepia. Na lokalsów przestał reagować, a obcego nie widział pewnie od wakacji. Donośnym, lecz niebudzącym strachu skowytem oferuje usługi przewodnika. Odtąd nie odstąpi mnie na krok.

Gásadalur liczy piętnaście domów i tylko siedemnaścioro mieszkańców. W nadziei na zaludnienie bogatych w żyzne ziemie terenów rząd wybudował w 2006 roku tunel łączący osadę z resztą cywilizacji. Inwestycja rolników nie przyciągnęła, odmieniła natomiast życie Karla Mikkelsena.

– My się tu śmiejemy, że rząd tak bardzo współczuł biednemu Karlowi, że zdecydował się zbudować ten tunel właśnie dla niego – opowiada z przylepionym do ust tytoniowym skrętem jeden z miejscowych rybaków, kolega Karla. Uderzyłem kołatką o jego drzwi dobre sto pięćdziesiąt razy, zanim pofatygował się otworzyć. Wykrztusił jeszcze kilka zdań, po czym pożegnał mnie słowami: – Ja pana bardzo przepraszam, ale z natury jestem małomówny.

Podszedłem do następnych drzwi.

– Odkąd pamiętam, żyliśmy na uboczu, odseparowani od cywilizacji tą przeklętą górą – starzec wskazuje na rozległy masyw. Nagle przerywa i zamyka przede mną drzwi. Chwilę później pojawia się w uchylonym oknie i kontynuuje. – Uczyliśmy się samowystarczalności. Sami piekliśmy chleb, sami sadziliśmy ziemniaki i hodowaliśmy kury, które zaopatrywały nas w jaja. Piliśmy krowie mleko. Medykamenty, tekstylia i wszystko, czego nie zdołaliśmy wyprodukować sami, targali przez góry rybacy, którzy do 1940 roku zmuszeni byli cumować łodzie w Bøur – opowiada mężczyzna, tłumacząc, że w Gásadalur na kotwiczenie nie pozwalało strome, skaliste, wysokie na dziesięć pięter wybrzeże. – Rybacy z rzadka wyprawiali się przez góry. To Karl miał szczególne zadanie. Trzy razy w tygodniu musiał taszczyć ciężką jak worek cementu torbę z listami.

– Gdzie go znajdę?

– Mieszka w domu z czarnym dachem. Ale patrz, właśnie ucieka w pole – wskazuje palcem na gruźliczo furkoczący traktor. – Karl to złoty człowiek. Ma serce do listów i jeszcze talent do ziemi...

Maszyna komicznie podskakiwała na wertepach. Pędziła, ledwo wyrabiając na zakrętach. Całkiem jak wymyślony

przez BBC wóz pocztowy prowadzony przez Pata. Nie myśląc zbyt długo, przeciąłem drogę i zacząłem wymachiwać rękoma przed pędzącym w moim kierunku traktorem. Ciągnik w porę się zatrzymał, silnik pracował jednak dalej. Z kabiny niezgrabnie wydobył się mężczyzna o posturze Danny'ego DeVito.
– Czy to ty jesteś ten sławny na całe Wyspy Owcze Karl Mikkelsen? Człowiek o nogach ze stali, solidna firma, marzenie żon leniwych mężów?
Mężczyzna uśmiechnął się wdzięcznie i odparł:
– Pan z prasy? A może nie dostarczyłem jakiegoś ważnego listu?

Nieco inaczej go sobie wyobrażałem. Nie tak, żeby na błękitnej lycrze miał mieć wyszyte czerwone „K" z żółtą tarczą, ale prawdopodobnie, gdyby postawić go w szeregu z dziewięcioma innymi losowo wybranymi rówieśnikami, jego wytypowałbym na samym końcu. Heros z Gásadalur kamuflował sporawy brzuch pod granatową flanelą, a przerzedzone kępki włosów pod czapką bejsbolową. – Karl, spoglądasz czasem na szczyt tej góry? – Wskazuję strome wzniesienie odgradzające Gásadalur od reszty Vágar.
– Czasem spoglądam.
– I co czujesz?
– Ulgę czuję.
– Dlaczego?
– Bo odkąd wywiercili tunel i dali mi samochód, nie muszę już się wspinać.

Szlak łączący Gásadalur z Bøur wiedzie przez strome, skaliste góry. Pięć kilometrów, nieosiągalnych dla niedoświadczonego piechura. Najpierw mozolna wspinaczka, później gwałtowne zejście. Sam nie wiem, na czym łatwiej się poślizgnąć: na nasiąkniętej deszczem trawie, czy może na śliskich, wypolerowanych na połysk skałkach, które w dodatku odrywają się od struktury skalnej, jak badziewny uchwyt na ręcznik ze sklepu „Wszystko po pięć złotych".

Karl znał ten szlak jak mało kto. Zdążył poznać każdy kamień i pewnie każde żyjątko, pałętające się po tej drodze. Granatowy uniform Postverk Føroya (Poczty Wysp Owczych) założył po raz pierwszy w 1993 roku. Do 2006 roku, kiedy oddano do użytku tunel, a jemu samochód pocztowy – pokonał szlak około dwóch tysięcy siedmiuset razy (wliczając w to drogę powrotną; listonosz opuszczał Gásadalur trzy razy w tygodniu).

– Miałem pięćdziesiąt lat i zajmowałem się rybołówstwem – opowiada Karl. – Mój ojczym Solberg Henriksen postanowił przejść na emeryturę. Oddał mi skórzaną torbę i polecił, bym zgłosił się do centrali po stosowny uniform. Tak zostałem kontynuatorem rodzinnej tradycji. Jego ojciec Jákup Andreas Henriksen z Gásadalur był pierwszym listonoszem na wyspie Vágar. Przez pięćdziesiąt sześć lat! Oto on. – Karl sięga do portfela po znaczek pocztowy wydany w 1976 roku.

Na obrazku w sepii: podparty kosturem starowina, dźwigający na plecach wór, który pęka od listów jak stare kutry rybackie w drodze do Ameryki pod naporem kubańskich uciekinierów. Autorem obrazka jest Czesław Słania, bodaj najbardziej rozpoznawany po piłkarzach – bramkarzu HB Tórshavn i napastniku 07 Vestur – Polak na Wyspach Owczych.

Słania był wybitnym projektantem znaczków pocztowych i banknotów. Urodził się w 1921 roku w Czeladzi. Jak zauważa Waldemar Karwat w filmie dokumentalnym poświęconym Słani *Czarodziej rylca*, talent męczył go od małego: „Już w dzieciństwie przejawiał uzdolnienia: nim nauczył się pisać i czytać, pięknie rysował, a jego rysunki były miniaturowe i oddawały świat z dokładnością fotografii. Kiedy Czesław Słania miał kilkanaście lat, podrobił zgubioną legitymację szkolną. Sprawa wyszła na jaw. Dyrektor wyrzucił go ze szkoły z komentarzem:»Albo skończysz w więzieniu, albo będziesz wielkim człowiekiem«".

Zanim stało się to drugie, wybuchła wojna. Słania wstąpił do Armii Ludowej, gdzie uczył się przyszłego fachu, podrabiając tym razem kenkarty, ausweisy i inne niemieckie dokumenty. Po wojnie podjął naukę w krakowskiej Akademii Sztuk Pięknych. Nad pracą dyplomową – znaczkiem pocztowym, przedstawiającym bitwę pod Grunwaldem – pracował dwa lata. Z duńskiego opracowania Mieczysława Lipińskiego *Czesław Słania. His Life and Work* dowiemy się o postępującej chorobie płuc projektanta, która zmusiła go do wyjazdu na leczenie do Szwecji w 1956 roku. To właśnie tam zaprojektował ponad tysiąc znaczków na zlecenie poczt, między innymi Szwecji, Danii, Islandii, Estonii, Francji, Wielkiej Brytanii, San Marino, Księstwa Monako, Stanów Zjednoczonych, Jamajki, Australii, Nowej Zelandii i właśnie Wysp Owczych. Pod koniec życia Słania wrócił do Krakowa, gdzie zmarł w 2005 roku. Jeszcze za życia został uhonorowany tytułem nadwornego grawera króla Szwecji, królowej Danii i księcia Monako. Jego nazwisko widnieje też w Księdze Rekordów Guinnessa.

– Tak, Słania to był gość z nabożeństwem dla filatelistyki – przyznaje z uznaniem Karl. – Uwiecznił szwedzkiego króla, duńską królową, Karola Linneusza i... mojego dziadka Jákupa Andreasa Henriksena – dodaje z satysfakcją.

– A ty, czujesz się doceniony?

– Tak. Ludzie mówią o mnie dobrze – odpowiada z nieudawaną skromnością i lekkim zawstydzeniem, na potwierdzenie czego drapie się po zgiętym daszku bejsbolówki. – Pamiętam taką koszmarną wichurę przed laty, jeszcze przed wybudowaniem tunelu. Zastała mnie już na szlaku, wysoko w górach, w drodze powrotnej z Bøur do Gásadalur. Deszcz zacinał poziomo, uderzał w twarz. W dodatku było potwornie zimno. Wiatr kilka razy o mało nie strącił mnie z góry. Nagle pociemniało, jak w kinie przed seansem. Pomyślałem sobie wtedy: „Karl, chyba zbyt leniwie te listy roznosisz i Bóg się na ciebie pogniewał". Zdecydowałem się przeczekać to piekło w górach.

Dalsza wędrówka wiązałaby się z jeszcze większym niebezpieczeństwem. Deszcz w końcu ustał, a chmury rozrzedziły się. Wyszło słońce. Miałem jednak kilkanaście godzin opóźnienia. Mieszkańcy Gásadalur byli przekonani, że przytrafiło mi się nieszczęście. Kiedy w końcu wróciłem, ludzie, pierwszy i jedyny raz, czekali na mnie na podwórzach, przed domami, a nie, jak zwykle, pochowani w swoich chałupach. Mówili: „Jesteś naszym bohaterem, największym, jakiego tu mamy", albo: „Karl, my naprawdę martwiliśmy się o ciebie". Dziękowali, ściskali, poklepywali przyjacielsko po plecach, jedna kobieta upiekła mi nawet jabłecznik. To był wzruszający dzień.

– Karl, czy kiedykolwiek zdarzyło ci się zawieść? Czy kiedykolwiek nie dostarczyłeś jakiejś przesyłki?

– Nigdy.

– Masz sześćdziesiąt sześć lat. Nie czujesz się choćby trochę zmęczony?

– Ani trochę.

– W moim kraju ludzie w twoim wieku ciągle narzekają na zmęczenie. Moi rówieśnicy zresztą też.

– Może nie czują się docenieni? Może nie czują się potrzebni?

Víkar

Ludzie porzucili Víkar tak, jak porzuca się na dnie szafy dziurawy pantofel. Ich decyzja nie była dramatyczna, nie musieli szukać innego miejsca, jak mieszkańcy osady Blankaskáli na Kalsoy, którym na domy osunęła się lawina kamieni. U Farerów z Víkar chodziło raczej o wypalone uczucie i pragmatyzm.
– Lubię starego Poula i całą jego rodzinę, ale dusimy się tutaj.
– Ileśmy razy przeklinali ścieżkę do Gásadalur i Slættanes, chyba najbardziej stromą i nieprzyjazną na całych Owcach. Jeśli chcemy wybrać się do sąsiedniej osady, mamy dwie możliwości: marsz po karkołomnych krzywiznach lub rejs pod prąd przez ocean. Po drugiej stronie wyspy żyje się łatwiej.
– Wszystko, czego potrzeba, jest w Tórshavn, ale żeby tam dotrzeć dnia nie starczy. Czas wybudować dom gdzie indziej.
Tak musieli argumentować wyprowadzkę.

Co udało się ustalić:
Víkar – jedna z dwóch opuszczonych osad na północnym wybrzeżu Vágar. Założona w 1833 roku, wyludniła się w 1910 z powodu trudności komunikacyjnych. Letni domek stojący wśród ruin starych zabudowań jest własnością prywatną.

Nigdy nie doprowadzono tu elektryczności. Do Víkar można dostać się łodzią lub pieszo – maszerujemy od strony Gásadalur lub Vatnsoyrar, pozornie łatwiejsza (choć dłuższa) jest trasa druga. Zaleca się wycieczkę z kimś, kto zna okolicę, ponieważ w najwyższych partiach gór łatwo zgubić szlak. Postanowiliśmy spędzić w Víkar noc. Zmierzyć się z ciemnością i chłodem, przeżyć przygodę po ciężkim tygodniu patroszenia.

Głos z Sørvágur, dzień przed wyprawą:
– Szlak jest łatwy. Jeśli dobrze się przypatrzyć, będzie wydeptana ścieżynka, może nawet podmalowane kamienie i kopce ze skał. Trzy godziny marszu i jesteście na miejscu.
Głos z Miðvágur, w dniu wyprawy, w drodze na zbiórkę:
– Víkar? Niewiele jest piękniejszych zakątków. Ale końcowy odcinek, kiedy trzeba zjechać na linie kilkanaście metrów, to naprawdę mocna rzecz. Macie jakiś osprzęt? Z tym wielkim plecakiem może być ci trudno...

Sobota, 14 marca 2009 roku, godzina 7.55
Ruszam z Vestmanny, M. dojedzie później z resztą prowiantu. Wczoraj po pracy poszliśmy kawałek w góry, przyzwyczaić się do farerskiej ciemnicy. Nie potrafimy wyzbyć się patosu: wycieczka do Víkar będzie wizytą w studni świata.

godzina 13.20
Sørvágur, czterdzieści minut do godziny zero. Zaniepokoiła mnie uwaga o osprzęcie, czemu nikt wcześniej o tym nie wspomniał? Mam nadzieję, że facet się myli...
Trwa rozgrzewka przed meczem siatkarek, zaczepiłem Helgę, potwierdziła, że możemy przenocować w Víkar, drzwi są otwarte. Kilka dni wcześniej powiedziała mi w przypadkowej pogawędce na drugim końcu archipelagu, że letni domek należy do jej rodziny.

*

godzina 13.50

Maszeruję z Sørvágur do Vatnsoyrar. Coraz trudniej o autostop na Owcach. Akurat ląduje samolot, ale nie kolebie jak zwykle – ustał wiatr, deszcz wyniósł się w okolice Tindhólmur. Zastanawiające: skoro ludzie opuścili Víkar z powodu izolacji, to z jakiego powodu nie poszli ich przykładem mieszkańcy pobliskiej wyspy Mykines, którzy w czasach przed śmigłowcami musieli liczyć tylko na swoje skromne łódki i łaskawość wiatru? W okresie gdy osadnicy opuszczali Vikar, na odseparowanej Mykines mieszkało ponad sto pięćdziesiąt osób.

O trudach życia na zachodnim krańcu archipelagu opowiadał pochodzący stamtąd pierwszy profesjonalny farerski malarz Sámal Joensen-Mikines: „Którejś zimy zostaliśmy odcięci od świata na siedemdziesiąt dni, w wyniku czego przesyłki bożonarodzeniowe dostarczono nam w lutym. Kiedy wreszcie poprawiła się pogoda i kuter z zaopatrzeniem mógł bezpiecznie zacumować do brzegu, poczuliśmy się jak uratowani rozbitkowie"[*].

Mykines nie wyludniła się nigdy. Na położonej piętnaście mil morskich po sąsiedzku Víkar nikomu specjalnie nie zależało.

godzina 14.20

Spotykam się z M. przy brzegu największego jeziora w kraju, Leitisvatn. Ot, zalew, dobrze widać przeciwległy kraniec, gdzieś tam co bardziej przebojowe krople uciekają do oceanu jako wodospad Bøsdalafossur. Znikła barka turystyczna cumująca zwykle niedaleko mostu. W kwietniu 1940 roku w tym miejscu po raz pierwszy na Wyspach Owczych wylądował

[*] Cytat za: L.K. Schei, G. Moberg, *The Faroe Islands*...

samolot, a ściślej – osiadła na wodzie patrolowa łódź latająca Catalina, należąca do armii brytyjskiej. Tak zaczęła się pokojowa okupacja Wysp Owczych, znana pod kryptonimem „Operacja Valentine". Jednym z jej efektów była budowa pasa startowego na Vágar (a innym – podobno – wysyp farersko--brytyjskich małżeństw).

godzina 14.30
— Wiesz, co mnie strasznie ekscytuje w Farojach? – naprzykrzam się M.
— Nie wiem, pewnie ślęczenie w bibliotece w Tórshavn i wertowanie po mikrofilmach składów B71 Sandoy i B68 Toftir z sezonu 1989?
— Nie. Kameralne osady. Spójrz na Vatnsoyrar. Pięćdziesięcioro mieszkańców, wystarczy kilka godzin, by zamienić dwa zdania z każdym. Potem można zajrzeć do wszystkich gospodarstw, zapamiętać kilka anegdot i już jesteśmy przekonani, że wszystko okiełznaliśmy. Ale nic bardziej błędnego.

Z kimkolwiek by porozmawiać, wszyscy zaczną od zdania, że Vatnsoyrar to jedyna osada na archipelagu, z której nie widać oceanu. Nie ma tu stacji benzynowej, stoi za to pensjonat z przestronnym ogrodem (latem organizuje się tu między innymi obozy dla otyłych), jest sklep z motocyklami, z odzieżą, hurtownia budowlana, pozostałości wojskowych bunkrów, dwa boiska, rzeka i – rzekomo – najmniejsze muzeum świata. Dwa eksponaty. Stare fordy.

— Aut już chyba nie ma – zasępia się zagadnięty przy kamieniu mężczyzna w wełnianym swetrze i nowiutkich gumofilcach.

Pal licho auta. Víkar czeka.

godzina 15.00
— Spytałem Jóna, czy mogą nam zagrozić w drodze jakieś zwierzęta: wilki, dziki, hieny, lisy, węże.

– Co powiedział?
– Myślał, że żartuję. Tu są tylko ptaki, owce i nietoperze, ewentualnie zabłąkany zając.

godzina 15.10
Kończy się betonowa droga. Z obu stron łagodne góry. Łyso i bezdrzewnie. Samochód z naczepą do przewozu koni. Drewniana furta, wilgotna ziemia, ślady kopyt odciśnięte w błocie jak kciuk w brudnej szybie.

godzina 15.50
Wymyśliliśmy bajkę o farerskich wyspach.
W głębinach oceanu między Islandią, Norwegią a Szkocją stoi grupa olbrzymów. Tkwią tak w jednym miejscu, jakby ktoś rzucił na nich zaklęcie albo jakby chowały się przed znajomymi. Kryjówka nie jest zbyt dobra – olbrzymom wystają ponad poziom oceanu bujne czupryny. Ludzie pobudowali na nich domy i drogi, wyżłobili porty, a między lokami skał i mchów przekopali tunele. Olbrzymy niczego się nie domyślają, bo ich grzywy są twarde i porowate. Nie czują ani łaskotania deszczu, ani masażu wiatru. Świecą więc tymi plerezami jak poczciwe pierdoły, które ukryły się za pieńkiem młodziutkiej brzozy z nadzieją, że nikt absolutnie niczego nie zauważy. Galeria ekscentryków: Nólsoy demaskuje irokez, Lítla Dímun misterna trwała, Vágar ma niemodną „pieczarę", a Sandoy jest ścięta jak rekrut. „Aleśmy im zwiali", szepcze pod wodą uczesana w kok Koltur.
Sęk w tym, że świat już dawno ogłosił „pobite gary".

godzina 16.00
Chwała twórcom serii map topograficznych Wysp Owczych (Kort & Matrikelstyrelsen, skala 1:20 000, najnowsze wydanie z 1989 roku) za dokładne odwzorowanie meandrujących ścieżek i strumieni, bez czego pogubilibyśmy się szybciej niż

przefrunął ostrygojad. Marsz na azymut jest nieopłacalny, ponieważ przed nami wodny labirynt. Mocno wieje – nasz papierowy pilot, wobec ciągłego rozkładania i studiowania, zaczyna tracić cierpliwość na zgięciach. Kilka razy grzęźniemy w błocie po kostki, ale to nic wobec przeprawy boso przez małą rzekę Marknáin, gdzie witają nas ostre kamienie i temperatura wody, do której nie można się przyzwyczaić.

godz. 16.40
Woda w jeziorze Fjallavatn jest przejrzysta, a otoczenie przypomina kadr z prehistorii. Raptem kilka niepasujących detali: łódź, sznur, plastikowe pudła, trzy chatki. Tę przy zachodnim brzegu zamknięto na głucho, przez okna widać narzędzia, deski, puszki z farbą. Ciekawe, jak zwieziono materiały, skoro droga urywa się daleko stąd, a potem są już tylko grzęzawiska i pagórki?

godz. 17.00
Ścieżka niknie na wysokości północnego skraju Fjallavatn, gdzie jezioro przechodzi w rzekę Stóra. Po licho wydeptanej nici nie zostaje choćby jeden ślad. Kałuże z niezidentyfikowanym planktonem barwiącym wodę na dziwnotęczowy kolor. Ruda darń. Wilgoć i mgła. Na szczęście od rana nie spadła ani kropla deszczu (a leje tu prawie trzysta dni w roku).

godz. 17.05
Na horyzoncie majaczą ludzie – grupka osób na koniach po drugiej stronie rzeki. Są daleko. Wracają znad klifu w kierunku jeziora.

godz. 17.15
Potok, zbyt szeroki, by go przeskoczyć. Idziemy kilkaset metrów pod prąd, gapiąc się to na ocean, to na skalistą pustelnię. Osada, którą mijaliśmy prawie trzy godziny temu (kilkanaście

domów, czworo dzieci na huśtawce, facet w gumowcach, auto raz na kwadrans) jawi się z tej perspektywy jako wielki nordycki gród. Wciąż żadnych szans na choćby jedną brzozę, świerk, jałowiec, nawet krzak.

godz.17.30
Kilka dni przed wyprawą o naszych planach usłyszeli farerscy znajomi: „W sobotę zdobywamy Víkar, idziecie? Nocleg tamże, warto zaopatrzyć się w kalesony i proteiny, my zadbamy o koce, rum, świece i coś do czytania". Pomysł został przyjęty entuzjastycznie. Na zbiórkę nie przyszedł nikt. Może zniechęcił ich rum?

godz. 17.50
Ani słowa o zachłystywaniu się widokami, że na lewo i prawo górzyska, jakbyśmy leżeli plackiem w wannie świata, że na wprost kojec oceanu wygrodzony klifidłami, z tyłu jakieś strumiły, rzeczeńki, mówiąc przesadnie – bagna. Ten nasz spłachetek suszyzny, dajmy na to – pięćdziesiąt na dwadzieścia metrów – to taki latający dywan, pofałdowany, jakby tańczyły na nim przedszkolaki. Jana powie potem, że jeśli ciśnie kogoś na dumanie, to tutaj jest w porządku. Można spoglądać hen w dół na dokazujące wieloryby i nucić Sigurów *Inní mér syngur vitleysingur* (Wewnątrz mnie śpiewa obłąkaniec).

godz. 18.00
Dwadzieścia minut do zachodu słońca, co najmniej kilometr do Víkar, obrazek jak z przykrego snu: kolejny raz próbuję wspiąć się po stromym zboczu, ale magnetyczna siła odgina mnie do tyłu. To ten stelaż, dziesięć kilo tobołów, brawo, trzeba było wziąć jeszcze lodówkę, jak Tony Hawks. Refren ostatniej godziny: „Tu nie ma żadnej ścieżki". Ta sama piosenka, co w Tjørnuvík, w drodze do skały Stakkur, na którą należy przejechać w drewnianym pudle sto metrów nad ziemią: „Idźcie

przed siebie, wszystko widać, pomalowane kamienie, nie ma szans się zgubić". Błąd, szanse są spore, może problem tkwi w nas, ale nie potrafimy niczego dostrzec, żadnego pomysłu na szlak, nic. I jeszcze ten balast i w ogóle Víkar zasypała podniebna pryzma głazów. Do diabła z tymi górami, przerobiłem to pod Vestmanną: kamienna fatamorgana, ze szczytu wyrasta następny i następny i jeszcze jeden.
– Tracę nadzieję.
– Nawet tak nie mów, próbujmy, ile mamy czasu i jaki dystans?
– Kilkanaście minut i kawał pionowej drogi, ze sporą szansą, by runąć w przepaść. Zaraz zrobi się ciemno. Alpinisto nizin, to koniec żartów.

godz. 18.05
„Zaleca się wycieczkę z kimś, kto zna okolicę, ponieważ w najwyższych partiach gór łatwo zgubić szlak". Szczególnie po zmroku.
Zawracamy.

godz. 18.15
I błyskawicznie – potok, w innym miejscu niż wcześniej („wróćmy drugim brzegiem jeziora"), zdejmuję trampki, skarpety, podwijam nogawki, ostrożnie do wody, śliskie kamienie, mocniejszy nurt, ułamek sekundy, lecę, wysypuję się z całym dobytkiem jak w slapstickowym gagu, stopy w górze, mokry zad, kurtka, stelaż, wszystko, but odpływa, goń buta, nim zwieje zbyt blisko wodospadu, na kolanach, gdzie jest drugi, jest, siedzi wśród mokrego żwiru. Życie przed oczami, bo plecaczyna się opił wody, a tam ważne notatki i zeszyt, długopis, jedzenie, telefon, książki dziecinne Rakel Helmsdal o Małym i Dużym Potworze, a teraz mój Mały Potwór nazywa się Rozharatany Stopczak, a Duży brzydziej – Przeklęty Ziąb.

godz. 18.20
 Jedyna pociecha, że Eivør Pálsdóttir zawsze gra koncerty boso, bo teraz mamy przynajmniej jakąś wspólną cechę.

godz. 18.30
 Rzeka Stóra jest spokojna, głęboka najdalej po uda, ale żeby ją przejść w bród, potrzeba czterdziestu kroków, czyli minimum półtorej minuty w lodowej gilotynie. Później wychodzimy w breję i jest już człowiekowi wszystko jedno, czy to przyjacielski glon czy końskie odchody.

godz. 18.35
 I jest już człowiekowi wszystko jedno, czy w wyrwie, której nie chciało mu się przeskoczyć, woda sięga do kolan, czy do pasa.

godz. 18.40
 Ludzie na koniach musieli kierować się do pobliskiego przysiółka nad brzegiem Fjallavatn. Mamy nadzieję, że wciąż tam są, pozwolą osuszyć rzeczy, pocieszą słowem, a może i – skoro świt – pokażą właściwą drogę do Víkar?

godz. 19.00
 Nie odjechali! Konie odpoczywają jak posągi, zza uchylonych drzwi chaty – choć jesteśmy dość daleko – dolatuje woń gotowanej baraniny. To *ræst kjøt* – krwista pajda mięcha o zapachu nieświeżej bielizny, którą Farerowie zajadają z większym apetytem niż lody truskawkowe.
 Wokół altany krzątanina i harmider. Nie więcej niż piętnaście osób.
 – Świętujemy chrzest klaczy przywiezionej tydzień temu z Islandii – objaśnia jedyna kobieta.
 Pozostali nie są zbyt skorzy do rozmowy, większość jest już zdrowo wypita. Kiedy zmieniam mokre ubranie w ciemnej

izbie, do środka wchodzi gość w przebraniu pastora i pada z hukiem na pryczę.

godz. 19.15
— Nie ma sensu, byśmy tu dłużej zostawali — przekonuję M. stojąc na kamiennym ganku i obwiązując stopy folią.
„Nie ma sensu, byście tu dłużej zostawali" — sugerują spojrzenia gospodarzy.

godz. 20.00
Kierujemy się na wschodni brzeg Fjallavatn. Świat z opowiadań Williama Heinesena, urodzonego sześćdziesiąt kilometrów stąd, sto dziewięć lat wstecz:
„Ciemność wnet uczepia się ich pięt, staje się złośliwa i drapieżna, pełna skrzydeł i samobójczych owadów, pełna szyderstwa i tryumfu, ognistej życzliwości i powabu, pełna gwałtownego i nikczemnego zachwycenia"*. Z ciemnością u pięt przechodzimy w butach przez szerokie na dziesięć kroków rzeki Botnáin i Ain á Fjøllum. M. rozszarpuje rękę o płot.

godz. 21.00
Kiedy Eivør śpiewa, że dotyka ją litość ciemności, łatwo powiedzieć, że to pretensjonalne.

W absolutnej czerni vágarskich mokradeł, gdzie drugą godzinę krążymy bez sensu, niby fusy w kawie — zaczynam utożsamiać się z jej słowami.

godz. 21.45
Marsz. Zapadliny. Ciemno choć oko wykol. Chlupocący szlam i śliska trawa.

---

* William Heinesen, *Uskrzydlona ciemność*, tłum. Maria Kłos-
-Gwizdalska, w tomie opowiadań *Zaczarowane światło*, Poznań 1970.

godz. 22.45
Vatnsoyrar. W pensjonacie trwa przyjęcie. Gości w torbach foliowych na nogach i spodniach ubłoconych po uda nie obsługuje się.

godz. 23.30
Jedziemy autostopem z mężczyzną, który katuje nas paskudnym techno na cały regulator. Wysiadamy w Miðvágur. Facet jest prawdopodobnie głuchoniemy.

godz. 1.15
Vestmanna, dom, kąpiel, koc, rum.
Gdzieś przy Fjallavatn – para przemoczonych skarpet zostawionych pod kamieniem.
Esemes od Jóna: „Dobrze, że jesteście. W sumie nic straconego, bo jakiś filmik z Víkar wisi na YouTube".

Farerski sprawdzian

U podnóży zielonego wzgórza, łączącego osady Miðvágur i Sandavágur, stoi samotnie czerwonoceglany budynek szkoły podstawowej. Gdy opadnie mgła, widać bliskość oceanu. W listopadzie, gdy dochodzi ósma, na dworze jest jeszcze ciemno. Jak zwykle o tej porze, na betonowym placu przy szkolnym budynku panuje zgiełk. Syczą otwierające się drzwi żółtego autobusu, który właśnie przywiózł dzieci z dwu okolicznych osad. Warczą silniki skuterów, którymi dumnie podjeżdżają starsi uczniowie. Jaspur, Bjarni i Miriam, przyjaciele z dziewiątej A pędzą, by zdążyć na pierwszy dzwonek. Już za kilka chwil cała trójka będzie doskonalić się w geometrii.

— Dziś mamy gości z Polski — wita nas Oddmar, nauczyciel matematyki i języka duńskiego. Poznaliśmy go w Sandavágur podczas uroczystości z okazji zakończenia sezonu piłkarskiego. — Margit, pokaż, proszę, na mapie, gdzie leży Polska.
Czternastolatka wstaje i bez wysiłku znajduje kraj, do którego raz w roku podróżują jej rodzice. Przylatują nad Wisłę leczyć zęby. Polska dla Farerów jest przede wszystkim krajem tanich dentystów.
— Ale nie tylko — wtrąca Jón, blondwłosy chłopiec, którego sportowe sympatie zdradza piłkarska koszulka Liverpoolu. —

Z Polski pochodzi przecież Jerzy Dudek. Nigdy nie zapomnę, jak wytańczył Puchar Europy dla mojego ulubionego klubu.

– A słyszałeś o innych słynnych Polakach? – pytam Jóna. Nie słyszał. Jego koledzy, starsze rodzeństwo i najpewniej rodzice, oni wszyscy także nie wiedzą nic o Wałęsie, Miłoszu, Sendlerowej, Rodowicz, Wodeckim i producentach suchej krakowskiej. Karol Wojtyła to postać kompletnie nieznana, a Jan Paweł II był dla nich wyłącznie obywatelem Rzymu.

Uczniowie Oddmara nie wymienią nazwisk słynnych Polaków, choć w tak młodym wieku biegle mówią w trzech językach (farerski, duński, angielski), uczą się kolejnego (hiszpański lub francuski), chętnie porozmawiają o kierunkach rozwoju gospodarki („Trzymajmy się ryb, w rybach nasza przyszłość. W przetwórni pracują zresztą moja mama i co trzecia ciotka"), mają też własne poglądy polityczne („Dania jest fajna. Gdybym miał skończone osiemnaście lat, zagłosowałbym na Sambandsflokkurin"*; albo: „W moim domu spluwamy na Koronę Duńską. Dlatego sympatyzuję z Tjóðveldi"**).

– To z czym wam się kojarzy Polska? – pytam.
– Z niczym.
– Z Rosją.
– Z biedą.
– U nas sprząta pani z Polski, Grażyna. Smaży pyszne placki z ziemniaków i jest bardzo miła.
– Z budowlańcami w Tórshavn. Boję się ich.
– Z piłką nożną. Macie bardzo silną reprezentację.

* Farerska Partia Unii, prezentuje poglądy liberalne, opowiada się za dalszą zależnością Wysp Owczych od Danii. Lider partii Kaj Leo Johannesen objął 26 września 2008 roku urząd premiera Wysp Owczych.
** Partia Republikańska, prezentuje poglądy centrolewicowe. Opowiada się za całkowitą separacją Wysp Owczych od Danii.

– Z piłką ręczną. Ale się cieszyłam, gdy pokonaliście Duńczyków.
– Z trenerem Piotrem Krakowskim. Czy każdy Polak po czterdziestce nosi wąsy?

Oddmar wyciąga spod biurka sfatygowany album geograficzny. Na okładce wyłuszczone złotawe litery w języku farerskim: *Europejskie stolice*. Między fotografiami Pragi, Bonn i Berlina odkrywamy Warszawę lat sześćdziesiątych. Z dawną Rotundą, która pogrzebała w 1979 roku czterdzieści dziewięć osób. Z niewymyślonym jeszcze Rondem Dmowskiego, za to z tramwajami skręcającymi w lewo, z Alej Jerozolimskich w Marszałkowską. – Ten atlas służy uczniom od początku istnienia szkoły, od 1961 roku. Wyspy Owcze zmieniły się nie do poznania przez te cztery dekady. A Warszawa? – puszcza do nas oko.
– Co się u was zmieniło najbardziej? – nie chcę odejść od tematu.

Oddmar zastanawia się przez moment i odpowiada.
– Oddalamy się od siebie.

Do końca lekcji pozostało jeszcze dwadzieścia minut. W ruch poszły linijki, cyrkle i ołówki. Levi, klasowy prymus i samochwała, ziewa z aktorskim zacięciem, jakby chciał powiedzieć, że obliczenie wysokości trójkąta różnobocznego to dla niego pestka. Egzamin roczny zda zapewne na najwyższą notę – trzynastkę. Dziesiątkę przyjąłby z lekkim rozczarowaniem. Jak każdy młody Farer, przez pierwsze siedem klas otrzymywał tylko oceny opisowe. Lubi się uczyć, więc nie grożą mu 03 lub 00.

Poli nie radzi sobie z zadaniem. Nie waha się jednak zapytać o rozwiązanie wyrozumiałego belfra, który krąży między ławkami niczym Zsuzsa Polgár podczas symultany.
– Dbam, by relacja nauczyciela z uczniem była relacją partnerską. Nauczyciel ma być starszym kumplem, do którego

zawsze można przyjść po radę, któremu można opowiedzieć niewybredny dowcip – tłumaczy Oddmar, wskazując na Katrin. Dziewczyna od dłuższej chwili wyleguje się w buńczucznej pozie na nauczycielskim biurku. – Materiał przerabiamy wyłącznie w trakcie lekcji. Nie zadajemy prac domowych, bo po szkole jest czas na odpoczynek i sport.

– Opowiem ci żart – zagaja mnie Jaspurek. Buzia piękna, szlachetna, aż może się przyśnić. – No więc na Sandoy żyło sobie małżeństwo...

Oddmar to społecznik, szanowany na całej Vágar. Obowiązki belfra dzieli z pracą na rzecz lokalnej biblioteki. Gromadzi nowe książki, ubiega się o dotacje, zachęca swoich wychowanków do zagłębiania się w farerskiej literaturze. Od dziecka marzył, by zostać restauratorem. Wiosną 2008 roku otworzył pierwszą na wyspie Vágar gospodę, z piwem Föroya Bjór, suszoną baraniną i karaoke. W wolnych chwilach komponuje utwory na gitarę i maluje pejzaże. Malarstwo jest jego pasją.

– Oto Ingálvur av Reyni, jeden z najwybitniejszych malarzy farerskich. Swoją twórczością nawiązywał do postimpresjonistów, Paula Cézanne'a i Henriego Matisse'a. Zmarł w 2005 roku. Przypuszczam, że ta abstrakcja jest warta jakieś pięćdziesiąt tysięcy euro – Oddmar wskazuje na ogromne płótno, które zawisło na ścianie szkolnego korytarza. Bez zabezpieczeń i alarmów. – Nie ma alarmów, bo nie ma takiej potrzeby – wyjaśnia krótko.

Wracamy na lekcję duńskiego. Właściwie wypadałoby powiedzieć: na lekcję czytania.

– Dwa razy w tygodniu Oddmar każe nam czytać przez godzinę po duńsku – tłumaczy Durita, Farerka urodzona w Kolumbii. – Przynosimy swoje książki, gazety, każdy to, co chce.

Durita połyka romanse. Jón lubi horrory. Miriam, nadzieja farerskiej sceny wokalnej, gustuje w literaturze science fiction.

Właśnie kończy czytać powieść Roberta Lawrence'a Stine'a. Cała trójka świetnie mówi po duńsku. Tylko do wakacji przeczytają podczas lekcji po dwanaście książek.

– Uczę się duńskiego, bo planuję wyjazd do Kopenhagi – oznajmia Jón. – Inni zrobią to samo. Kopenhaga daje wiele możliwości. Być może pójdę na studia medyczne.

– Do najbliższego kina w Tórshavn jedzie się czterdzieści kilometrów, w dodatku to zaledwie jedno z trzech kin w całym kraju – dodaje z grymasem Durita. – Tu naprawdę można się zanudzić, kiedy jest się dzieckiem!

Duński jest jednym z dwóch, obok farerskiego, języków urzędowych na Wyspach Owczych. Archipelag należy do Danii, od połowy minionego wieku ma jednak sporą autonomię. Rząd farerski, *Landsstýrið*, wybierany przez trzydziestotrzyosobowy parlament, odpowiada za politykę wewnętrzną, socjalną, gospodarczą, kulturalną i właśnie za oświatę.

– Dla Farerów nastały tłuste lata. Kraj podniósł się po kryzysie z początku lat dziewięćdziesiątych. Oparta na rybołówstwie gospodarka nabiera rozpędu, ludziom żyje się naprawdę dobrze – tłumaczył mi kilka dni wcześniej, podczas oficjalnego spotkania Heðin Mortensen, burmistrz Tórshavn, wieloletni parlamentarzysta, jeden z najważniejszych polityków w państwie. Później, to znaczy, kiedy zdążyłem już wylać na koszulę pół filiżanki kawy i zamiast powiedzieć: *„I know, that Faroese people used to eat sheeps"* przejęzyczyć się niefortunnie: *„used to eat shit"*, atmosfera rozluźniła się, jak w młodzieżowym talk-show po wyłączeniu kamery. – Tak szczerze, to martwi mnie poziom edukacji. Dzieciaki zwyczajnie nie chcą się uczyć. Rząd robi, co może, zapewnia atrakcyjne stypendia, zachęca do studiowania na najlepszych duńskich i brytyjskich uczelniach. I co? Brak odzewu.

Powód? Praca w przetwórni ryb pozwala żyć godnie. Pozostawia przy tym sporo czasu na codzienne przyjemności: surfowanie w internecie, grę w piłkę, wioślarstwo i całusy w stołecznej pizzerii. Segregując przez osiem godzin łososie i doglądając stada owiec, zarabia się niewiele mniej niż nauczyciel, policjant czy parlamentarzysta.

Dwadzieścia cztery tysiące koron duńskich (ponad trzynaście tysięcy złotych), które co miesiąc spływają na konto Oddmara, pozwalają mu wieść ciekawe życie. Znajduje czas na malowanie, czytanie i na dalekie podróże, które – jak mówi – utwierdzają go w przekonaniu o wyjątkowości Wysp Owczych. Pracuje dwadzieścia godzin tygodniowo.

– Zdaje się, że w Polsce byłbym zamożnym człowiekiem – śmieje się Oddmar. – Ile zarabiają nauczyciele w waszym kraju?

Dochodzi czternasta. Milknie wrzawa szkolnych korytarzy, dziedziniec pustoszeje. Dzieci grupkami przemierzają żwirowe ścieżki prowadzące do rozległych dolin – w miejsca, gdzie ich rodzinne domy kryją się przed wiatrem.

Patrzę na te pociesznie człapiące tornistry, zza których ledwo wystają czupryny.

Zadziorny chłopak ciągnie dziewczynę za warkocz z niedopowiedzianej miłości. Ona sygnalizuje, że uczucie odwzajemnia: podnosi z ziemi kilka pastylek owczego łajna i rozgniata je koledze na czubku głowy.

– Jaspur, za godzinę widzimy się na boisku! – woła Bjarni. Pytam, czy to aby odpowiednia pogoda na grę w piłkę. Chłopcy spoglądają na mnie z pobłażliwością, po czym Bjarni uśmiecha się wyrozumiale. – Gdybym miał czekać na o d p o w i e d n i ą pogodę, to chyba nigdy bym nie wyszedł z domu. Albo tak jak Hákun – wskazuje na kolegę – zapisałbym się na kółko szachowe.

Właściwy adres

– Moja rodzina ma dom w Vágur, więc jeśli nie wiecie, gdzie przenocować, to dam wam klucze. Nikt tam teraz nie mieszka, dom jest w pełni wyposażony.

Femja wypowiada te słowa w dwudziestej piątej minucie naszej znajomości. Rozmawiamy w autobusie linii cztery z Tórshavn do Kollafjørður. Jesteśmy jedynymi pasażerami. Wiem już, że remontuje z chłopakiem kuchnię, była wolontariuszką w Ghanie i Liberii, szuka dla koleżanki z zagranicy pracy przy rybach, a dziś, w sobotnie popołudnie, ma w planach gotowanie z przyjaciółmi. Wczoraj do późnych godzin nocnych montowała film dokumentalny o farerskim projekcie edukacyjnym w Afryce i nie miała jak wrócić do domu. Zdrzemnęła się u znajomych. Kursem o 10.55 z przystani promowej wraca do rodzinnej osady.

– A ty dokąd jedziesz?
– Na rozwidleniu wsiądzie mój kolega M. i chcemy ruszyć stopem do Gøty. Może spotkamy przypadkiem Eivør Pálsdóttir.
– Lubicie jej piosenki?
– Mamy słabość.
– Dużo zwiedzacie?
– Jeśli nie pracujemy, to obowiązkowo. W przyszły weekend planujemy wypożyczyć samochód i popłynąć na Suðuroy. Kusi

nas strasznie: niby duża, samowystarczalna wyspa, raptem dwie godziny promem z Tórshavn, a jednak peryferia, czujesz, że są zdani sami na siebie.

– No, jakbym się uwinęła, to z Kollafjørður szybciej dolecę do Kopenhagi niż dotrę na południowy koniec Suðuroy.

I tak sobie beztrosko dyskutujemy, wali deszcz, strumienie spadają kaskadami z gór, jakby skalnym potworom nawaliły ślinianki, wymieniamy się numerami telefonu i mailami, a w chwili gdy prowadzący autobus Sigmund skręca z drogi z Kaldbak w kierunku tunelu, Femja wygłasza ową uprzejmą i osobliwą kwestię:

– Oferuję wam klucze do domu mojej rodziny. Skoro jedziecie na dwa dni na Suðuroy, to chyba warto byłoby się gdzieś przespać, prawda? Napiszę ci esemesa, do kogo macie się zgłosić.

Korespondent brytyjskiego magazynu muzycznego „NME" w relacji z farerskiego G! Festivalu zwrócił uwagę, że wielu ludzi słucha koncertów z łodzi cumujących w zatoce Gøtuvík i że niezależnie, kto występuje na scenie, przy muzyce bawi się zarówno młodzież, jak i osoby po sześćdziesiątce. Ale najbardziej zachwyciło go co innego: „Wobec niedostatku hoteli i miejsc noclegowych w najbliższej okolicy, każdego roku kilkudziesięciu mieszkańców Syðrugøty opuszcza osadę, by udostępnić swoje domy muzykom, dziennikarzom i gościom festiwalu. Z tego powodu przez jeden lipcowy tydzień budzę się w stylowo urządzonym salonie, pod portretem rodziny, której nigdy nie dane mi było poznać".

Podróże Hanusa

– Masz marzenia? – pytam Hanusa G. Johansena, pieśniarza, idola trzech pokoleń Farerów w przeddzień jego pięćdziesiątych ósmych urodzin.
– Najbardziej to chciałbym umrzeć – odpowiada z rozbrajającą szczerością. Zgaszona twarz i błędny wzrok umęczonego życiem człowieka o powierzchowności druida zdają się komunikować: „Jestem stary. Czuję się niezrozumiany. Wiem, że dałem z siebie wszystko. Jestem jak pusty flakon – wszystko uleciało. Nie wiem, dlaczego tak wielu ludzi wciąż trzyma mnie na półce".

W kraju, w którym niemal wszystko jest łatwo policzalne, Hanus był pierwszym hipisem. Miał trzy gitary, dwie żony, każda powiła mu jednego potomka. W jego samotni w Hósvík pleśnieje dwieście siedemdziesiąt pięć książek historycznych, a na podłodze walają się cztery pary wełnianych skarpet. Hanus napisał setki piosenek i wydał siedem płyt. Postanowił, że dwóch piosenek nikt nigdy nie usłyszy. Dwie inne nuci cały kraj. Hanus nie posiada sprzętu grającego.

– Jeśli Wyspy Owcze są pieczarą Europy, to bard z Hósvík jest pierwszym mizantropem – opowiadają Farerowie. Życie Hanusa kryje wiele tajemnic, jest pełne niejasności i wymyka się rachubie. Na przyportowym deptaku w Tórshavn ludzie rozpowiadają, że ich ulubiony artysta spółkował z całym szwadronem niewiast. W młodości odbywał podróże, ale ile razy i dokąd – nie wiadomo.

Postanowiłem to sprawdzić. Wiedziałem, że Hanus chwilowo pomieszkiwał w Tórshavn. Namiar telefoniczny na niego dał mi Birgir Johannesen. Gdyby nie mógł mi pomóc, wyszedłbym na ulicę. Celuję, że co piąty mieszkaniec stolicy wskazałby mi drogę do tymczasowego domu pieśniarza.

Dzwonię do Hanusa z automatu przy jedynej w kraju galerii handlowej:

– Hanus, tu M. z Polski. Chciałbym porozmawiać o twoich podróżach.

– Gdzie chciałbyś porozmawiać? W Polsce?

– Jestem w Tórshavn.

– Ach, to dobrze. Bo nie mam w zwyczaju ruszać się z miasta.

Dziesięć minut później podjeżdża po mnie pierwszy mizantrop Wysp Owczych. I już nie jak mizantrop, mruk, zdziwaczały odludek – jak tu o nim mówią – wyciąga dłoń w geście pozdrowienia i z nieudawaną serdecznością zaprasza do dziesięcioletniej toyoty.

– Przez telefon powiedziałeś, że nie zwykłeś ruszać się z miasta, a ludzie pamiętają o twoich podróżach. O co chodzi? – zagaduję Hanusa w jego tymczasowym domu, gdzie oprócz stołu, czterech krzeseł, kompleksu kuchennego wyposażonego w sztućce i naczynia, oprócz materaca, toalety, trzech kartonów z książkami historycznymi i jednego z ubraniami, a także gitary, siedmiu płyt (wszystkie z jego nazwiskiem na okładce) i długopisu, nie znajduje się nic więcej.

– Podróżowałem w niezwykłe miejsca. – Hanus opiera łokcie o stół i teatralnie zamyka oczy. – Na przykład trafiłem do miasta topografią zbliżonego do Tórshavn, gdzie też był port, kutry rybackie, stocznia, naszpikowana maleńkimi chatami starówka i kościół z dzwonnicą na wzgórzu. Ale tamto miasto

Hanus G. Johansen
foto z archiwum gazety „Sosialurin"

było stokroć ciekawsze, żywsze, dosadniej piękne. I to, co tam zobaczyłem...
— Jakie miasto zobaczyłeś?
— ...sytuacje, których nigdy wcześniej nie przeżyłem. Kolory, których nigdy wcześniej nie widziałem. Teraz nawet nie potrafiłbym ich nazwać. Metaliczne, mieniące się, żarówiaste, cieplejsze. Mury domów zmieniały barwę, stawały się słodkie jak czekolada, tak, że zdarzało mi się je lizać. Co rusz pojawiały się na murach napisy. Pojawiały się i znikały: „Witaj, Hanus, jak dobrze, że jesteś, Hanus". I takie niezrozumiałe, których dzisiaj nie pamiętam, a wtedy wydawały się wysoce kunsztowne. I te anomalie. Jak walił deszcz to tylko na srebrno, jakby na życzenie maga, jak świeciło słońce, to tak, że czułem na skórze pieszczotę jego promieni, trawa była jak najwygodniejsza pierzyna, falująca i taka jaskrawa, przyozdobiona haftem w żółto-różowe kwiaty. Ponadto z ziemi wyrastały przedziwne rośliny, których nie znalazłem później w żadnym atlasie. I to niespotykane uczucie, że stoisz i nagle wsysa cię w ziemię. Zjeżdżasz w błyskawicznym tempie, jakby ekspresową windą, zanim zorientujesz się, co się dzieje, jesteś w zupełnie innym miejscu, pośród nowych ludzi, pięknych ludzi, rozradowanych ludzi, towarzyskich ludzi: „Hanus, przyłącz się do nas", „Hanus, jak nam ciebie brakowało", „Dobrze, że jesteś, Hanus".
— Co wtedy wziąłeś?
— LSD — uśmiecha się jak Iggy Pop pytany o liczbę kochanek.

Opowiada, że tu, na Wyspach Owczych, ucieczka w halucynogeny nabiera nieco innego znaczenia.

— Jakby się zastanowić, to, jak wszędzie, uciekasz przed samotnością, społecznym brakiem zrozumienia dla inności i codziennym kieratem. Nie kopałem wprawdzie rowów i nie kruszyłem skał, jak mój ojciec. Byłem śpiewającym taksówkarzem, naprawiaczem odbiorników radiowych i sanitariuszem w szpitalu psychiatrycznym. Bardziej jednak uciekałem do czegoś niż przed czymś. Uciekałem do świata przytulnego, do świata ciepłych barw, tak jak dziś ucieka się do solarium na endorfinowym głodzie. Pragnąłem urozmaiconego życia, szukałem transcendentalnych przygód, ciekawych ludzi, nowych doznań. Uciekałem więc przed nudą. Ten rodzaj ucieczki nigdzie nie będzie bardziej usprawiedliwiony niż tu, na Wyspach Owczych.

– A teraz też uciekasz?
– Teraz uciekam już tylko do historii.
– Do historii?
– Tylko ona mnie interesuje. Jest przetrawiona, wyważona, treściwa. Teraźniejszość jest drapieżna, hedonistyczna lub zwyczajnie infantylna, a o przyszłości niech rozprawiają rewolucjoniści i marzyciele.

– Ludzie mają cię za introwertyka, dziwaka, wykolejeńca.
– Bo mieszkam na uboczu i gardzę plotką, bo pytany, co u mnie słychać, nie odpowiadam pytaniem: „A co u ciebie?". Bo mnie to nie interesuje. Żebyś słyszał, o czym ludzie na ulicy rozmawiają...

– Mówią: ten Hanus to ponury człowiek.
– Ponury to był mój przodek od strony matki, Sven Henriksen. Żył w XV wieku i był katem na dworze duńskiego króla. Podobno wyjątkowo zapracowanym i ponurym.

A ja należę do przeszłości. Jestem dinozaurem. Kolekcjonerem archaicznych słów. Eksponatem w muzeum wydrwionych cudaków. Czujesz? Śmierdzę naftaliną. I oby chroniła mnie przed tym zatrutym powietrzem technicznego postępu i bąkiem społecznej infantylizacji. Tego sobie życzę w przededniu pięćdziesiątych ósmych urodzin.

– Masz marzenia?
– Najbardziej to chciałbym umrzeć.

Historia pewnej choroby

Trzeciego listopada dwa tysiące siódmego roku, o godzinie dwudziestej drugiej siedemnaście i czterdzieści dziewięć sekund dostaję pierwszego w życiu esemesa z „ø" i „á":
„Koniec końców nie jedziemy do Tórshavn, więc może wybierzmy się sprawdzić, co tam w Sørvágur?"
Przekreślone „o" i grzywiaste „a" łypią z ekranu jak nieruchome żyjątka. Moment jest doniosły, tak to odbieram, te dwa symbole, które przyfrunęły niewidzialnym strumieniem, są elementami większego misterium, czuję się tak, jakby wtajemniczono mnie w sekrety tajnego bractwa, co jeszcze do niedawna wydawało się kompletnie nierealne. Stoję na trawniku nieopodal sandavágurskiego przedszkola, patrzę na malutką wiatę przystanku autobusowego i mam wrażenie, że wrastam w tę ziemię na dobre.

81 : 1

Na hulajnodze można przejechać pod dnem Atlantyku w trzydzieści jeden minut. Górna granica nie jest określona, jeśli komuś się podoba, to zostanie tam długie godziny, rozbije prowizoryczne obozowisko i pogryzając kanapkę, wsłucha się w daleki szmer jak na *concerto grotto* w jaskiniach Nólsoy czy Hestur, tylko zamiast saksofonu altowego Karsten Vogel i syntezatora Kristiana Blaka dodatkiem do spektaklu będzie jazgot samochodów. – Już chyba lepiej wejść do suszarni na baranie uda i pocierać o siebie kawałki styropianu – stwierdzi niejeden Farer i pewnie będzie miał rację: przesiadywanie w tunelu drogowym pod oceanem to nie jest zajęcie dla roztropnych ludzi.

Trzydzieści jeden minut wystarczy. Bez przystanków na robienie zdjęć skrzynkom z gaśnicami, bez chłodzenia czoła słuchawką telefonu alarmowego, gapienia się na draperie i wywoływania echa łamaną farerszczyzną. Sam przejazd, pęd, szaleńczy furkot maleńkich kółek, drżenie ramion nad cyrklem hulajnogi, najpierw lekko w dół, w oparach spalin, oszołomieni chłodem i hałasem, potem bardziej mozolnie, kuszeni chwilą wytchnienia jak w cieniu starego młyna w burzowe popołudnie, nie ustawajmy w wysiłku, gnajmy ekstatycznie po tafli ulicy, przy aplauzie kamieni, niech bezładne myśli kapią na asfalt, gdyby nie latarka na czole i przybrudzony odblask

Føroya Banki na lewej kostce, bylibyśmy jak piechurzy wśród nocnych gór nieopodal Slættanes: smętne paprochy w kieszeni świata. Życie jak plama oleju na wyboju dwupasmówki. Może lepiej zostać w tym tunelu do jutra, a może nie, jeszcze tylko niekończący się podjazd i znów zamienimy się w pospolitych birbantów, jeszcze tylko ławica nad nami popłynie w kierunku Stykkið, gość z furgonu odpuści pedał gazu, a kierowca autobusu linii sto lotnisko–Tórshavn ziewnie potężnie przy wymijaniu i już widać światło dnia, koniec, szkoda, że nie zamontowano w setce tylnego wyświetlacza, by można było puścić czytelny napis: „Oto kres podróży do wnętrza ziemi, wielkie mi halo, przejeżdża tędy około tysiąca pięciuset aut dziennie, przestańcie zawracać głowę normalnym obywatelom i idźcie wreszcie do domu".

Jeśli pięciokilometrowy tunel łączący Vágar ze Streymoy pokonujemy od strony Sandavágur, to tuż za nim jest rondo i kiedy wiadomo, że przebijaliśmy jamę hulajnogą albo biegnąc tyłem, albo skacząc w worku, to na środku tego ronda może siedzieć zdegustowany Werner Herzog albo sobowtór Buzza Aldrina trzymający tabliczkę „Los pionierów bywa przeklęty".

W plan przeprawy wtajemniczono Janę.

– Widziała was moja koleżanka. Opowiadała zaaferowana, że minęła przy cieśninie dwóch chłopaków na hulajnogach. „Nie wiem, co to za jedni, ale zdecydowanie nie zachowywali się jak Farerowie".

Na uroczystą inaugurację pierwszego tunelu pod oceanem gospodynie z Sandavágur i Miðvágur upiekły tort orzechowy. Miał pięć metrów długości i nie można było oderwać od niego oczu. Przypominał makietę prawdziwego tunelu. Do oświetlonego świeczkami wnętrza wjeżdżały zabawkowe samochodziki, zamiast skał porozrzucano migdały i orzechy, zielonkawa posypka imitowała trawę, a słupy drogowskazów miały smak waflowych rurek. Wielogodzinna praca Tórhild, Nicoliny, Eyðhild, Maud, Sunnuvy i Andorit została doceniona.

– Jak udało wam się ubić te dziewięćset siedemdziesiąt jaj? – pytali z podziwem jedni.
– Osiemdziesiąt cztery litry mleka?! Dobry Boże! – zachwycali się drudzy.
Tunel otwarto we wtorek 10 grudnia 2002 roku. Tort zjedzono dwa dni wcześniej. Potem wszyscy, którzy chcieli, przespacerowali się pod oceanem.

– W gazecie napisali, że tunelem przeszło wtedy dwa i pół tysiąca ludzi i gdyby wszyscy złapali się za ręce, to utworzyliby łańcuch przez całą jego długość – wspomina Jana. – Dla nas, mieszkańców Vágar, przeprawa ma spore znaczenie, bo czas podróży do stolicy skrócił się co najmniej o półtorej godziny i nie musimy już być uzależnieni od promu, który kursował tylko od siódmej do dwudziestej. Dla wielu uczniów tunel oznaczał koniec korzystania z internatu, dla chorych szybszy transport do najbliższego szpitala, dla dorosłych większe możliwości przy wyborze pracy, a dla młodzieży więcej pomysłów na sobotni wieczór.

Jak odnotowuje farerska księga rekordów*, najstarszą osobą, która przeszła pod oceanem, była osiemdziesięcioośmioletnia Hanna í Horni z Sandavágur.

– Ludzkość potrafi się obejść bez hulajnóg, ale hulajnoga bez człowieka to tylko lichy pałąk do powieszenia pod sufitem zakurzonego strychu – stwierdziłby Andrzej, ale pojechał na trening do Sørvágur. Rano życzył nam przy śniadaniu pomyślności, odwzajemniliśmy się tym samym jego żonie Karinie, która lada dzień miała rodzić drugie dziecko. Lena była w przedszkolu, nieświadoma powagi sytuacji.

Wychodząc od Kariny, zobaczyliśmy po drugiej stronie ulicy Torkila Nielsena. Objawił się niczym szaman, z pióropuszem gęstej grzywy, w dżinsach i flanelowej koszuli. Maszerował

---

* Księga nosi tytuł *Metbókin 2005*, jej autorem jest Sonni Jacobsen.

dostojnie w kierunku porośniętego trawą budynku urzędu gminy. Zajęty własnymi myślami, nie mógł usłyszeć szeptu po polsku, który płynął po przeciwległym chodniku: „Torkilu z Sandavágur, przelej w nas odrobinę z bukłaka z mocami swemi. Ty, któryś kopnął piłkę lewą nogą do bramki austriackiej w 1990 roku, ściskaj palce, by i nasze nogi lewe krzepę na długą a męczącą przeprawę hulajnogą przez Atlantyk utrzymać zdołały. Ty, któryś w Landskronie podsycił serca swych krajanów, wziął za rękę cały naród i wydostał spoza wiecznej mgły, by wyśpiewał ponad górami: »Europo, przypomnij sobie o zabaweczce, którą zostawiłaś przed wiekami pośrodku oceanicznej kałuży na pastwę sztormów«.

Skromny szachisto, butni przeciwnicy dostali od ciebie mata w kilku posunięciach. Ty i twoi koledzy w tamten wrześniowy wieczór przywróciliście wiarę w porządek wszechrzeczy, pokazaliście, jak łatwo życie może zrobić wślizg, który zniweczy całe nasze złudne, podmurowane pychą królestwa, jak łatwo wykopuje z bramki naszą śmieszną dumę. Mieliśmy wtedy osiem lat, widzieliśmy miny austriackich piłkarzy i zaczęła kiełkować w nas myśl, że przegrywają ci, którzy traktują siebie zbyt serio.

Zanim pojedziemy, musisz wiedzieć, Torkilu, że natchnął nas także twój ojciec, którego spotkaliśmy koło portu: – Chodźcie, pokażę wam coś – śmiał się znad wymazanego krwią kombinezonu i zabrał nas do garażu, gdzie zamiast maszyn, tubek smaru i waliz z kluczami leżały w misach owcze wnętrzności, a na hakach wisiały za nogi najczerwieńsze szkielety, rozpostarte jak na jakiejś wystawie. – Będę ciął z nich płaty i suszył na wietrze. – Pokazywał, jak precyzyjnie pozbawi tych nieboraków ścięgien, a potem uwiesi w przewiewnej drewnianej chatce, aby dojrzały i można je było żuć z chlebem. Przypomniał nam się pan Karol ze *Święta przebiśniegu* Hrabala, który suszył serwolatkę w lufciku w ubikacji, ale tej serwolatki nigdy nie dosuszył do końca, bo zawsze dopadał go głód i wszystko zżerał, razem ze sznurkiem.

I wtedy, Torkilu, uświadomiliśmy sobie, że ten zwycięski strzał lewą nogą, to preparowanie ścięgien i flaków w składziku twojego taty, spotkania u Andrzeja i Kariny, czy nasza podróż hulajnogami – to są klejnoty, o które powinniśmy zabiegać, a później przechowywać po szufladach pamięci jako lekarstwa na bezsens. Jak dziewięciogłowy troll Pætur i krzykliwa trollica Omman przechowują widok eksplodującego samochodu na opłotkach Tórshavn*, a amerykański spadochroniarz Mike Berwick wciąż słyszy melodię potężnego wiatru, który uniemożliwił mu skok z przylądka Enniberg – najwyższego w Europie i najbardziej wysuniętego na północ punktu Wysp Owczych**".

Szept trafił w próżnię. Torkila widać było przez szybę, jak rozmawia z kimś z gminy. Ulicą przetoczył się pękaty szkolny autobus. Ze wzgórza osada przypominała makietę, na której tylko nieliczne elementy są ruchome, a reszta to dekoracje: koń drzemiący przy kościele, bluza i trampek porzucone na środku boiska, opustoszałe podwórka i gdzieniegdzie przylepione do pobocza auta.

Nareszcie startujemy, hulajnogi przełaczają się po wilgotnym asfalcie, kierunek: tunel. Pierwsze metry i już delikatna stromizna, jedziemy nie prędzej niż trzy kilometry na godzinę, po prawej szklarnia z kwiatami, odpychamy się mozolnie, wciąż szklarnia, wokół ostatnie pogubione domy, nadal szklarnia, świta nam w głowach, że może lepiej włożyć pojazdy pod pachę i przestać się wygłupiać.

* Trølla Pætur i Trølla Omman to postacie z popularnego farerskiego programu dla dzieci. Aktorzy odgrywający rolę zwariowanego duetu organizują cykliczne imprezy plenerowe, na których publiczność ma szansę zobaczyć z bliska dziewięć głów Pætura i kartoflany nos Omman, zwiedzić ich magiczny autokar i wspólnie pośpiewać.

** Enniberg wznosi się na 754 metrów nad poziomem morza, jest najwyższym przylądkiem i drugim co do wysokości klifem w Europie. Mike Berwick próbował skoczyć z niego w sierpniu 2007 roku, ale z powodu złej pogody musiał zadowolić się lotem z niższego klifu, Lassaberg.

— Wyspy Owcze to kraina różnorodnej pustki! — wrzeszczę pod wiatr.

— Co?!

— Nie musisz się nawet rozglądać, to przenika na wskroś. Góry, skały, trawy, ciurkające potoki, samotne domki na zboczach, z dala od szlaków i dróg dojazdowych, grad, słońce i mgła jako najlepsi kumple. Człowiek może co najwyżej bełkotać jakieś komunały i dłubać w żużlu. Przytłaczające i śmieszne!

A potem zatkały mi usta spaliny ciężarówek wiozących mleko, ryby i beton.

Farerskie drogi usiane są stalowymi pomostami, które mają uniemożliwić owcom wycieczki do sąsiednich parceli. Pomost to kilka podłużnych rur, zbyt śliskich i niewygodnych dla kopyt, a całkiem praktycznych dla kół samochodów. Rozpędzone auto przejeżdżając przez taką kładkę, wytwarza irytujący zgrzyt i jeśli jakiś człowiek znajduje się akurat obok i zapomni zatkać uszy, to będzie przeklinał i to auto, i wszystkie stalowe kładki, i owce gapiące się z pastwiska. Za jednym z takich pomostów zaczynał się nasz karkołomny dwukilometrowy zjazd do paszczy tunelu.

Ucichły wszelkie słowa, kółka zaczęły wirować jak oszalałe, coraz szybciej, zakręt za zakrętem, nerwowo przewijane przezrocza. My — wychyleni w przód junacy, co jakiś czas piłujący podeszwami butów, żeby nie wyrżnąć spektakularnie do rowu. Obok — niespokojna cieśnina, baczne spojrzenia kierowców, drogowskaz do starej przeprawy promowej w Oyrargjógv, budynek gospodarczy, ciągnik, owce.

Ostro w prawo, znowu stromo, smród nożnego hamulca.

Dwieście metrów przed tunelem tylne koło nowszej hulajnogi dało za wygraną — plastik nie wytrzymał i zdeformował się jak zdeptana purchawka. Dla jednego z nas był to koniec przygody i stracona szansa na tytuł pierwszego Polaka, który przejedzie z kumplem na hulajnodze pod Atlantykiem w mniej niż trzy kwadranse, mrugając lewym okiem i wykrzykując łacińskie nazwy nielicznych roślin, którym udaje się wzrastać w płytkiej i jałowej glebie Wysp Owczych.

Musieliśmy przeprawić się w wersji: jeden śmiałek hulajnogą, drugi autostopem.

Smutniej, że na rondzie za tunelem nie siedział sobowtór Buzza Aldrina, bo wymyśliliśmy sobie, że skoro Buzz jako pierwszy, chwilę przed Armstrongiem, odezwał się na Księżycu („Sygnał zetknięcia. W porządku. Silnik stop"), a mało kto o tym pamięta, to mógłby być patronem Hanny i Horni z Sandavágur oraz kogoś, kto przejechał tunelem jako pierwszy wtedy w 2002 roku, i każdego, kto czyta te słowa i robi coś równie pionierskiego, na przykład studiuje ów akapit, omijając drugą i czwartą literę w słowach trzysylabowych.

– Według tej logiki mogę popłynąć na Lítla Dímun, stanąć na jednej nodze, zaśpiewać wspak *Tu fert altíð at vera har* Faroe 5 i już będę mógł obwołać się rekordzistą – zauważył Regin, paradując po naszym vestmańskim mieszkaniu w sombrero kupionym na Islandii.

– Możesz to zrobić nawet na Svínoy, nie sądzę, żeby ktoś cię tam uprzedził.

Chcieliśmy, żeby Buzz był także i naszym patronem, bośmy przecież na tej hulajnodze głębinowy dystans pioniersko pokonali, a jakże, bardziej pechowy z nas uczynił to kilka miesięcy później, w odwrotnym kierunku, stając się pierwszym dwudziestoparoletnim szatynem z Europy Środkowo-Wschodniej, który przemknął z Leynar na drugą stronę oceanu w tempie panczenisty, posiłkując się jedynie lewą nogą, żelkami anyżowymi i ukochaną lemoniadą Farerów – Faxe Kondi.

Tymczasem okazało się, że motyw Buzza jest już wykorzystany i dla Farerów to żadna nowość. Norweski pisarz Johan Harstad, w powieści *Buzz Aldrin, hvor ble det av deg i alt mylderet?* (Buzz Aldrin, gdzie podziałeś się w całym tym zamieszaniu?*) połączył postać zapomnianego kosmonauty z historią trzydziestoletniego muzykującego ogrodnika Mattiasa, lądującego w niesprzyjającym momencie życia na Wyspach Owczych. Nie czytaliśmy tej książki, zupełnie przypadkowo zobaczyliśmy okładkę w księgarni przy Vaglið, ze szczątkowych informacji w internecie wynikało, że Mattias jest nordyckim krewnym Adasia Miauczyńskiego – niedocenionym rezerwowym życia, który przyjmuje tę rolę z pokorą, a nawet aprobatą. W Tórshavn spotyka podobnych sobie.

– Planuję przynajmniej raz w miesiącu zrobić jakąś nietypową rzecz – oznajmiła Jana, mieszając rybne pulpety. – Dziś rano wykopałam z szafy wrotki, wspięłam się na szczyt drogi do Oyrargjógv i zjechałam do domu w Miðvágur. Z hamulców zostały strzępy, ale teraz lepiej rozumiem tych, którzy skaczą ze schodów albo ześlizgują się po poręczach.

W ten oto sposób Jana Jacobsen została pierwszą farerską matką, byłą zawodniczką młodzieżowych reprezentacji kraju w piłkę nożną i siatkówkę, byłą przedszkolanką, animatorką kultury, recepcjonistką w klubie fitness, listonoszką na pół etatu, działaczką sportową oraz wciąż aktywną orędowniczką niepodległości Wysp Owczych, gitarzystką i podróżniczką, która przejechała na wrotkach przez pół Vágar.

* * *

Jon Hestoy prawdopodobnie nie przepada za jazdą na hulajnodze i śpiewaniem wspak, jest za to jedynym Farerem, który trafił do Księgi Rekordów Guinnessa.

– Przepraszam, nie mogę teraz rozmawiać – oznajmił, kiedy spotkaliśmy się w holu biura największej drukarni na Owcach.

* Wydana w 2005 roku powieść do dziś nie doczekała się polskiego tłumaczenia.

– Jutro wylatuję do Polski, to dla mnie bardzo ważne, chciałem pomówić o pańskim rekordzie, czy mogę przyjść później?

– Strasznie mi przykro, dziś nie dam rady. Opiszę wszystko w mailu, oto moja wizytówka.

Føroyaprent. Jon Hestoy. Dyrektor.

„Szanowny panie dyrektorze, są wielkie problemy, by ustalić szczegóły związane z pańskim rekordem. W bibliotekach i internecie nie znalazłem praktycznie żadnych publikacji na ten temat, a armia ludzi, u których próbowałem zasięgnąć języka, twierdzi, że minęło zbyt wiele czasu, aby mogli pamiętać kulisy".

Oto, co udało mi się zebrać, najuprzejmiej proszę o skorygowanie ewentualnych błędów i uzupełnienie:

„Około 1980 roku Jon Hestoy trafia do Księgi Rekordów Guinnessa, po tym jak w ciągu dwudziestu czterech godzin przepływa w jednym z duńskich basenów dziewięćdziesiąt kilometrów, a następnie zjada olbrzymią misę ciastek czekoladowych, nazywanych potocznie Pocałunkiem Murzyna. Ciastko wygląda jak przerośnięta, stożkowata bajaderka i jest zwykle posypane marcepanem. Średnio głodnemu człowiekowi wystarczą trzy sztuki, by miał dosyć słodkości na kilka następnych dni.

Sam pan widzi – informacji jest niewiele. Ani słowa o motywacjach, odczuciach, o otoczce tamtego dnia. Jako entuzjastę Wysp Owczych ta historia bardzo mnie interesuje".

Bez odzewu.

„Szanowny panie Hestoy, ponawiam prośbę sprzed dwóch tygodni, chodzi o ocalenie pamięci o rekordzie. Pozwalam sobie przekleić poprzedni list".

Skrzynka mailowa milczy już drugi rok.

* * *

Jóhan Frói á Ørg z Sørvágur spogląda zza okularów w rogowych oprawkach, jakby chciał zmajstrować jakiś numer: pognać rowerem do Bøur, nabrać sąsiadkę, że w sklepie skończyła się mąka, może puścić petardę na nabrzeżu. Ale ma około trzydziestki, a w tym wieku takie zachowania nie zawsze przystoją.

Jest najbardziej zdeterminowanym filabirystą na wschód od Mykines, na zachód od Fugloy i na północ od przylądka Akraberg. Filabirysta to człowiek pasjonujący się akcesoriami związanymi z piwem. Johan gromadzi butelki i puszki.

– Zacząłem w 1992 lub 1993 roku, nie pamiętam dokładnie, kiedy i dlaczego, myślę, że mało który kolekcjoner potrafi racjonalnie uzasadnić swoją pasję. Obecnie mój zbiór liczy około sześciuset pięćdziesięciu sztuk, z czego około pięciuset stoi w domu moich rodziców. To są te starsze eksponaty, sprzed wyprowadzki, wśród nich najcenniejsze – po farerskim piwie Restorff, którego już nie ma w sprzedaży. Z każdym kolejnym egzemplarzem jest coraz trudniej, bo oczywiście nie chcę, by się powtarzały. Moim celem jest zdobywanie przynajmniej jednej nowej butelki lub puszki w miesiącu.

Znam Farerów, którzy kolekcjonują zapalniczki, znaczki, pocztówki. Znaczki z Wysp Owczych są bardzo cenne i chodliwe wśród filatelistów zagranicznych.

Cenię swoje zbiory, może duma to za duże słowo, ale są dla mnie ważne. Utrzymuję kontakty ze zbieraczami butelek i puszek z całego świata. Mam piwnych znajomych w Brazylii, Anglii, na Filipinach, długo wyliczać. Naszą największą zmorą są przesyłki pocztowe: pomyślna wymiana butelki przez trzy czwarte świata to nie lada wyzwanie.

* * *

Jeśli przyjmiemy, że do 18 lipca 2008 roku Pætur Zachariasson i czterech jego kumpli z zespołu zagrali w swojej karierze dokładnie pięćdziesiąt dziewięć koncertów, to musi nam wyjść z rachunków, że dzień później mieli ich na koncie osiemdziesiąt trzy.

– Wszystko zaczęło się od niewinnego żartu, który ktoś po pijaku potraktował zbyt serio – powtarzał ze śmiechem dwudziestoczteroletni Pætur, wokalista indie rockowej grupy Boys in a Band, wypytywany przez dziennikarzy o nietypowy pomysł na promocję debiutanckiego albumu *Black Diamond Train*.

Był to jeden z tych niewielu momentów, kiedy zagraniczne media przypomniały sobie o istnieniu Wysp Owczych.

Muzycy z Gøty rozpisali szczegółowy plan, zorganizowali transport i w piątkowy wieczór pojawili się z instrumentami pod głównym sklepem muzycznym w Tórshavn. Krótki pokaz akustyczny dla fanów, znajomych oraz przechodzących przypadkiem emerytów i grupki niemieckich turystów zakończył się około godziny 19.25.

O 20.07 na koncercie Boys in a Band podrygiwała garstka młodzieży na boisku piłkarskim w Argir.

Tuż po północy Pætur śpiewał dla mieszkańców peryferyjnej Hvalby, cztery wyspy dalej.

O 2.30 zespół zakłócił ciszę nocną w Skopun na Sandoy, o piątej rozruszał zaspanych melomanów z Miðvágur na Vágar, a chwilę po czternastej grał swoje największe hity na włościach Toftir, przy placyku zawalonym rybnymi skrzyniami.

W ciągu dwudziestu czterech godzin Boys in a Band zaimprowizowali dwadzieścia cztery występy, koncertując między innymi na porośniętym trawą dachu toalety, w jaskini i przy wodospadzie.

Aby dotrzeć wszędzie na czas, korzystali z furgonetki, śmigłowca, łodzi i pomocy zaprzyjaźnionych motocyklistów.

„To zabawne widzieć grupę ludzi goniącą na złamanie karku w kraju, gdzie nikomu się nie spieszy" – skomentował brytyjski „Guardian".

„Członkowie Boys in a Band, określający swoją muzykę jako cowboy rock Boba Dylana na metamfetaminie, rok po wygraniu prestiżowego międzynarodowego konkursu Global Battle of the Bands, znów zadziwiają świat" – donosiła prasa duńska.

Pætur Zachariasson wypowiada się w imieniu swoim, gitarzysty Heiniego, basisty Símuna, perkusisty Rógviego i mocującego się z organami Hammonda Heriego: – Najgorsze były przerwy między koncertami. Ucinaliśmy sobie pokątnie króciutkie drzemki, ale niewiele pomagały. Rozbudzaliśmy się, krzycząc piosenki Spice Girls, nie ominęliśmy chyba żadnej.

* * *

Obraz w witrynie jednego z banków w Tórshavn przedstawia ropuchę o ludzkim korpusie, przekłuwającą głowę ubranego w fikuśny hełm Burta Reynoldsa. Burt patrzy dumnie przed siebie, ze skroni wystaje mu strzała, a nad czołem powiewa serwetka z wyciętym sercem. Z nieba leci konfetti.

– Prace chłopaków ze Scrub Art powinny być naszym towarem eksportowym, tak jak kreacje Guðrun & Guðrun, wełniane kamizele Sirri, muzyka z wytwórni Tutl i co najmniej tuzin innych rzeczy – wylicza Emma.

Koniecznie z adnotacją: „Wyprodukowane przez jedynych dwóch grafficiarzy na Wyspach Owczych".

– Przez dwóch pasjonatów sztuki ulicznej, znudzonych tradycyjnym podejściem do malarstwa – dodaje Ólavur, połowa załogi Scrub Art, twórca między innymi lewego oka ropuchy z banku.

Spotykamy się w barze kanapkowym na parterze centrum handlowego SMS. Ólavur mówi o nieobecnym kumplu („Bárður mieszka teraz w Danii, znamy się od przedszkola"), okolicznościach powstania grupy („To było w listopadzie 2006, pomyśleliśmy, że mury potrzebują trochę życia"), artystycznych radościach („Najbardziej niesamowity był pokaz na żywo na G! Festivalu, wiesz, tłum ludzi, wszyscy patrzą i komentują to, co robisz") i sukcesach („Udekorowaliśmy wnętrza klubu młodzieżowego Fabryka Margaryny, karty telefoniczne dla Føroya Tele, robiliśmy scenografię do sztuki teatralnej w Domu Nordyckim i do kilku koncertów, projektujemy plakaty").

Wspominam, że widziałem tylko jedną pracę Scrub Art na zewnętrznym murze.

– Wyobrażasz sobie, byśmy namalowali tu coś nielegalnie? Nie chcemy tak działać. Wykorzystujemy sztukę ulicy, aby zbudować markę. Tworzymy na zamówienie, nie chlapiemy ścian jak popadnie.

– Wkrótce pewnie pojawią się wasi naśladowcy.

– Nie wiem, czy w tak małej społeczności ktokolwiek się na to zdecyduje, bo nawet jeśli będą lepsi, to wielu pomyśli, że kopiują oryginalny styl Scrub Art. Byłoby wspaniale, gdyby pojawili się nowi, ale na razie się na to nie zanosi.

* * *

Szczęście, że zachowała się fotografia i wypełniony protokół, bo nie co dzień dwanaście farerskich kobiet bije rekord świata.

Fotografia przedstawia rozradowanego mężczyznę, stojącego pod tablicą świetlną w hali sportowej, nad jego głową widnieje wynik 1:81, zdjęcie musi być zrobione za granicą, ponieważ widać też szklany dach, a na Wyspach Owczych nie zbudowano ani jednej hali o takiej konstrukcji. Mężczyzna jest prawdopodobnie trenerem: ma dres, frotkę na nadgarstku, stoper i identyfikator.

Nie pokazuję zdjęcia Farerom, zadaję im zamiast tego dwa pytania (pytam około dwudziestu osób, które podejrzewam o to, że mogą coś wiedzieć): „Czy pamiętasz nazwisko choć jednej farerskiej piłkarki ręcznej, która brała udział w wygranym 81:1 meczu z Albanią, i czy w jakikolwiek sposób świętowano u was fakt, że wyśrubowaliście absolutny rekord świata?".

Kibicka piłki ręcznej, troje sportowców w rodzinie:

— 81:1?! To niezbyt realne. Nie pamiętam, żebyśmy wygrali tak wysoko.

Młody chłopak, lekturę „Dimmalæting" zaczyna od kolumn z wynikami:

— Pytasz o jakieś zamierzchłe czasy? Nic mi to nie mówi.

Mężczyzna zagadnięty na meczu szczypiornistów H 71 Hoyvík z KÍF Kollafjørður:

— Nie, no, daj spokój, nie jesteśmy potęgą.

Kilkanaście wzruszeń ramionami, kilka: „Zapytam znajomego, może będzie coś wiedział", jedno: „Kpisz sobie?".

Protokół meczu jest dostępny na oficjalnej stronie internetowej międzynarodowej federacji piłki ręcznej. Zawody z serii Women's Challenge Trophy, 6 kwietnia 2006 roku, miejsce spotkania: bośniackie miasteczko Vogośća. Wyspy Owcze — Albania 81:1, do przerwy 36:0, stu widzów, sędziowie: Dino i Amar Konjicaninowie, Bośnia; delegat międzynarodowej federacji: Helga H. Magnusdóttir, Islandia.

Zgłasza się Jana:

— Słuchaj, moja kumpela grała w tym meczu!

Rozmawiam z kumpelą, nazywa się Heidi Maria Akselsen.

— Dziwny epizod. Podobno ktoś po stronie albańskiej się pomylił i na zawody wysłano drużynę koszykarek. Zamieszano je w absurdalną sytuację: nie znały taktyki, nie potrafiły rzucać, dryblować i bronić, wyglądały na zakłopotane. Ten mecz był tak naprawdę katorgą dla wszystkich.

— Czy mimo to ktokolwiek docenił, że jesteście najlepsze na świecie?

— Nie przypominam sobie, raczej potraktowano to jako anegdotę niż coś godnego większej uwagi.

— Chętnie poznałbym imiona wszystkich rekordzistek.

— Spytaj w naszej federacji, powinni mieć skład z tamtego turnieju.

Nikt w federacji nie umiał mi pomóc.

Wiadomo tylko, że najwięcej bramek – piętnaście – rzuciła Ása Dam á Neystabø.

Na głównym farerskim portalu internetowym informacja o rekordowym zwycięstwie pojawiła się z kilkugodzinnym opóźnieniem. Nie rozpisywano się zbyt wiele: „Zwycięstwo naszych dziewczyn oznacza pobicie rekordu Dunek, które piętnaście lat temu wygrały 51:8 z Estonią".

* * *

Słowa, które wypowiedział Buzz Aldrin, spacerując po księżycu, mógłby równie dobrze wygłosić w górach między Sumbą a Loprą (gdzie jednemu z nas wiatr porwał z ręki puste opakowanie po żelkach, ale za kilka minut przyleciało z powrotem) albo idąc drogą ze Skopun do Sandur (wybudowaną w 1918 roku, pierwszą łączącą dwie farerskie osady), albo choćby w kamieniołomach rodem z *Kolonii karnej* Kafki, pięć minut jazdy od centrum Tórshavn. Aldrinowe zdanie-klucz, odlane jakby na jedną miarę:

„Piękny widok, wspaniałe pustkowie!".

– Życie tutaj jest takie samo jak wszędzie indziej – przekonuje Pætur z Boys in a Band. – Mamy internet, samoloty, całą tę szaloną technologię. Świat to układ scalony, jesteśmy cząsteczką większej całości.

Skoro tak, to dlaczego większość informacji o pionierach z Wysp Owczych ulatnia się, jakby pożerał je niewidzialny potwór grasujący w czarnej kipieli Atlantyku?

Chirurg

– Zmieniam pracę, rzucam to. W przyszłym miesiącu płynę do Danii – mówi Tomasz, polski chirurg zatrudniony w szpitalu na Suðuroy.

– Tu jest czysto, schludnie, jak w serialu. Szpital wynajmuje ci dwustumetrowy dom z ogrodem, masz asystentkę, która dba, byś nie ślęczał przy papierkach, nauczyłeś się podstaw języka. Na zarobki chyba też nie możesz narzekać?

– Tu nie chodzi o zarobki – Tomasz patrzy z okna gabinetu na zagajnik po drugiej stronie fiordu. – Ja po prostu się uwsteczniam. W ubiegłym miesiącu nie przeprowadziłem żadnej operacji. Od kwartału mieliśmy na chirurgii tylko dwa przypadki urazu kolana.

Czy to już historia, czy jeszcze nie?

Birgit z Klaksvík, prawda?

Do teleturnieju na żywo dodzwoniła się telewidzka:
- Halo? Czy mnie słychać? Czy mnie słychać? Halo?
- Tak, słyszymy cię dobrze – odpowiada Petrina Maria Berg, która w telewizji prowadzi piątkową loterię Gekkur.
- *Gott kvøld*, tu Birgit Johannesen* – przedstawia się podekscytowana kobieta.
- *Gott kvøld*, Birgit z Klaksvík, prawda?
- Tak, jestem z Klaksvík.
- Czy mąż wrócił już z połowu? Jak mały Jákup? – ciągnie rozmowę prezenterka.
- Dziękuję, w domu wszyscy zdrowi, choć Jákup nie daje chwili wytchnienia, odkąd rosną mu zęby. Mąż wraca w przyszłym tygodniu. Podobno ryby lecą w sieć, jak faceci na cycate babki – opowiada rozluźniona już nieco bardziej telewidzka.
- Miło cię słyszeć. Przypominam, że dziś do wygrania jest sześćset tysięcy koron.
- Aż sześćset? O Boże!
- Co zrobisz z taką sumą, jeśli uda ci się wygrać?
- Najpewniej spłacimy z mężem kredyt na domek letni w Bøur. Myślę też o korekcie nosa.

* Nazwisko uczestniczki programu zostało zmienione.

– A więc niech szczęście ci sprzyja. Przypomnijmy, że aby móc walczyć o nagrodę główną, musiałaś skreślić prawidłowy ciąg dwudziestu jeden liczb, znajdujących się na kuponie Gekkur, i dodzwonić się do programu, zanim zrobią to inni.

– Jestem z siebie dumna i podenerwowana – obwieszcza słuchaczka.

– Rozumiem cię dobrze, kiedy w grę wchodzą takie pieniądze... Jákup jest przy tobie?

– Tak.

– Pozdrawiamy Jákupa i kręcimy! – Kamera podąża za Petriną Marią Berg. Prezenterka zatrzymuje się wreszcie przy dość topornej konstrukcji, której najistotniejszym elementem jest obrotowa kolista plansza. Tarcza podzielona jest na dwadzieścia cztery pola. Na większości z nich ponaklejano liczby, symbolizujące mniejsze i większe sumy. Pechowiec wygra dwa i pół tysiąca koron. Szczęściarz – dwukrotność tego, co pechowiec. Szczególny przypadek pechowca trafi na pole „bankrut", a szczególny przypadek szczęściarza na „szansę". Na tym etapie, wskazując jedną z zalakowanych kopert, można wygrać bilety lotnicze dla całej rodziny, wycieczkę na Kanary, bon na zakupy w centrum handlowym albo sześćset tysięcy koron – równowartość połowy sześćdziesięciometrowego mieszkania w centrum Tórshavn.

– Trzymasz kciuki, Birgit? – buduje napięcie Petrina Maria Berg. Zmysłowa i inteligentna blondynka dla feminizującej części Farerek jest symbolem kobiecej niezależności. Poza występami przed kamerą, wychowuje dziecko i prowadzi modny butik z konfekcją damską w stołecznym centrum handlowym.

– Birgit, trzymasz kciuki? – powtarza pytanie Petrina Maria.

– Trzymam, trzymam jak w dniu ślubu! – daje się ponieść chwili telewidzka.

– To kręcimy!

*

Rzut kamery na rozbujany okrąg. Cyfry, jak kolorowe koszule w pralce, rozmazują się w ruchu. Z drugiego planu migoczą żółte i czerwone lampki. Estetyka strzelnicy wesołego miasteczka. Koło kręci się coraz wolniej, wskaźnik pewnie omija pole „bankrut". Emocje telewidzów podbija towarzysząca zabawie przeróbka słynnego motywu z *Titanica – My Heart Will Go On*. Farerska wersja, z linią melodyczną wydmuchaną przez ustnik fletni Pana, przypomina nagrania chilijskich grajków okupujących deptaki wschodniej i środkowej Europy.

– Zaraz wszystko się wyjaśni! – mówi do kamery Petrina Maria, po czym koło zatrzymuje się, wskazując dwa i pół tysiąca koron.

– Birgit, jest mi bardzo przykro. Wygrałaś tylko dwa i pół tysiąca koron. Chyba za słabo trzymałaś kciuki?

– Chyba za słabo... – odpowiada rozczarowana Birgit.

– Niemniej to zawsze coś. Co zrobisz z wygraną? – ciągnie rozmowę Petrina Maria.

– Pójdę do fryzjera i zrobię paznokcie.

– Mamy już następny telefon. – Petrina znów uśmiecha się do kamery.

– *Gott kvøld*, Morten N. z tej strony – przedstawia się kolejny widz.

– Może do ciebie uśmiechnie się los. Jesteś z Leirvík, prawda?

Loteria

Dziś do Sandavágur zawita objazdowa loteria. Kolorowe afisze porozklejano już przed tygodniem. Zawisły na latarniach, witrynie sklepu i korkowej tablicy informacyjnej tutejszej kommuny. „Możesz wygrać nowoczesny skuter, lodówkę, pralkę i setki innych wartościowych nagród" – czytają mieszkańcy osady, którzy mają lodówki, pralki i skutery, a dla których coroczna loteria jest jeszcze jedną okazją do wyrwania się z marazmu codzienności.

— Gram już tyle lat i jeszcze nigdy nic nie wygrałem — smęci koledze dwudziestodwuletni Magnus.

— To po co idziesz?

— Sprawdzić, gdzie kończy się teraźniejszość, a zaczyna historia...

Sandavágur jest dziś jak małe miasteczko, do którego latem dociera cyrk. Tyle że nie znajdziesz tu gigantycznego namiotu, nie zobaczysz trupy akrobatów, treserów słoni i klaunów. Cały teatr mieści się w skorodowanym furgonie, który właśnie podjeżdża pod budynek klubu sportowego. Za autem pędzi, ile sił w nogach, czterech chłopców i dwa psy. Nim silnik zdąży dobrze wystygnąć, przy samochodzie zgromadzi się całkiem spora gromadka gapiów.

Dzieci są podekscytowane i asystują tragarzom wnoszącym kolejne rekwizyty do sali bankietowej klubu. Tylko dziwaczny introwertyk w kreszowej kufajce powie do siebie: — Jakie wymagania, takie Las Vegas...

Kiedy się ściemni, wszystko będzie poustawiane jak należy. Na końcu sali, przy ścianie, stanie sześć szkolnych ławek, które zastąpią podest. Do ławek przylegać będzie siedem krzeseł, pełniących funkcję stopnia, ułatwiającego wejście na podest. Na podwyższeniu, oprócz trojga prowadzących, zmieszczą się jeszcze skrępowana czerwonymi światełkami choinka, cztery komplety bombek, papierowa lampa, dwie plastikowe miski, dwa pluszowe krasnale, zapakowany w kartonowe pudełko grill, szlafrok, toster i trzy ławki — jedna posłuży za biurko staremu protokolantowi, dwie pozostałe, przyozdobione obrusem, uginać się będą pod naporem pozostałych gadżetów: dwu kompletów sztućców, ośmiu świec zapachowych, pięciu flakonów z tanimi perfumami, jednego z drogimi, saperki i piramidy słodyczy. Na zewnątrz wabik – wymyty skuter, który od roku wędruje z organizatorami loterii od osady do osady.

– Miłe panie i szlachetni panowie, czas rozpocząć loterię! Kto nie gra, nie wygrywa, kto nie skreśla losów, tego los skreślony! – wita uroczystym tonem pucułowata prowadząca, widząc, że sala zapełniła się już mieszkańcami osady. Wokół nich, jak kościelny z tacą, krąży wysoki kościsty mężczyzna z lnianą torbą zawieszoną na szyi. – Dla pana jeden losik, czy może podwajamy szansę na wygranie tego okazałego skutera? – pochyla się w stronę jednego z mieszkańców.

Zabawa nie jest skomplikowana. Gracz płaci dwadzieścia koron za kupon, na którym znajduje się sześć liczb. Kupon jest ważny tylko przez jedną turę, a więc jedno kręcenie kołem. Pucułowata kobieta porusza tarczą, a wskaźnik zatrzymuje się na jednym z kilkudziesięciu pól. Każde pole oznacza inną nagrodę.
– Prosimy do nas pana w popielatym swetrze. Oj, nie tego. Pana w popielatym swetrze i sztruksowych spodniach – zaprasza na podest i namawia do zakręcenia kołem prowadząca.

– Wygrałeś coś? – zaczepiam tuż przed zakończeniem loterii Magnusa. Ten kładzie na stole zabawkę do puszczania baniek i uśmiecha się, jakby chciał powiedzieć: „Czy ty nie rozumiesz, że nie o wygraną tu chodzi?".
– Spójrz... – wskazuje ruchem głowy na środek sali.

Po bukowej podłodze pełza troje berbeci. Wokół dużo starszych ludzi. Dorośli omijają dzieci jak przeszkody w grze komputerowej. Gromadka nastolatków bacznie obserwuje kolejne losowania, stoją blisko podestu i jedzą lody śmietankowe. Pod sufitem galeria nafaszerowanych helem balonów – tak, że można się pomylić, gdzie góra, a gdzie dół. Przy głównym wejściu oblegane stoisko z kawą, herbatą, malinowym tortem i francuskimi hot-dogami. Umazane musztardą buzie. Są też rówieśnicy Magnusa.

– Tu znów jesteśmy razem – kontynuuje chłopak. – Jeszcze dziesięć lat temu cała osada spotykała się na zabawach niemal co weekend. Teraz dwa, może trzy razy do roku. Tęsknię za tamtą atmosferą. A wiesz, co jest najciekawsze? – pyta i od razu odpowiada. – Że przez cały rok czekam na taką zabawę, a kiedy wreszcie nadarza się okazja i spotykamy się razem, wcale nie jestem szczęśliwy. Nie bawię się tu dobrze, a wręcz czuję się trochę zażenowany. Czas i technologie zmieniają relacje między ludźmi. A my nie wypracowaliśmy sobie nowej formy wspólnego spędzania czasu.

Jeszcze raz spojrzałem na Magnusa, który tępo patrzył na zabawkę do puszczania baniek. Widziałem w nim i jego rówieśnikach grupę przyjaciół, którzy po latach zorientowali się, że łączy ich tylko sentyment.

Kot beczkowany

Ta historia mogła się wydarzyć jedynie przed 1830 rokiem.

Garbaty łachmaniarz wparował nieproszony do jednego z domostw na Streymoy i nerwowym krokiem okrążył stół, przy którym domownicy posilali się zupą rybną. Podszedł do przerażonego siedmioletniego chłopca i zasyczał:

– Czy to prawda, że ten diabelec zamarzył o baranim udzie właśnie teraz, w czasie Wielkiego Postu? – I przystawił brudny pazur do klatki piersiowej chłopca.

– Rzeczywiście, moje dziecko miało apetyt na mięso – odparł ojciec dziecka. – Nic tu jednak po tobie, obszarpańcu! Pryskaj, bo poszukam siekiery!

– Nie wyjdę, dopóki nie otrzymam jałmużny! – odrzekł cudak. Widząc, że ojciec dziecka nerwowo wstaje od stołu, zrobił krok w tył i zaczął przeraźliwie piszczeć:

Ze wzgórza zszedł *grýlan* z czterdziestoma ogonami,
Z worem na plecach i badylem w dłoni.
Gagatkom, co płaczą za mięsem w dni postne
Przychodzi po nocy wątrobę patroszyć*.

Osmolona koścista facjata, długie zarobaczone kudły i szczerbaty grymas cynika. Płaszcz z owczej skóry i cuchnących rybich łusek. Łańcuch z wodorostów i kostur w drżącej dłoni – to *grýlan*. Parias bez dachu nad głową, który zamykał za sobą drzwi dopiero, gdy wór, z którym nie rozstawał się nawet podczas snu, został napełniony – a to mięsem, a to chlebem na zakwasie, dużo rzadziej suszoną rybą i znoszoną odzieżą. *Grýlan* budził powszechną odrazę i jak opowiadają sędziwi Farerowie – tylko mordercy, piraci i kontynentalni szabrownicy zasługiwali na większą pogardę w społeczeństwie hołubiącym pracowitość.

Grýlanów było co najmniej kilkudziesięciu – wszyscy prowadzili życie żebracze. Byli lekkoduchami, trwonicielami rodzinnych majątków. Wędrowali od osady do osady i pod pretekstem karcenia łakomych dzieci nachodzili rodziny, żądając datków.

– Dajcie mi soczystą baraninę, dajcie mi dwie garści mąki, a wyjdę i nie wrócę, zaś pędrak uniknie kary. – Głos *grýlana* wwiercał się w mózg, zadawał uszom ból, jak dźwięk kruszonej o tablicę kredy. Słowa, które wypowiadał, a które nabrały charakteru mantry, budziły przerażenie chłopca. Ten, nie czekając na rozwój wydarzeń, chował się z matką pod stół.

– Nie pozbędziecie się mnie, nie tak łatwo! Lepiej pomyślcie o zbiórce! – wykrzykiwał szyderczo *grýlan*, co rusz spoglądając w tył za wściekłym ojcem dziecka, który ganiał za nim po izbie. Po kilkunastu okrążeniach wokół stołu gospodarz dał za wygraną:

---

* Farerska pieśń ludowa, autor nieznany, tłumaczenie z farerskiego na angielski Jana Jacobsen, na polski Maciej Wasielewski.

– Dobrze, dostaniesz to, po co przyszedłeś – powiedział zrezygnowany, na co *grýlan* w geście radości trzasnął kosturem w drewnianą bekę z jęczmieniem, aż pękła i wyskoczył z niej szczur. To wyraźnie rozbawiło chłopca, który teraz zdecydował się wyjść spod stołu.

– Lecz w zamian zaprzestaniesz straszenia dzieci i co roku, w dniu Føstulávint będziesz zabawiał je, uderzając kosturem w drewnianą bekę z uwięzionym w środku... kotem – kontynuował ojciec.

– Z kotem?

– Z podwórkowym, burym kotem!

– Zgoda – odparł po chwili *grýlan*, nie wiedząc, że staje się współarchitektem nieistniejącego jeszcze Święta Roztrzaskanej Beczki w dniu Føstulávint*.

Zabawa w socjalizm

Dobrze jest choć raz móc uczestniczyć w Święcie Roztrzaskanej Beczki, które od grýlanowych czasów zmieniło się znacznie – zatracając wprawdzie folklor, nabierając za to humanitarnego charakteru.

W 1830 roku Korona Duńska zakazała beczkowania kotów, a burego piecucha zastąpiły łakocie.

Dziewiętnaście lat później, kiedy duński król Fryderyk VII zrzekł się władzy absolutnej, podpisując liberalną konstytucję, stało się jasne, że ośmieszanie i poniżanie inności nie jest już w dobrym tonie i musi być zepchnięte na margines życia społecznego.

---

* Føstulávint to po farersku „karnawał", choć faktycznie bardziej przypomina polskie ostatki. W kalendarzu wyprzedza o czterdzieści dni Wielkanoc. Jak tłumaczyła nam farerska przyjaciółka – w Føstulávint wagi trzyma się pod ryglem, a postanowienie o dietetycznym odżywianiu usypia i budzi się z kacem następnego dnia.

Jak zauważają badacze historii duńskiej monarchii, Fryderykowi VII o tyle łatwiej było bronić inności, że znał ją z autopsji. Przez oponentów nazywany dziwakiem i mitomanem. Atakowany za brak męskiego potomka, zakochał się ze wzajemnością w przyjacielu Carlu Berlingu – biseksualnym malarzu i wydawcy najstarszej duńskiej gazety „Berlingske Tidende".

Król, który lubił myśleć o sobie: „Ludzie kochają mnie za moją siłę", skrywał inność w zaciszu monarszej komnaty. Wraz z dociśnięciem do papieru królewskiej pieczęci, potępił stręczycieli inności, odsyłając *grýlana* w niepamięć.

Teraz za *grýlana* robią wszystkie dzieci w osadzie. Trzaskać w bekę może każdy, kto legitymuje się zdolnością udźwignięcia kija. Napełnia się ją mordoklejkami Haribo i uszczelnia brzozowym wiekiem. Mordoklejki zapewnia lokalny przedsiębiorca, polityk zabiegający o względy osadników albo jeden z dwóch konkurujących banków farerskich, który zamawia beczkę z wyżłobionym logo.

Od trzech kwadransów znajdujemy się na skwerze szkolnym w Vestmannie i obserwujemy beczkowe szaleństwo.

Jeśli zmazać z brzozy całkiem delikatną farbę komercji i interesowności, to dostrzeżemy w Føstulávint coś poruszająco szlachetnego, coś, co pół świata nazwie utopią, a garstka donkiszotów – metaforą farerskiego socjalizmu, który w tutejszych warunkach sprawdza się wręcz doktrynalnie. Mogę być premierem, samcem alfa, mogę przyłożyć w bekę jak w pusty bęben, a mogę być pierwszym lepszym Magnusem ciamajdą, wioskowym głupkiem albo poetą, bo niezależnie, kim jestem, i tak wcinam mordoklejki.

Dzień Wszystkich Świąt

18 kwietnia 2008 roku. Nagrane podczas podróży autostopem z Tórshavn do Miðvágur:

„Jedziemy na trzydniowy kemping do Vatnsoyrar, wsiadajcie, to po drodze. Mam na imię Regin, a to mój przyjaciel z akademii morskiej, Terji. Wiecie, że dziś jest Święto Wszystkich Świąt? Jeszcze pięćdziesiąt lat temu obchodziliśmy mniej więcej sto pięćdziesiąt świąt religijnych w ciągu roku. Zastanawiacie się, czy wszystkie były wolne od pracy? No nie, ale starsi ludzie lubią mówić, że tych wolnych dni było zdecydowanie za dużo, a rozleniwianie protestanta to poważny występek. W końcu Kościół luterański zdecydował się zamienić większość tych pomniejszych świąt na jedno wielkie. I tak starsi ludzie chodzą do kościoła, a my jeździmy do Vatnsoyrar. To popularne miejsce wypoczynkowe, niedaleko jeziora. Moi rodzice wybudowali tam domek letniskowy. Do zmroku będziemy jeździć konno, a po zmroku przyjadą przyjaciele i zagramy w Osadników z Catanu*, sącząc Föroya Bjór i Jägermeister.

Przez te studia w Kopenhadze ja i Terji coraz rzadziej widujemy się z przyjaciółmi. To święto powinno nazywać się Dniem Oderwania od Rzeczywistości albo Dniem Głupawych Pogaduszek. Wiecie, tak sobie myślę, że życie człowieka ma zawsze jakiś rytm. Gdzieś przeczytałem, że człowiek wie, że wszystko ma początek i koniec, i chce to zaznaczyć właśnie przez świętowanie. Święto wyraźnie oddziela jeden czas od drugiego. Jednocześnie pełni funkcję łącznika. Dla nas, Farerów, święta mają szczególny kontekst: kreują ciekawą rzeczywistość, która burzy porządek nudnawej codzienności. W Kopenhadze nikt nie celebruje świąt z taką gorliwością, bo w poniedziałek o drugiej nad ranem jest tam więcej rozrywek niż przez cały

---

* Ekonomiczna gra planszowa, popularna w całej Europie.

karnawał w Tórshavn. Rozrywki rozpraszają i tłumią potrzebę świętowania. Święta zaś wywołują poczucie wzajemnej bliskości. Integrują skrajne warstwy społeczne, łagodzą dystans między ludźmi. Weźmy lipcową Ólavsøkę. Moja matka – selektorka czarniaków w przetwórni ryb – obtańcowała premiera na Niels Finsens gøta i ściskała się z szefem banku. A twoja matka, Terji? Ważna pani księgowa w Faroe Seafood, a zdaje się, że właśnie podczas Ólavsøki poznała twojego ojca – śmieciarza, paradującego wówczas po deptaku w odświętnym stroju narodowym.

Czy wiecie, że ja podczas świąt, przeróżnych świąt, podejmowałem najtrafniejsze decyzje życiowe? To podczas Ólavsøki, pijany Jackiem Danielsem, zdecydowałem się dać szansę Guðrið, podczas następnej Ólavsøki, pijany ginem Gordon's, zerwałem z nią, a w zeszłym roku, właśnie w Dniu Wszystkich Świąt, czułem się tak samotny, że zdecydowałem się jeszcze raz zawalczyć o to uczucie. Wtedy też postanowiłem zdawać do szkoły morskiej. Tak, święta dają okazję do refleksji nad codziennością. Jak mawiał nasz nauczyciel – pamiętasz starego Pálla, Terji? – jak mawiał Páll, święto to czas spotęgowanej radości i szczęścia. A my, Farerowie, musimy świętować często, żeby nie zwariować od tej izolacji".

Saga przeżywana na nowo

Kompozytor Ólavur Hátun o tradycyjnym tańcu farerskim:
„Nieskomplikowany rytm, powtarzalność, monotonny krok – wbrew pozorom to wszystko może czynić taniec niewyobrażalnie podniecającym. Wspaniały farerski taniec prowadzi tancerzy do bogatszego świata fantazji, gdzie sagi wieków średnich są odkrywane i przeżywane na nowo".

Niedzielny spacer

Mężczyzna w pomarańczowym kombinezonie wyszedł z psem na niedzielny spacer po stołecznym osiedlu Gundadalur. Po szli na stadion narodowy, którego murawę porasta żywa trawa. Pies, zadbany border collie, przykucnął koło prawego słupka bramki, do której tydzień wcześniej strzelali gole słynni Nicolas Anelka i Thierry Henry. Przykucnął i wypróżnił się na rzadko.

Badziewiada

Z kilku śmietnisk najlepsze jest to koło budy z pizzą i shoarmą w osadzie Saltangará. Kawałek dalej można zobaczyć piękne jezioro, nowoczesny port i stadion wśród skał, ale nic nie robi takiego wrażenia, jak bajzel między ścianą baru i wysokim murem. Nic nie działa na wyobraźnię mocniej niż tych kilka skarbów, niezauważalnych dla ludzi, którzy pędzą obok samochodami do Runavík lub Søldarfjørður. Tuż przy śmietnisku parkują skutery, a w cieplejsze dni przysiada młodzież, zajadając się pitami z mielonym mięsem, burgerami i margheritą.

Ta upadła galeria pod knajpą w Saltangarze jest bezkonkurencyjna, bo różnorodna: opakowania po mleku kakaowym, tytoniu, chrupkach i papierosach, butelki po piwie, wódce i likierach. Puszka po napoju energetyzującym, zgnieciona piersiówka, podarte kupony loterii, zeszmacona czapka castrol, rozdeptany marker, papiery z tabelami i wykresami, a nawet karton po pizzy z Treviso i czeskie lentilki.

Saltangarski barłóg to jedno z miejsc, gdzie Wyspy Owcze dają sobie chwilę wytchnienia od ładu i schludnego wizerunku, gdzie kokietują gębą typowego łachmyty i odsłaniają strupy, zanim ktoś zepsuje zabawę i zechce je zdrapać albo przypudrować.

Gdyby dorzucić jeszcze styropianową głowę manekina z Tjørnuvík, spraną koszulkę Supermana z rowu w Miðvágur i zmurszałą rękawiczkę znalezioną pod centrum handlowym w Tórshavn. Gdyby dodać szczątki obrotowej petardy przyczepionej do płotu w Válur, pojemnik po patagońskich winogronach obok spożywczaka w Vestmannie i rozbebeszony automat z napojami leżący koło przetwórni w Fuglafjørður, wsadzić wszystko na zardzewiałą łychę starej koparki z Kalsoy i zawieźć na tereny dawnej stacji wielorybniczej w Loprze – powstałby śmietnik wzorcowy. Perełka badziewia. Rarytas godny osobnego akapitu w przewodnikach, dla turystów chętnych zobaczyć coś ponad wędrujące kamienie z Oyndarfjørður i dom wbity w drzewo na ulicy Undir Glaðsheyggi w Tórshavn. A jeśli obok tego rezerwatu ruiny stałaby kaszląca owca z Velbastaður i krowa, którą ogrzewali się mieszkańcy Kálvalíð – żadne inne miejsce na świecie nie byłoby piękniejsze.

„Żadne inne wyspy na świecie nie są piękniejsze" – oceniło ponad pół tysiąca ekspertów w ankiecie prestiżowego magazynu „National Geographic Traveler"*. Wśród stu jedenaściorga kandydatów Wyspy Owcze wyprzedziły między innymi Azory, Lofoty, Szetlandy i chilijską wyspę Chiloé.

Niedługo po ogłoszeniu wyników ankiety Portal.fo zamieścił cykl fotogalerii zatytułowany *Najwspanialsze wyspy świata*. Kilkadziesiąt zdjęć z matecznego archipelagu, bez słowa komentarza: zardzewiały kontener koło fiordu, na nim wrak samochodu z uszarpanymi drzwiami, przyportowe graciarnie, dzikie wysypiska na peryferiach osad i przy przetwórniach ryb, osmalone kable i palety, obity zlew, piramidy opon,

* Jonathan B. Tourtellot, *111 Islands: The World's Most Appealing Destinations Islands*, „National Geographic Traveler", listopad–grudzień 2007, wyd. amerykańskie.

porysowane zderzaki, amputowane ramię dźwigu, stara butla acetylenowa, resztki trapu. Asamblaże najlepszej próby, wylegujące się bezwstydnie przy drogach i budynkach.

Eksperci „National Geographic Travelera" maksymalną liczbę punktów przyznali Wyspom Owczym za unikatową architekturę, tożsamość i dumę narodową mieszkańców oraz nieskażone środowisko i dziewiczą przyrodę. „Śliczne, zachwycające, tajemnicze" – mnożono słowa uznania.

Odpowiedź farerskich fotografików była równie subiektywna.

Zupełnie jak u Márqueza: „Za prawdą kryła się inna prawda".

Galoty Andrzeja Stretowicza

– W Sandavágur nie ukryjesz nawet brudnych galotów, co dopiero słów albo czynów – konstatuje miłośniczka beztroskiego plotkowania, której przyjaciele nadali ksywę „Reuters". Piłkarz Andrzej Stretowicz mieszkał w Sandavágur marnych siedem dni, kiedy przekonał się, że nie ukryje galotów, słów ani czynów.

Zanim to nastąpiło, rozwiesił pranie w ogrodzie. Koszulki, getry, wełniany sweter i galoty trzepotały na wietrze jak flagi Grenlandii.

Wrócił do domu, gdzie przez następne pół godziny przeglądał maile i zbierał się do napisania kilku słów do przyjaciół w Polsce. Nie zauważył, jak zrywa się wiatr i porywa jego garderobę – getry, koszulki, sweter i galoty zostały rozsiane po całej osadzie. Sweter dotarł pod most, nieopodal budynku kommuny, jakieś trzysta metrów od posesji Andrzeja. Dwie koszulki powędrowały w stronę Miðvágur, kilka działek na zachód. Bezrękawnik – w drugą stronę, pod górę, która prowadzi do Leynar. Pojedyncze getry i skarpety widziano w przydomowych ogródkach nawet kilka przecznic dalej.

– Co jest?! – wrzasnął na cały głos Andrzej, kiedy to zobaczył, lecz wokół nie było nikogo. – Ja się pytam, c o j e s t?!

Następnego dnia zrozumiał, że nie ukryje słów, czynów, a nawet galotów.

– Wiem, że jesteś nowym futbolistą w naszej drużynie, wiem, że trener na ciebie liczy – przywitał się z Andrzejem starszy mieszkaniec Sandavágur. – Stawiam sto koron, że to twój podkoszulek. Wczoraj zawiało go na mój dach. Oddałbym wcześniej, ale zdrowie już nie to, sam na dach nie wejdę. Dziś odwiedził mnie syn.

Niebawem pod dom Andrzeja podjechała na koniu Durita.

– Wydaje mi się, że te getry i majtki należą do ciebie. Ty jesteś nowy i tylko twoich ubrań nie kojarzę.

Późnym wieczorem odzyskał ostatnią skarpetkę.

– Wracam samochodem z Tórshavn, patrzę, a na jezdni T-shirt i właśnie ta skarpetka – śmiał się Jovan, Serb, klubowy kolega Andrzeja. – Skojarzyłem ten T-shirt z tobą, widziałem cię w nim bodaj dwa dni temu w sklepie. A na marginesie: kiedy wpadłeś w furię, to krzyczałeś po polsku?

Ani słowa kłamstwa

Po powrocie z Wysp Owczych Andrzej i Karina pomalowali ściany w pokoju córek różową farbą z brokatem. – Przez prawie dwa lata pobytu nie kupiliśmy ani jednej pamiątki, więc te ściany, podpatrzone u Christiny z Sandavágur, to taki nasz nietypowy suwenir, cząstka wspomnień. Zwłaszcza, że różowych momentów było wiele.
Od lutego 2007 roku Andrzej zarabiał korony farerskie, grając w piłkarskiej drużynie FS Vágar (klub zmienił później nazwę na 07 Vestur). Karina urodziła w Tórshavn drugą córkę, Marię. Starsza, Lena, umie zaśpiewać po farersku piosenkę o wesołej kaczuszce, której nauczyła się od Beinty, Jákupa, Anny Julii i innych dzieci z przedszkola.

– Andrzeju, kluczowe pytanie: FK czy Bónus?
– Na początku poróżniliśmy się o to z Kariną. Obstawałem przy zakupach w Bónusie, wydawał mi się bardziej schludny, europejski, poza tym ma wesołe logo z prosiakiem. Ale przytrafiła się nam sympatyczna sytuacja w FK i przestałem być zatwardziały.
– Wygrałeś talon?
– Chcieliśmy kupić krewetki, był jakiś problem z kodem na opakowaniu i Maria, córka właściciela, poszła sprawdzić feler

na zaplecze. Okazało się, że za tydzień mija termin ważności, ale postanowili przedwcześnie wycofać produkt. „Jeśli macie życzenie, to weźcie te krewetki ze sobą", zaproponował szef sklepu i dodał, że w chłodni leżą jeszcze trzy paczki. Tak oto mieliśmy jedzenie na tydzień.

– Skoro o jedzeniu: wolisz gumowatego skerpikjøta czy przerośnięte frikadele?

– Skerpikjøt budzi mój podziw, ponieważ wisi tyle czasu w przybudówkach, które stawiają nawet koło szpitali, przez specjalnie poluzowane dechy dmie wiatr, mięso gnije, koniec końców smakuje co najmniej przykro, a i tak wszyscy daliby się za niego pokroić.

Z kolei frikadele, rybne mielone, są zjadliwe, choć nie tak smaczne jak owca z piekarnika, a już na pewno nie jak surowy łosoś, świeżo wyłowiony z oceanu, pocięty na plasterki i unurzany w sosie sojowym.

– Co z zieleniną?

– Przy sztormowej pogodzie można czekać na pomidory z Danii jak na Godota.

Przed meczem w Tvøroyri nocowaliśmy całą drużyną na statku i kolacja wyglądała cokolwiek osobliwie, bo dostaliśmy kanapki i na raz wszyscy Farerowie zaczęli wygrzebywać z nich sałatę i warzywa. W końcu stwierdzili, że wolą pizzę. Życzenie zostało oczywiście spełnione. A wiesz, co zaserwowano nam na śniadanie?

– Maskonura w brzoskwiniach?

– Smażonego kurczaka z frytkami.

– Masz żal?

– Raczej szczęście, że mogłem popatrzeć na lokalne zwyczaje. Myślę sobie, że często wręcz przesadzaliśmy z Kariną z tą ciekawością. Jeśli gdzieś nas zapraszano, gospodarze pokazywali farerskie specjały i mówili: „Tego nie musicie jeść, nie będzie wam smakować". Protestowaliśmy: „Nie chcemy hamburgerów ani hot-dogów, prosimy o tłuszcz wieloryba, ewentualnie ziemniaczka, dla równowagi. Albo szaszłyk z suszonej ryby i spiku. I, jeśli można, dokładkę nurzyka".

– Mówisz o ptaszysku?

– Tak. Raz zaproszono mnie na polowanie.

– Wpisałeś się na listę strzelców?

– Nie ustrzeliłem nawet pół pióra. Był listopad, wypłynęliśmy przed szóstą rano. Kolebało jak diabli, zimnica, kuter krótki na trzy metry i ja: w futrzanych rękawicach, czapce uszance, z ciężką starą strzelbą przy boku. Trzeba przyznać, że nurzyki to przebiegłe ptaki. Siadają na wodzie, po chwili nikną pod powierzchnią, by za moment wylecieć pięćdziesiąt metrów dalej.

Ostatecznie Atli i jego przyjaciel, bo byliśmy we trzech, trafili jakieś trzydzieści sztuk. Mnie pozostało obsługiwanie podłużnego czerpaka.

– Pamiętasz latającą ciężarówkę?

– Pytasz o sztorm w styczniu 2008 roku? Nawet widziałem gdzieś w sieci filmik. Stoi tir, kadr z okna domu, nagle potężny podmuch i ciężarówka upada. A potem najbardziej szokujący moment: kolejny podmuch i tir wraca do pionu.

Wiesz, teraz to brzmi jak anegdota, ale tamte kilkadziesiąt godzin było gehenną.

– Jechałem autostopem z kobietą, która opowiadała, że jej rodzinne Klaksvík wyglądało jak wymarłe. Cztery tysiące ludzi zaryglowanych w domach, przy ogarkach świec, bez prądu i ogrzewania, a za oknami – kataklizm.

– Atli zatelefonował, żebyśmy zakręcili wszystkie kaloryfery, przenieśli jak najwięcej ciepłych rzeczy do małego pokoju, starali się nie zbliżać do okna i pod żadnym pozorem nie wychodzili z domu. Niebawem się zaczęło: wichura, rwanie dachów, powyginane latarnie, nieustająca śnieżyca, grad. Poznikały nawet ptaki. Przeleżeliśmy w łóżku czterdzieści osiem godzin, z przerwami na wyprawy do toalety i po kanapki do kuchni. Piękny dom, wielki salon, komputer, telefony, a my jak jaskiniowcy.

– Wiatr zniszczył wtedy największą skrzynkę pocztową na świecie, tę ze Skopun, gabarytów piętrowej altany.

– Podobno nikt jednak nie zginął. Farerowie zachowują się w takich sytuacjach bardzo odpowiedzialnie. W trakcie najmocniejszej nawałnicy ulice rzeczywiście były puste, nie kursowała komunikacja, nikt nie poszedł do szkoły i pracy. Kiedy w domu kołyszą się ściany, nie przyjdzie ci do głowy zgrywać bohatera.

Po wszystkim pojawił się Atli z kilofem, odgarnął śnieg, rozłupał lód i mogliśmy wreszcie otworzyć zablokowane drzwi.

À propos otwartych drzwi: byliśmy na uroczystym obiedzie u farerskiej rodziny z Sandavágur i ktoś podjął temat, że w święto narodowe, 29 lipca, praktycznie wszyscy mieszkańcy archipelagu spotykają się w Tórshavn. Palnąłem okrutnie: „Czy wyjeżdżacie, tradycyjnie nie zamykając domów? To nareszcie będzie okazja trochę poszabrować". Gospodarz z gospodynią spojrzeli po sobie, dyskusja momentalnie padła. Mój tok rozumowania był dla nich niepojęty.

– Pożyczam sobie tę obserwację obyczajową do mojej kolekcji.

– Jakiej kolekcji?

– Twierdzeń o społeczeństwie farerskim. Chałupnicza robota. Dla przykładu: zauważyłem, że Farerowie bardzo często nie gaszą silników w samochodach, kiedy podjeżdżają pod sklep zrobić zakupy. Albo że nie podają sobie ręki na przywitanie. Albo najbardziej charakterystyczne: potrafią zajmować się w jednym momencie rzeczami z różnych biegunów. W naszej przetwórni pracowała dziewczyna, która była także przedszkolanką i stewardesą.

– O, widzisz, znajoma Kariny zarabiała jako fryzjerka, nauczycielka i sprzedawca ubezpieczeń. A wicedyrektor mojego klubu miał też etaty strażaka i marynarza.

– To kolejna silna teza: nie ma na Owcach zawodów, których wykonywanie byłoby wstydliwe lub nieprestiżowe. Owszem, nie każdy chce być budowlańcem czy śmieciarzem, ale kiedy pytałem ludzi o najbardziej niewdzięczne zajęcie, to odpowiadali, że każdą pracę, która jest pożyteczna, należy szanować.

– Tak jest, dlatego właściciel naszego zespołu, biznesmen i światowiec, nauczył mnie sadzić ziemniaki, sterować kutrem i łowić ryby na goły hak.

Dorzucę ci jeszcze jedną obserwację: w szpitalach bardzo dba się o ciężarne panie. Karina była zachwycona. Pielęgniarki masowały jej plecy, piekły gofry. Wyobraź sobie, że salowa, która nie miała akurat dyżuru, potrafiła zadzwonić do Kariny na komórkę i zapytać o samopoczucie. Do tego domowe porcje jedzenia, przekąski, sterylny porządek, cisza i spokój. W państwowym szpitalu w Tórshavn.

– Czy znasz ten zwyczaj, że na cześć młodej pary faceci z osady biorą strzelby, idą na nabrzeże i strzelają w chmury?

– A później celebrują przy muzyce. W każdym domu, przy byle okazji, dostawaliśmy śpiewnik, ktoś brał gitarę i zaczynał się recital. Mówię pewnego razu między jedną a drugą pieśnią do sąsiada przy stole: „Świetnie, że wielu z was gra i śpiewa". A on na to, zmęczony: „Według mnie: zbyt wielu".

– W czym Wyspy Owcze są wyjątkowe, oprócz tego, że w codziennej gazecie można znaleźć adresy zamieszkania polityków, a na rozkładówce fotoreportaż o dzieciach bawiących się na śniegu?

– Jest mnóstwo takich rzeczy. Obowiązkowe ubezpieczenie od kolizji drogowej z owcą. Drugoligowa drużyna piłkarska lecąca na mecz helikopterem. Kwiaciarnia i poczta otwarte godzinę dziennie. Taksówkarz, który jedzie czterdzieści kilometrów na godzinę, mówisz mu, że zależy ci na czasie, a on przyspiesza do czterdziestu pięciu. Czteroletnie smyki zanurzone po pas w oceanie w marcu. Wymieniać dalej?

— Nie sądzisz, że wybieramy trochę tendencyjnie największe jaskrawości?

— A czy cokolwiek, o czym mówiliśmy, jest nieprawdą?

Nogi do góry

Dochodziła pierwsza w nocy. Długowłosy zbieracz butelek robił piąte okrążenie obok dwóch największych dyskotek w Tórshavn. Nikt nie zwracał na niego uwagi, choć na skwerze przed Reksem i Eclipse kłębił się spory tłum. Skulony mężczyzna pomknął w górę ulicy Tinghúsvegur, pobrzękując reklamówką z pustymi flakonami. Podeszło do mnie dwóch młodych chłopaków. Wyglądali na dwadzieścia kilka lat, więc mieli pewnie nie więcej niż osiemnaście.

– Sprzedajesz jointy? – odezwał się niższy.
– Słucham?
– Pytam, czy sprzedajesz marihuanę, haszysz?
– Nic nie sprzedaję – kiwnąłem przyjaźnie. – Tkwię jak manekin i obserwuję nocne życie Farerów, to moja jedyna rola.

Niski się zmieszał i nic więcej nie powiedział. Rozmowę zakończył jego kompan.

– Serdeczna rada: zdejmij ten wielki kaptur i wyjmij ręce z kieszeni, jeśli nie chcesz, by znów ktoś wziął cię za dilera.

Wyparowali szybciej niż Pan Butelka, który za kilka minut domknął szóste okrążenie wokół roześmianego centrum.

Za gmachem dyskotek kochała się para. Siąpił deszcz, leżeli w niewygodnej pozycji na schodach domu, nogi wystawały im na chodnik. Dziewczyna miała białe spodnie. Zauważyłem ich znienacka, niczym topielców na mieliźnie. Nie zwrócili na mnie uwagi, skręciłem w wąską Pløyens gøta. To było pierwsze i ostatnie takie przedstawienie.

W sobotnie noce farerska młodzież bawi się w obrębie siedmiu przecznic Tórshavn. Poza ludźmi z Suðuroy, którym nie opłaca się płynąć ponad dwie godziny promem, bo organizują swoje przyjęcia, i poza osobami z małych, odizolowanych wysp, większość ląduje tutaj. Na Wyspach Owczych nie ma armii, działa za to pospolite ruszenie weekendowych hulaków.

– Umówmy się kwadrans po pierwszej, wcześniej nie ma sensu zaczynać – proponuje dwudziestojednoletni Jón. Zanim wybierzemy się grupą na obchód po klubach, zaliczy jeszcze dwie prywatki.

Jest dziewiętnasta. Zjadam genialny obiad w Hvonn i idę spać.

– Błagam, nie pytaj, czy dużo pijemy, balujemy, rzygamy na trawniki i tłuczemy się po gębach – znów Jón. Poprawia wełniany szal, schodzimy do dolnego baru w Cleopatrze. Tłum.
– Pytam, bo zauważyłem, że nakładam Farerom aureolę.
– Co masz na myśli?
– Słyszałem, że w Tórshavn praktycznie co tydzień pod klubami ktoś kogoś leje, czasem dźgnie nożem. Nigdy się z tym nie spotkałem, nie wierzę w to. Zamiast noży są gitary, zamiast obelg – śpiew i przekomarzanki. Nie wierzę, że znajdzie się choć jeden Farer, który potrafiłby skakać komuś po głowie. Pewna terapeutka z Sandavágur powiedziała mi cenną rzecz: „Jesteśmy narodem antyagresywnym, bo jest nas mało i musimy się wspierać, by przetrwać. Każda osoba jest na wagę złota".

Często w sobotę wysypiam się za dnia, później chodzę w nocy po centrum miasta, patrzę niedyskretnie na całe zamieszanie i najgorszą drakę, jaką widziałem, wywołał gość, który położył się na środku Steinatún, jadł kluski i tamował ruch.

– To dźganie nożem jest niestety faktem. Niektórym odbija po narkotykach, zdarza się to coraz częściej. Twoje podejście jest idealistyczne – ocenił Jón.

Według statystyk farerskiej policji sprzed kilku lat co najmniej siedmiuset mieszkańców Tórshavn miało styczność z marihuaną. Siedemset osób w trzynastotysięcznym mieście, nie licząc ościennych Hoyvík i Argir.

Stajemy pod lokalem, w miejscu, skąd doskonale widać rzeźbę czworga nagich dzieci trzymających się za ręce. Słychać kumpelskie nawoływania i salwy śmiechu. Karnawał w granicach siedmiu przecznic trwa: pani zauważa pana, okrzyk radości i uwieszają się sobie beztrosko na szyjach. Miło cię widzieć, ciebie jeszcze bardziej, jak się masz, fantastycznie. Spotkali się rano na zakupach w centrum handlowym, ale to była inna rzeczywistość.

Tych kilka ulic z knajpami, tancbudami i restauracjami – to państwo w państwie. Wystarczy pójść kawałek na wschód i wspiąć się na skwer u zbiegu Effersøes gøta i Jónas Broncksgøta, by usłyszeć, jak gaśnie cały zgiełk. Przestaje pachnieć frytkami, wietrzeje rozlany porter, tylko w głowie huczy jeszcze gorączkowy stuk obcasów.

Zbliżamy się do Café Natúr, popularnej knajpy przy wschodnim porcie. Jón kontynuuje, poprawiając workowatą czapkę.

– Dziś piję wodę z cytryną, ale trzy tygodnie temu spotkałbyś mnie w stanie agonalnym, wiszącego przez okno samochodu i odwożonego w niesławie do domu. Jestem pijakiem abstynentem, większość z nas jest. Pewnym możesz być tylko, że za duże Föroya Bjór skasują cię na sześćdziesiąt pięć koron.

Półlitrowy kubek piwa za pięćdziesiąt minut pracy przy patroszeniu ryb.

— Chodźmy potańczyć, mam dosyć siedzenia — blondwłosa Durita oprócz dyskotek lubi weekendami posnuć się z przyjaciółmi autem po archipelagu.

Przenosimy się gdzie indziej. Po chodnikach przelewają się postacie w wełnianych czapach do obcasa i modnych pulowerach do białych trampek. Konstelacje błyszczące brokatem, krwistoczerwonym lakierem do paznokci i poświatą telefonów komórkowych. Kilka dziewczyn na szpilkach, jakby chodziły w łyżwach po piachu. Na skwerku przed kinem i klubami chłopak z przedziałkiem frunie nieważkim kolanem w przestworza, po czym upada na chodnik.

„W Eclipse jest młodzieżowo, w Reksie bawią się starsi" — przypominam sobie opinię, którą usłyszałem od nauczycielki, piłkarza, pielęgniarki, ludzi z przetwórni i czternastolatki, która chciałaby pracować jako mechanik samochodowy.

Teza o bywalcach Eclipse i Reksa to jeden z obiegowych sądów. Inne mówią, że Vestmanna jest stolicą muzyki country, gospodynie z Sandavágur nie ustają w pieczeniu ciast i szyciu firan, ludzie z Sandoy mają porywcze charaktery, mieszkańcy Suðuroy klną na czym świat stoi, a ci z okolic Runavík są wyjątkowo pobożni.

Do farerskiej dyskoteki zajrzałem raz w życiu. Ochroniarz w Reksie podstemplował mi nadgarstek, z głośników dudnił jakiś zagraniczny hit, na kanapach ze skaju przekrzykiwali się ludzie i od razu poczułem się zmęczony, tak mocno, jak tylko można zmęczyć się klimatem tego typu miejsc. Wyszedłem, usiadłem na murku, tuż obok jakiś chłopak grał na udzie koleżanki jak na kontrabasie.

— W sensie: obściskiwali się? — pytają Jón i Durita, którym opowiadam tę historię, zanim rozstaniemy się pod klubem.

– Tak.
– Nie wiemy, co planujesz, ale drink i kilka komplementów dla nieznajomej mogą zdziałać tu cuda.

W entuzjazmie weekendowych nocy w centrum Tórshavn jest coś dzikiego. W klubie Fabryka Margaryny trwa koncert dla młodzieży. Na krawężniku przy Hotelu Hafnia śpi skulona dziewczyna. Pod Rio Bravo pokrzykiwania garniturowców. Dwóch chłopaków podchodzi do pomnika Nólsoyara Pálla na Vágsbotnur i wciska mu w rękę butelkę po lemoniadzie. W ciasnotach Manhattanu motywy gitarowe. Koło parlamentu jazgoczą skutery, ktoś macha na taksówkę. Jinx – pewnie na czas zimy – z przytulnej kafejki zamienił się w galerię futer. Gdzieniegdzie na trotuarze dywan z pudełek po pizzy i plastikowych kufli. *„Hugs not drugs"* – napis na kartonie.

Co kilkaset metrów na winklach ulic wyrastają efemeryczne posągi o szeroko rozstawionych, chybotliwych nogach – z przodu ruchomej instalacji sączą się łańcuszki słonecznej cieczy, niektóre rzeźby zastygają bezwiednie na środku deptaka. Przy złożonych stołach pod Glitnir drzemie brodaty facet w skafandrze. Trzysta metrów dalej inny runął na drewnianą ławę. Znów nogi w górze – gdyby miał w trampkach dłuższe sznurówki, opadłyby mu na czoło jak spaghetti.

Przed szóstą wykruszają się najbardziej wytrwali.

W tygodniu spod knajp i dyskotek ulatnia się cały tumult: koło północy można zajść na główny skwer, stać kwadrans rozebranym do rosołu i absolutnie nikt się o tym nie dowie.

Pomoc koleżeńska

Za trzy minuty wybije północ. Zakładowa syrena uniwersalnym językiem (dźwiękiem przypominającym klakson ciężarówki albo alarm wieszczący koniec meczu ligi NBA) oznajmi wszystkim: „Dzień się kończy. Wracajcie do domów".
Taśmy zwalniają, maszyny furkoczą coraz leniwiej, nasze myśli krążą wokół relaksującej kąpieli, nieprzeczytanej poczty w komputerze i kromki chleba z serem polanym remoladą.
Uwalniam się mentalnie od gumiaków i rybiego odoru, kiedy tuż przed ostatnim gongiem wtarabania się do mojego boksu tabun czarniaków. Dziesięć tłustych sztuk. „*Helviti!*" – klnę w myślach. Rzucam nieprzejednane, zmuszające do konfrontacji spojrzenie w kierunku piramidy wyjątkowo cuchnących ryb. „Dlaczego wtargnęliście właśnie do mnie?! Przecież Kathrina, Gunn, Ike i Tóra ziewają z nudów! Dlaczego wszystkie ryby trafiły do mnie?!" – wysyłam swą pretensję w kosmos.
Kathrina, Gunn, Ike i Tóra podchodzą kolejno do mojego stanowiska i zabierają po dwie sztuki czarniaków każde.

– Przecież mogliście już pójść do domu? Nic by się nie stało, gdybyście zostawili mnie samego z tym skrobaniem – zwracam się później do Kathriny. Ta patrzy na mnie jak na dziwoląga i rzuca krótko: – Pracą staramy się dzielić po równo.

Zglobalizowany

– Pokaż, co masz w empetrzyplejerze, a powiem ci, kim jesteś – szturcha mnie łokciem Anthony. Powędrował na Wyspy Owcze za sympatią, Farerką. Poznał ją w pracy w londyńskim Starbucksie. Z tej sympatii, a może już miłości, od dwóch tygodni maca martwe ryby w przetwórni w Vestmannie. Nie zabawi tu jednak długo. Za miesiąc lecą z dziewczyną do Australii. Będą studiować socjologię, a wieczorami doskonalić się w surfingu.

Anthony, jak wielu jego kolegów z Francji, zdążył zjechać pół świata. Był w Argentynie i na Kubie. W Sudanie, Grecji, we Włoszech i Grodzisku Wielkopolskim. Tak jak wielu kolegów, na Facebooku kliknął w „być", zamiast „mieć". Jest fanem drużyny piłkarskiej z Bordeaux i jeździ za nią, kiedy tylko ma czas.

– Akurat miałem czas, kiedy grali w Grodzisku Wielkopolskim – tłumaczy Francuz, dla którego niespełna czternastotysięczne miasto pod Poznaniem jest wiarygodnym, w miarę kompletnym i przede wszystkim zaspokajającym ciekawość obrazkiem Polski. – Byłeś w Grodzisku? Mówię ci, najtańsze miasto na świecie. Jak kelner pokazał mi rachunek za piwo i pizzę, wielką jak opona tira, to spytałem, czy się przypadkiem nie pomylił – trzeszczy z francuską naleciałością Anthony. –

No więc, co tu masz w tym empetrzyplejerze? – powtarza pytanie, pieczętując je kolejnym szturchnięciem. Przystawiamy do siebie wyświetlacze naszych nośników i porównujemy.

Będą trzy lata, jak pod „A" zameldowali się u mnie Amadou & Mariam. On dał szansę Alanis Morisette, ale już pod „B" pokrywają nam się Blur, Bob Dylan i Björk. Pod „C" – Coco-Rosie i Cinematic Orchestra, pod „D" on nie ma nic, a ja Dautenis. Podekscytowani, że odkrywamy w sobie pokrewne dusze, szukamy dalej dowodów na potwierdzenie tego odkrycia. Znajdujemy je jeszcze w Faithless, Mano Negra, Manu Chao, Mogwai, Morcheebie, St. Germain, Tori Amos i Yo La Tengo (Anthony'ego cieszy moja znajomość Yo La Tengo).

On – z talentem Gorgiasza i przekonaniem zielonoświątkowca – wciska mi jeszcze Daft Punk i dwie paryskie formacje hip-hopowe. Ja rewanżuję się Strachami na Lachy, rodziną Trebuni-Tutków i Kapelą ze Wsi Warszawa. Wspomniałem też o islandzkiej grupie Sigur Rós.

– Człowieku, okazuje się, że na dwadzieścia siedem płyt, które zgrałem, powtarza nam się aż trzynaście – wyraża zdumienie Anthony, a ja, bardziej niż przy kasie w tureckim Burger Kingu, poczułem się zglobalizowany.

– No więc kim jestem? – pytam w końcu.
– Co?
– Powiedziałeś, że po zaznajomieniu się z zawartością mojego empetrzyplejera jesteś w stanie powiedzieć, kim jestem.
– Jak każdy Polak, jesteś złodziejem.

Pozdrowienia z tunelu

Wyspa Kalsoy nazywana jest potocznie Fujarką, ponieważ ma podłużny, wąski kształt, a prowadząca wzdłuż niej asfaltowa droga to niknie w tunelach, to znów wyłania się pośród ogromnych gór i pustelni. Gdyby nie fakt, że tunele i szosę wybudowano tu w latach osiemdziesiątych dwudziestego wieku, można by spreparować legendę o muzykalnym potworze, który wychodził z morskiej kipieli w okolicach Trøllanes, przykładał wielkie usta do skalnego przekopu i dmuchał co sił w tę niezwykłą komorę rezonacyjną, a dźwięki frunęły przez kolejne wyłomy i – uplecione w dziwaczną melodię – roznosiły się po całym archipelagu.

Najciekawszym etapem samotnego marszu przez Fujarkę jest tunel nieopodal Húsar, jakieś tysiąc kroków za drewnianą huśtawą podobną do szubienicy. Ot, niby zwyczajna gardziel, długa na ponad kilometr, tyle że zwieńczona zakrętem zasłaniającym metę. We wnętrzu nie ma żadnego oświetlenia, więc pozbawiony latarki wędrowiec w pewnym momencie przestaje widzieć cokolwiek i musi radzić sobie po omacku. Jeśli po piętnastu minutach spaceru odwróci się, zobaczy wejście – bladą plamkę wielkości główki szpilki. Ze środka wygląda to tak, jakby potwór z Trøllanes chwalił się z daleka mleczakiem.

Idąc z Húsar, zastanawiam się, jakie sporty ekstremalne oferują Wyspy Owcze.

Zjazd na linie z dwustumetrowego klifu na Sandoy, połączony z łapaniem w siatkę maskonurów.

Wyprawa szkunerem na niezamieszkałą Lítla Dímun i żmudna wspinaczka po pionowej ścianie wyspy (w sąsiedniej Hvalbie stoi pomnik ku pamięci ludzi, którzy spadli z Lítla Dímun do oceanu).

Rejs kutrem na Mykines przy psującej się pogodzie (na stronie internetowej byłej pani wójt gminy Mykines są fotografie fal rozbryzgujących się o przyportowe skały na wysokość dwudziestodwupiętrowego wieżowca).

Surfing w zatoce Tjørnuvík (pomysł kilku zagranicznych zapaleńców).

Można też zorganizować wycieczkę rowerową górskimi wertepami z Sumby do opuszczonej osady Víkarbyrgi albo przenocować w namiocie rozbitym na skraju wietrznego przylądka Akraberg. Ewentualnie wziąć udział w tradycyjnym sierpniowym wyścigu pływackim z Nólsoy do Tórshavn. Kilka kilometrów wpław przez lodowaty ocean.

Po tej wyliczance znikam w tunelu i gdzieś w połowie drogi nabieram przekonania, że moja lista była niepełna.

Wyświetlacz telefonu jest w okolicznościach húsarskiego tunelu równie praktyczny, co sygnalizowanie SOS dogasającą zapałką. Zresztą pomaganie sobie światłem popsułoby całą zabawę. Po jakichś ośmiuset metrach mrok staje się jednak tak uporczywy, że zaczynam instynktownie truchtać. Aparat uderza o żebro, pasek plecaka zsuwa się z ramienia. Najchętniej pognałbym ze wszystkich sił, ale boję się, że wyrżnę o kamienny mur albo potknę się o słupek drogowy i runę jak długi na wilgotne kamienie. Z przyspieszonym oddechem, stróżką potu na skroni i rękoma wyciągniętymi jak u lunatyka jestem karykaturą herosów survivalu, żałosnym mieszczuchem, który przeliczył się z odwagą i spadającą ze ściany kroplę gotów wziąć za insekta-mordercę albo łzę chupacabry. Żałosny głupiec. Jeden niespodziewany odgłos, błysk, szept, cokolwiek – i wiem, że nie wytrzymam, nie dam rady, może za trzy godziny nadjedzie któryś z trzynastu samochodów na wyspie i znajdą mnie w smudze halogenu, zdziwią się dzikim grymasem jak z Artauda, skomentują: „Po co się pchał pieszo?", wsadzą na pakę i taki będzie marny finał.

Strach – jak niewiele trzeba: między dziewięćsetnym a tysiąc sto pięćdziesiątym metrem jamy za Húsar w głowie podskakującego samotnika nie wykluwa się ani jedna racjonalna myśl.
Kawałek dalej, widząc wyłaniającą się zza zakrętu plamę światła, podskakujący strachliwiec zamienia się w najszczęśliwszego pędziwiatra świata.
I jest tak: koniec tunelu, rozległa dolina, górzyska, droga zawijająca jak ucho dzbana, poniżej ocean, a pośrodku przepastnej łąki – stado owiec. Gdy nadchodzę, zmykają gdzie popadnie. Potem formują szpaler i dreptają pięć kroków za mną. Zatrzymają się dopiero w miejscu, gdzie wąska szosa schowa się do następnego tunelu. Ze środka będzie to wyglądać tak, jakby na mleczaku potwora z Trøllanes pojawiły się kuliste robale.

Prawie sześć z siedemnastu kilometrów jedynej drogi na Kalsoy prowadzi pod ziemią. W czterech tutejszych osadach mieszka w sumie sto dziewiętnaście osób.
Wśród nich trzydziestokilkuletni facet z Mikladalur, który zgarnął mnie z ulicy na urodziny swojej kuzynki.
– Szedłeś tunelami pieszo? Wobec tego musisz posilić się ciastem i rúllupylsą – przekonywał, nakładając na talerz grube pajdy chleba, plastry tłustej owczej rolady i sernik z malinami. Ciasto smakowało pierwszorzędnie.

Dom, w którym świętowali, był dwupiętrowy, największy w całej osadzie. Przysiedliśmy w rodzaju świetlicy, połączonej z częścią mieszkalną i gankiem. Do sali co chwila wbiegały dzieci, zabierały ze stołu cukierki i wracały na podwórko. Najstarsi rozmawiali przy stolikach. Część osób przeniosła się do kuchni. Przyjęcie trwało w najlepsze.

– A więc jesteś z Polski? Pracowałem trochę na morzu, zwiedziliśmy kilka polskich miast. Gydynia, Steczin, Kolobrek.

Zaintrygowało mnie biskwitowe popiersie stojące w kącie świetlicy. Brodaty mężczyzna o skupionym spojrzeniu, według napisu na tabliczce Absalon Guttormsen, urodzony w roku 1830, zmarły w 1902.

– Kim był Absalon?

– To patron naszego stowarzyszenia abstynentów. Nauczyciel i polityk. W 1883 roku stworzył w Mikladalur ruch przeciwko alkoholizmowi. W grudniu minęło to dwadzieścia pięć lat, odkąd cała osada żyje w trzeźwości.

Kusiło mnie, by zadać jeszcze kilka pytań, ale zostawiłem je na kiedy indziej. Nie zapytałem też o Hansa Hansena, Fridtjofa Joensena i Hansa Jákupa Glerfossa – trzech artystów, którzy swoimi obrazami i rzeźbami rozsławili Mikladalur na całym archipelagu. Później przeczytałem gdzieś, że miejscowość jest również kolebką farerskiego szkutnictwa i kowalstwa.

Do zachodu słońca pozostawała godzina, a czekał mnie jeszcze ponadtrzykilometrowy spacer do Trøllanes. 2248 metrów przez tunel.

Ktokolwiek czyta te słowa i zarazem planuje pieszą wycieczkę po Kalsoy, być może powinien wiedzieć, że w połowie jamy do Trøllanes na śmiałków łypie błyszczące oko Polifema. Miejscowi nazywają je Teymur í Djúpadal.

Zszedłem asfaltową serpentyną do ostatniej osady. Przypomniał mi się opis wsi Múli w brytyjskim przewodniku Jamesa Proctora: „Można wynająć tu chatkę. Tę czerwoną". W Trøllanes są trzy brązowe, szara, cztery czerwone i dwie białe. Poza tym kilka szop, mały kiosk, spichlerz, huśtawka ze sznurka, a w niektórych oknach kwietniki w kształcie łodzi.

Przed wiekami ludzie z Trøllanes raz do roku opuszczali swoje domy i szli górską ścieżką do Mikladalur. Robili to ze strachu przed złośliwymi trollami, które – według legendy – w dwunastą noc po Bożym Narodzeniu panoszyły się po osadzie.

Pewnego razu w feralną datę została na miejscu najstarsza kobieta. Ponieważ nie miała sił, by wędrować niebezpiecznym szlakiem z innymi mieszkańcami, schowała się pod łóżko. Kiedy trolle wpadły do jej pokoju, kobiecina miała wrzasnąć ze strachu: „Jezu, miej nade mną litość!". Trolle, usłyszawszy imię Chrystusa, uciekły w popłochu do oceanu. Od tamtego czasu nikt ich w Trøllanes nie widział.

Z istot żywych spotykam w osadzie jedynie dziewczynkę odbijającą balonik w drzwiach czerwonego domu przy skrzyżowaniu. Z szopy słychać uderzenia młotka, w niektórych oknach pali się światło. Nadjeżdża bus numer pięćset sześć, który zawiezie mnie do Syðradalur na prom.

Pieszy powrót tunelami Kalsoy po zmroku – to zbyt wiele.

Pocztówka ze stolicy

Dzień dziwacznych zdarzeń rozpoczął się od zapachu podkładów kolejowych w wąskiej uliczce dzielnicy Tinganes. Zawiewało wyraźnie, zupełnie, jakby zza gęsto poupychanych domów miała przetoczyć się lada moment lokomotywa spalinowa, a za nią wagony pasażerskie, salonki, brankardy i cała reszta. Brakowało tylko szyn, dyżurnego ruchu i zapowiedzi z megafonu: „Pociąg ze stacji Tórshavn Port do Sørvágur lotnisko przez Runavík, Kollafjørður odjedzie z toru pierwszego przy peronie drugim". Albo: „Pociąg z Klaksvík wjedzie na tor przy peronie trzecim. Pociąg kończy bieg".

Myślę, że gdyby dane mi było usłyszeć w tym akurat miejscu stukot kół wagonów i frazę o skończonym biegu pociągu, wszystko inne przestałoby się liczyć. Jeden jedyny fragment farerskich torów wystawał z kopalenki węgla kamiennego na Suðuroy, gdzie wagony można rozpędzić siłą własnych rąk. (Nie liczę obrazu Mariusa Olsena *Okna pociągu*, reklamy Føroya Banki nakręconej w nowojorskim metrze i okładki albumu *Debess Blues Station*).

Sporo czasu zajęło mi zlokalizowanie źródła kolejowego zapachu na Tinganes. Najintensywniej wionęło przy żużlowej ścieżynce, na wysokości samotnego krzaka, w cieniu domu z białymi okiennicami i trawiastym dachem. Ulica nazywała się Bakkahella. Informowała o tym tabliczka na kamienicy w kształcie żelazka. Chodnik i trawniki rosił poranny deszcz. Pomyślałem, że nostalgia pachnie spróchniałymi belami i smołą. Zapuszczoną bocznicą przy stoczni.

Na skrzyżowaniu między restauracją Hvonn i redakcją „Sosialurin" dwoje ośmiolatków kierowało ruchem. Ustawili się po obu stronach jezdni i równocześnie opuszczali cienkie patyki przed każdym nadjeżdżającym samochodem. Kierowcy i tak byli zmuszeni zwalniać, żeby sprawdzić, czy lewa, prawa wolna, ale wydawało się, że hamują specjalnie dla dziewczynki i chłopca. Gdy auta wytracały prędkość, patyki szły zgodnie do góry.

Literaturę ścian najgodniej reprezentują w Tórshavn bazgroły „Stephen Hawking" i napis na rogu Kongagøta i Tungugøta: „Heri jest gejem. Podpisano: Niklas". Hawkingów jest kilku, podobno to sprawka mężczyzny chorego na schizofrenię. Poza tym niewiele: „Czemu porządne dziewczyny lubią łajdaków?", kompletnie nieudane tagi grafficiarzy, nieśmiałe „fuck the police" na małej blaszanej skrzyni przy wejściu do klubu młodzieżowego Fabryka Margaryny, coś o piekle, o „LSD trip" i magicznych grzybkach, sprejowe woły zagranicznych kibiców, trochę o narządach rodnych i odezwa do złodziejki.

Twórczość całego miasta zmieściłaby się bez problemu na jednej większej ścianie. Wyrażanie się na murach obchodzi tutejszych tyle, co odjazdy pociągów.

Przeciąłem niby-rynek Steinatún. Koło budy z jedzeniem, oblepionej plakatami i ogłoszeniami, przemknęło terenowe auto z rejestracją OBELIX. Na przystanku ziewał facet. Któregoś wieczoru szedłem tędy do Niels Winthers gøta i od strony parku wyleciało na mnie z dzikim krzykiem pięciu chłopaków. Mieli zacięte twarze. Zbliżali się jak grzywa fali. Gonili piłkę spadającą w kierunku cypla. Pewnie gdzieś tam kończyło się ich wymyślone boisko.

Niedaleko punktu widokowego przy Hoyvíksvegur spotkałem trzydziestoparoletniego brodacza z przetwórni. Duńczyk z Islandii, blady jak upiór, kurzył peta za petem i zmierzał w kierunku Domu Nordyckiego na odczyt o symbolice mitów. Widocznie niezbyt mu się spieszyło, bo zaczął perorować o paleniu na stosie, transcendencji i mistycyzmie. Przewracał oczami i w kluczowych momentach zniżał głos. Zapytał, czy słyszałem o zeszłorocznym Dniu Świętego Olafa, kiedy tysiące ludzi utworzyło ogromny łańcuch wokół Tórshavn, tańcząc farerskiego korowodowca. Historia brzmiała mało prawdopodobnie. Na koniec wyjawił: – Tutejsze góry kojarzą mi się z cycami.

Przy jeziorku we wschodniej części miasta babcia z wnuczkiem karmili edredony. Na stadionie Gundadalur trwał piłkarski turniej szkół w składach mieszanych. Kawałek dalej bosa dziewczynka skakała na trampolinie w przydomowym ogrodzie.

Wróciłem w okolice portu. W Tórshavn zawsze gdzieś się wraca, krąży – to miasto jest gigantyczną karuzelą działającą na zwolnionych obrotach, brakuje tylko plastikowych koników, łabędzi i smoków, by można było usiąść i z mniejszym lub większym zachwytem robić kolejne kółka.

W szybie komisu płytowego majaczyły portowy deptak i jachty. Sprzedawca gapił się w ekran komputera. Na końcu wąskiego korytarza stała półka z muzyką farerską. Składanka legendarnej grupy Frændur, pierwszy minialbum Clickhaze, eksperymentalny projekt Brøytingar i setka innych płyt oczekiwały na rycerza na białym koniu.

Największy diament leżał wciśnięty w kąt przy oknie, obok gier na konsole i amerykańskich komedii czwartej kategorii. Prehistoryczna kaseta VHS. Zgodziliśmy się ze sprzedawcą, że ktoś postąpił nierozsądnie, oddając taki skarb. Zdjęcie na pożółkłym pudełku przedstawiało wyścig łodzi: wiosła bijące pianę o taflę wody, ośmioosobowe zespoły, wrzeszczących sterników, w tle sędziowskie motorówki, statki, marinę i zamglone miasteczko (chyba Klaksvík). Typowy obrazek z archipelagu. Zawody wioślarskie. Punkt kulminacyjny letnich festiwali, element narodowej tożsamości i frajdy. Tytuł filmu: *Farerski Związek Sportowy przedstawia: aktywności sportowe na Wyspach Owczych*. Na tylnej okładce widniała wzmianka, że w czterdziestosześciotysięcznym – wtedy – kraju o kulturę fizyczną dba każdego dnia ponad dziesięć tysięcy osób.

Kaseta kosztowała dwadzieścia pięć koron. Tyle, co paczka ciastek.

Po powrocie do Polski włączyłem zakurzony magnetowid i puściłem taśmę. Sportowcy wyparowali. Ktoś skasował film i barbarzyńsko zamazał go teledyskami Michaela Jacksona.

Hotel Agnieszka. Telenowela rodzinna

– Mówił mi kiedyś tato, że pod koniec świata ludzie wymyślą maszyny, które będą za nich wszystko robiły, a i tak ludzie nie będą mieli czasu na odpoczynek. Krochmaliłam pranie i dumałam: Jak to? Maszyna wypierze ubrania, wymyje talerze, a ja nie będę miała wolnego czasu? – napomknęła Agnieszka Johannesen (lat 47) podczas rozgniatania ciastek.

Odcinek 1. Witaj, Agnieszko

GŁOS Z OFFU
Na świecie jest dziewięćdziesiąt polskich ambasad, dwieście konsulatów i jedenaście wydziałów konsularnych. Jest jeszcze jeden, znany tylko garstce szczęśliwców – na Gundadalur w Tórshavn. Wydział, o którym nie słyszał nikt w polskim Ministerstwie Spraw Zagranicznych, a którego konsulowie brak znajomości protokołu dyplomatycznego rekompensują kruszonką w brzoskwiniach i bitej śmietanie.

BIRGIR
Agnieszko, przyprowadziłem ci gości z Polski! Marcina i Maćka. Zgarnąłem ich z parku.

(Oznajmia w drzwiach Birgir Johannesen. Jeszcze przed chwilą trzymał nas w objęciu, jak myśliwy, który z dumą prezentuje swoją zdobycz. Teraz zdejmuje skórzaną kurtkę, zakłada laczki, wyciera nos i bez cienia skrępowania mówi).

BIRGIR
Idę się zdrzemnąć przed obiadem, a wy czujcie się jak u siebie w domu.

AGNIESZKA
A co wy za jedni?

(Z kuchni wychyla głowę kobieta w wełnianych skarpetach)
Na pewno jesteście głodni? Dziś będzie potrawka z kurczaka. Mąż wspomniał, że poznał was w parku?

AUTOR (dalej zwany JA)
To prawda. Usłyszał, jak rozmawiamy po polsku.

AGNIESZKA
Co chwilę sprowadza mi jakichś gości z Polski. Birgir to dobry człowiek, ale raz z tą dobrocią przesadził i przyprowadził do domu kolonię Ruskich spod Władywostoku. Myślał – bratanki, to się w mig dogadają, zupełnie jak Farer z Norwegiem! No i potem siedzieliśmy tak przy stole, z zasznurowanymi ustami, trzy godziny z górką. A musicie wiedzieć, że milczeć to ja akurat nie lubię.

(Dzwoni telefon. Nikt z domowników nie kwapi się odebrać, więc po chwili włącza się automatyczna sekretarka. Słyszymy głos mówiący po polsku: „Agnieszko, wyrzucili mnie z pracy. Z dnia na dzień! Co mam robić? Czy mogłabyś się popytać, czy ktoś nie potrzebuje tynkarza? Dziękuję i pozdrawiam, K.".
Agnieszka kwituje nagranie zwięzłym: „Jú, jú..." i wraca do rozmowy).

AGNIESZKA
Poznaliście już naszą suczkę? Happy to znajda.

(Do kuchni wbiega żywo podniecona Happy, kundelka. Ja po raz pierwszy patrzę na dom Johannesenów przez pryzmat telenoweli).

Przypałętała się do nas przed czterema laty. Happy jest pupilką Davida, naszego syna. Powinien niedługo wrócić ze szkoły. David ma jedenaście lat i jestem z niego bardzo dumna. Od miesiąca po lekcjach roznosi gazety. Wiecie, co zrobił z pierwszą wypłatą? Ufundował budowę domu w ugandyjskiej wiosce!

(Kolejny telefon. Znów włącza się automatyczna sekretarka: „Agnieszko, mogę spawać rury, mogę budować statki, mogę nawet ugotować pomidorową, ale nie jestem w stanie rozliczyć tego przeklętego podatku dochodowego! Pomożesz? Pozdrawiam, W.").

AGNIESZKA
Jú, jú. No więc Davidek przeczytał, że za tysiąc dolarów można postawić gliniany dom i przykryć go blachą. Ugandyjska rodzina otrzyma dodatkowo trzy piętrowe łóżka, pościel, stół i krzesło. Ooo! Jest i mój synek! O tobie rozmawialiśmy!

(Trzask drzwi, rzut tornistrem na długość przedpokoju – do kuchni wbiega uroczy potarganiec).

DAVID (bezceremonialnie)
Cześć, mama, możemy zamówić pizzę?

AGNIESZKA
Nie, dziś zjemy to, co mama ugotowała.

DAVID
Ale ja chcę pizzę!

AGNIESZKA
Pizza jest droga, a my powinniśmy oszczędzać. Wytłumaczyłam ci, czym jest kryzys, prawda? A co będzie, jeśli mamę zwolnią z pracy?

DAVID
Oj, mama, *fuck off*!

AGNIESZKA
A gdzie się tak angielskiego nauczyłeś?

(Nie daje się sprowokować, patrzy Davidowi prosto w oczy, jednocześnie ugładza mu czuprynę).

DAVID
W szkole.

AGNIESZKA
W szkole?

DAVID
Co się dziwisz? Wszyscy tak mówią do swoich matek.

AGNIESZKA
Wszyscy?

DAVID
Wszyscy normalni. Być normalnym to znaczy mówić do swojej matki „*fuck off*".

(David patrzy teraz na mnie z zawadiackim uśmiechem).

AGNIESZKA
Davidku, wiesz, że mama bardzo cię kocha?

DAVID
Wiem.

AGNIESZKA
A wiesz, że mamę bardzo boli, jak ktoś, kogo kocha, mówi do niej w tak ohydny sposób?

DAVID
Przepraszam, mamo...

(Automatyczna sekretarka: „Agnieszko, wracam z synem z Kopenhagi. Byliśmy na konsultacji lekarskiej i nie zdążymy na powrotny prom na Suðuroy. Rozumiem, że możemy u was przenocować? Buziaki, E.").

AGNIESZKA
Jú, jú... David, umyj ręce przed obiadem, obudź tatę i pobiegnij po dziadka Sigmara.

(Potem Agnieszka zwraca się do nas cichszym głosem).

Kryzys rodziny. To, z czym kontynentalna Europa zmaga się od lat, trawi już także Wyspy Owcze.

(Agnieszka pokazuje nam wycinek z opiniotwórczego dziennika „Sosialurin").

W 2008 roku dokonano trzydzieści siedem zabiegów aborcyjnych. Na każde tysiąc poczęć uśmierca się pięćdziesiąt sześć zarodków. Rodzina powoli staje się wartością archaiczną, a dzieci chodzą samopas. I to tu, w kraju, o którym pisze się, że jest bastionem wartości rodzinnych.
Jestem nauczycielką nauczania początkowego. W klasie mam piętnaścioro dzieci. Co drugie jest rozchwiane emocjonalnie, pełne pretensji, zagubione.

(Z pokoju obok dobiega kobiecy głos. To Emma, siedemnastoletnia córka Johannesenów. Jeszcze nie wiemy, że jest czarującą blondynką, za którą adoratorzy ze starszych klas ustawiają się w długich kolejkach. Dla mamy Emma jest Pelaśką).

EMMA
Mama, dostałaś wiadomość!

AGNIESZKA
Od kogo ta wiadomość, Pelaśka?

EMMA
Jakiś student z Polski. Nawet przystojny. Pisze, że zakochał się w Wyspach Owczych i zamierza tu osiąść. Chce, żebyś załatwiła mu pracę.

AGNIESZKA
Jú, jú...

GŁOS Z OFFU
Kuchenny stół przykrywa kraciasta cerata. Praktyczna, bo łatwo schodzą z niej plamy. Te robią goście przewijający się przez dom Johannesenów. Tylko w ubiegłym tygodniu cerata była plamiona szesnaście razy. Dwa tygodnie wcześniej – osiemnaście.

Siedem nakryć. Do obiadu zasiedli: goście z Polski, Agnieszka, Birgir, Emma, David i senior rodziny, ojciec Birgira Sigmar (Empatyczny dziadek o szlachetnej twarzy – z powodzeniem mógłby zagrać w reklamie karmelków. Braki w znajomości angielskiego nadrabia mową ciała. Jego ciało zdaje się mówić: „Oddam ci nawet szczoteczkę do zębów". Podczas pierwszego powitania pocałował gości w policzek).

Płócienne malowidła szczelnie zasłaniają ściany kuchni i pozostałych pokoi. Przeważają olejne pejzaże – pola, góry, łąki, motywy marynistyczne. Są też konie – te raczej nie dogalopowałyby do Muzeum Sztuki w Tórshavn.

JA
Jesteście mecenasami sztuki?

BIRGIR
Byliśmy mecenasami jednego artysty. Przez rok mieszkał u nas ubogi malarz. Nie braliśmy od niego pieniędzy za wynajem, bo wiedzieliśmy, że go na to nie stać. On z kolei nie chciał mieszkać zupełnie za darmo, więc co rusz obdarowywał nas jakimś obrazem. Ostatnio doliczyłem się dwudziestu jeden płócien.

AGNIESZKA
Dom, który znajduje się obok naszego, jest własnością taty Birgira. Pomieszkuje w nim wielu gości. Jedni przez miesiąc, inni przez rok. Zdecydowaliśmy nie brać za to nawet korony. Kto tu sypia, ma jedynie dbać o porządek.

(Automatyczna sekretarka: „Tu Marcin Dawid, bramkarz HB Tórshavn. Moja żona w przyszłym tygodniu zaczyna pracę w przetwórni ryb. Jest bardzo przejęta. Czy mogłaby pani spotkać się z nami, porozmawiać, może uspokoić? Czekam na odpowiedź").

AGNIESZKA (wzdycha)
Jú, jú... Komu dokładka, a komu deser?

(Agnieszka nie pozwala sobie na chwilę słabości. Wie, że to ona jest kapitanem w trzypokoleniowej drużynie Johannesenów. Czasem, tak jak teraz, jej uśmiech jest fasadą. Ma odwrócić uwagę od zmęczenia, które zdradzić może jedynie kilka kropel potu dyskretnie spływających z czoła).

Czas na kruszonkę w brzoskwiniach i bitej śmietanie! A oto przepis, jak przyrządzić ją w minutę: ładujesz do naczynia pokruszone herbatniki, maź brzoskwiniową z torebki i wszystko zalewasz bitą śmietaną w spreju.

(Dlaczego akurat w tej telenoweli miałoby zabraknąć kryptoreklamy?).

(Automatyczna sekretarka: „Witaj, Agnieszko, tu posterunkowa Jacobsen, dzwonię z komisariatu. Zatrzymaliśmy czworo młodych domokrążców z Polski. Dwie kobiety i dwóch mężczyzn. Handlowali rycinami. Słabo mówią po angielsku. Przydałaby się twoja pomoc podczas przesłuchania").

Jú, jú...

Odcinek 2. Domokrążcy

AGNIESZKA (do przesłuchiwanej na komisariacie)
Jak się czujesz? Jesteś głodna? Potrzebujesz czegoś na uspokojenie?

(Dopiero później przetłumaczy pierwsze pytanie śledczego).

Czy wiedziałaś, że na Wyspach Owczych domokrąstwo jest zakazane i podlega karze pozbawienia wolności do trzech miesięcy?

PRZESŁUCHIWANA
Nie wiedziałam. Nikt z nas nie wiedział. Jesteśmy studentami Akademii Sztuk Pięknych. Przypłynęliśmy Norröną z Bergen. W Norwegii także sprzedawaliśmy grafiki. W ten sposób zarabiamy na studia.

AGNIESZKA
Czemu od razu nie przyznaliście się do tych grafik, zanim policja przeszukała wasz samochód?

PRZESŁUCHIWANA
Nie chcieliśmy ich stracić. Zainwestowaliśmy wszystkie oszczędności.

AGNIESZKA
Do rozprawy musicie pozostać w areszcie, to będą dwie doby. Prokurator od miesięcy prowadzi wojnę z domokrążcami, jest ich tu coraz więcej. Zrobię, co w mojej mocy, by skończyło się na konfiskacie.

GŁOS Z OFFU
Agnieszka dopięła swego.

Odcinek 3. Bank

JA
Agnieszko, dokąd idziesz?

AGNIESZKA
Do banku.

JA
W sobotę? Przecież wszystkie banki są nieczynne.

AGNIESZKA
Idę sprzątać do banku. W dni powszednie uczę w szkole, a w soboty sprzątam.

Odcinek 4. Rozmowy kuchenne. Część pierwsza

– Jak się poznaliście z Birgirem? – wypytuję innym razem Agnieszkę.

– Pod koniec lat osiemdziesiątych podjęłam pracę w domu jego rodziców. Sprzątałam i gotowałam. Wyjechałam z Polski za chlebem. Miałam wówczas dwadzieścia pięć lat.

– Byłaś gosposią Birgira?
– Składałam mu dresy i czyściłam papierośnicę, bo wtedy palił trzydzieści papierosów dziennie.
– I wtedy zaiskrzyło między wami?
– No nie, to był długi proces – chichocze Agnieszka. – Zauważyłam, że Birgir specjalnie bałaganił w swoim pokoju i cieszył się, kiedy układałam mu koszulki, przecierałam kurze z jego książek. Czasem zostawałam godzinkę dłużej i wspólnie paliliśmy te jego papierosy. Później zaczął mnie odwozić i przywozić, bo mieszkałam na opłotkach miasta, w bungalowie na kempingu, z zaprzyjaźnionymi lesbijkami ze Szkocji.
– I pewnego dnia uznaliście wspólnie, że szkoda benzyny na codzienne podwożenie, bo przecież w domu pana Sigmara znajdzie się jeszcze jedno łóżko?
– Pewnego dnia skończyła mi się wiza i musiałam wrócić do Polski. Birgir zaczął do mnie wydzwaniać. Nawet kilka razy dziennie! Przejął inicjatywę, co było do niego niepodobne, bo z natury jest nieśmiały i ciapowaty. Prosił, bym przyleciała na stałe. Wyprosił.
– Jesteś szczęśliwa?
– Jestem, choć nie zawsze było łatwo.
(Przerwa na reklamę społeczną promującą zdrowy styl życia. Z Emmą w roli głównej).

– Czym zajmowałaś się przed wyjazdem na Wyspy Owcze?
– Byłam nauczycielką w rodzinnym Lubieniu koło Włocławka.
– Po przybyciu na Wyspy Owcze musiałaś zaczynać od nowa: od czyszczenia domów i hotelowej kuchni. Język farerski jest trudny w nauce i posługuje się nim społeczność zbliżona liczbą do mieszkańców powiatu włocławskiego. Czy myślałaś o ryzyku, o tym, że może ci się nie opłaci uczyć języka czterdziestu ośmiu tysięcy ludzi?
– Nie myślałam o tym.

- A o czym myślałaś?
- O domu, który stworzę. O tym, że to całkiem oryginalne miejsce na założenie rodziny.
- A jak zostałaś nauczycielką?
- Mieszkałam już na Farojach dobre sześć lat, kiedy zadzwoniła do mnie dyrektorka szkoły adwentystów, Janne Johnsson, Dunka. Powiedziała, że zwalnia się u niej etat i zapytała, czy nie chciałabym spróbować – oczy Agnieszki wilgotnieją, bezwiednie porusza suwakiem bluzy polarowej, góra-dół, dół-góra. – Zawsze wzruszam się z wdzięczności, kiedy o niej myślę. Na początku bardzo się wahałam. Bałam się, że sobie nie poradzę z dziećmi, nie znając wystarczająco dobrze języka. Ale mama Birgira wzięła mnie na bok, zaparzyła herbaty i wyłożyła: „To jest szansa, na którą czekasz, odkąd do nas trafiłaś. Do końca życia chcesz ścierać kurze?!". Nie chciałam. Spróbowałam.

Odcinek 5. A lubisz siebie?

Jedyny na Wyspach Owczych kościół katolicki, Mariukirkjan, znajduje się w Tórshavn u zbiegu zacisznych ulic Mariugøta i Varðagøta. Skromny murowany budynek ze spadzistym dachem wybudowano na wzgórzu nieopodal parku miejskiego w 1987 roku.

Następnie wylano przed świątynią beton na sześć miejsc parkingowych. – Wystarczy – wyjaśnia siostra Marisa, Maltanka, od dziesięciu lat opiekująca się kościołem. – Jak stanowi rozporządzenie, na każde pięcioro wiernych przysługuje jedno miejsce postojowe. Jest nas wprawdzie sto dwadzieścioro parafian, ale na msze przychodzi zwykle mniej niż trzydzieścioro wiernych.

Połowa to Polacy. Wśród nich – stoczniowcy od Janusza Kamoli, powściągliwy w kontaktach towarzyskich lekarz patolog, Agnieszka i R.

R. ma w Polsce chorą na raka żonę.

Choroba żony napisała im nowe role. W rodzinnym albumie można znaleźć fotografie, na których oboje prezentują się na tle dorobku życia – restauracji Chłopskie jadło i dwóch hurtowni mięsa. Walka z rzadkim przypadkiem złośliwego nowotworu przetrzebiła ich oszczędności. Gdy pojawiły się długi, R. zmuszony był wyprzedać majątek: najpierw jedną hurtownię, potem drugą, a gdy to nie wystarczyło, oddał także Chłopskie jadło.

Bez oszczędności, za to z długami i kolejną ratą do zapłaty za leczenie żony trafił na Wyspy Owcze. Od kilku miesięcy patroszy łososie w Kollafjørður. Na dwie zmiany. W soboty dorabia jeszcze na kucharzeniu w hotelowej restauracji w Tórshavn. Dwanaście godzin przy piecu, później zgłasza się na zmywak.

– Nie myślę o tym, jak było kiedyś, wolę nie myśleć, bo to rodzi bezsilność, a ja muszę być silny – wyzna któregoś dnia R., połykając proszek na ból głowy. – Mam sporo na sumieniu. Sądzę, że choroba żony to kara za moje grzechy. Teraz muszę je odkupić. Tylko że ona Bogu ducha winna.

R. uśmiecha się i jednocześnie płacze.

Stara się nie zwariować. Dlatego tłumaczy, że nowotwór żony ma również dobrą stronę. – Zbliżył nas do siebie i do Boga.

W niedziele R. nie pracuje. Do Mariukirkjan przychodzi na długo przed mszą. Wychodzi ostatni. Mówi, że modlitwa przyprowadziła do niego Agnieszkę.

– Słuchaj, obserwuję cię od trzech tygodni. Nie wiem, kim jesteś, ale widzę, jak ci źle. Może mogę ci jakoś pomóc, może moglibyśmy porozmawiać? – zaczepia R. Agnieszka. Czekała w milczeniu pół godziny, aż ten powstanie z kolan.

– Moja żona umiera na raka – odpowiada.

– Sama zmagam się z ciężką chorobą.

– Ona nie może umrzeć. Robię, co mogę, pracuję dziewięćdziesiąt godzin w tygodniu, wysyłam na jej leczenie każdą zaoszczędzoną koronę. Jedyne, co ostatnio kupiłem dla siebie, poza jedzeniem, to maść na odciski. Wiesz, że przy kasie zastanawiałem się czy na pewno jest mi niezbędna. Moja żona nie może umrzeć – powtarza rozdygotany.

– Robisz, co możesz, by ją uratować. Nic więcej nie możesz.
– A ty? Skąd w tobie tyle siły? – pyta R.
– Nie myślę o swoich problemach. Myślę o dzieciach, o mężu, o tobie, o wszystkich dookoła, ale nie o swoich problemach. I nie zastanawiałabym się, czy mogę sobie pozwolić na maść na odciski. Jestem zbyt zmęczona na przygnębienie.
– Ja też nie myślę o sobie.
– A lubisz siebie?
– Dlaczego miałbym się lubić? To ja powinienem mieć tego raka.
– Ja siebie lubię. Musisz się polubić.

Odcinek 6. O chlebie i kamieniach

Retrospekcja: Babka ze strony matki daje zasmarkanej Agnieszce radę na całe życie: „Będą w ciebie rzucali kamieniami, ale ty rzucaj tylko chlebem".

– Będą w ciebie rzucali kamieniami, ale ty rzucaj tylko chlebem – odpowiada mi Agnieszka, kiedy ją spytałem, dlaczego historia z A. nie zrewidowała jej podejścia do pomagania wszystkim wokół.

A. to mąż dawnej przyjaciółki Agnieszki. – A. to łajdak – powie Agnieszka. Przypłynął na Wyspy Owcze za pracą. Za pracą, którą wychodziła mu Agnieszka. Wydzwaniała, dawała ogłoszenia do rubryki: „Obcokrajowiec podejmie pracę", pytała każdego, kto tylko mógłby dać zarobek mężowi jej przyjaciółki. „Mój A. jest taki ambitny i taki nieszczęśliwy. Ludzie nie chcą się na nim poznać" – żaliła się Agnieszce przyjaciółka.

A. musiał być podniecony angażem. Zapewne dlatego trafił na Wyspy Owcze bez środków do życia. Nie miał gdzie nadmuchać materaca, nie miał za co wynająć choćby najpodlej cuchnącej klitki w Tórshavn. Dostał więc umeblowany pokój z kuchnią. Od Agnieszki.

A. wdrażał się w pracę, po pracy korespondował z żoną (została w Polsce), a w weekendy zapominał się na dyskotece – w tańcu i flirtach.

Na dyskotece nie oszczędzał. Miał przecież pensję, nie gorszą niż Agnieszka, a za wynajem pokoju nie płacił. Jak zapytać barmana, to powie, że A. miał dwie twarze – napiwek zostawiał suty, ale tylko wtedy, gdy nowo poznane przyjaciółki patrzyły mu na ręce.

A. nie przypominał posturą Apollina, miał natomiast talent retora. Przyjaciółki z dyskoteki kleiły się do niego jak muchy do szyby pędzącego auta. Chichotały, kiedy A. szeptał im do uszu głupotki. Jedna głupotka dotyczyła Agnieszki.

– Agnieszko, biłem się z myślami, czy powiedzieć ci, czy nie. Uznałem, że muszę, bo prędzej czy później i tak się dowiesz. Całe Tórshavn o tym huczy – zdradza w progu jej domu zakłopotany Janusz Kamola, z którym Agnieszka przyjaźni się od lat. – A. rozpowiada w tej tancbudzie, że ty wcale nie jesteś taka bezinteresowna, że słono płaci za twoją wspaniałomyślność.

– Że co proszę?

– Mówi, że nocą, kiedy zasypia twój mąż, lubisz wskoczyć mu do łóżka...

– Podobno lubię ci wskakiwać do łóżka? – pyta jeszcze tego samego dnia Agnieszka.

Po chwili milczenia A. wykrztusza:

– To może ja się po prostu spakuję i wyjdę.

– Tak będzie najlepiej – kończy Agnieszka. Więcej na niego nie spojrzy.

— Jeśli nie jesteś moim dzieckiem, a stracisz moje zaufanie, nie starczy ci życia, by je odbudować — powie mi kilka lat później. — To nie oznacza, że przestanę ufać innym. Wolę być naiwna, bo tylko w naiwności potrafię być szczęśliwa.

Automatyczna sekretarka: „Myślałam, że jesteśmy przyjaciółkami, ale musiałam się boleśnie pomylić. Gdzie jest twoja godność?! Gdzie jest twoja przyzwoitość?! Wyrzuciłaś za drzwi mojego męża, bo nie chciał się z tobą przespać?! Krowa!".

Odcinek 7. M jak miłość

JA
Agnieszko, nie uwierzysz, co nas spotkało w Víkar!

(Od progu wita mnie Happy).

AGNIESZKA
Sio mi stąd! Grają *M jak miłość*. Jeszcze przez pięć minut nie ma mnie dla nikogo! Możesz mi przynieść z kuchni coś do poskubania? Orzeszki albo prażony ryż.

(Agnieszka leży na kanapie i nawet na moment nie oderwie oczu od ekranu telewizora).

JA
To orzeszki czy ryż?

AGNIESZKA
Zjem jedno i drugie. Jak nie poskubię, to będę niespokojna.

(Pięć minut później).

Lubię telenowele, wszystkie polskie telenowele, jakie emitują na TV Polonia. Ktoś powie, że to licha rozrywka, ale ja się przeglądam w telenowelach. Wyławiam, co może mi się przydać, co mogę wnieść do swojego życia. I jeszcze jedno: patrzę na nie, bo lubię sobie pomyśleć, że moje problemy to nie są wcale takie wielkie problemy, że ten i tamten mają gorzej.

JA
Efekt walkmana.

AGNIESZKA
Co?

JA
Pierwsze walkmany na początku lat osiemdziesiątych reklamowano sloganem: „Załóż słuchawki, żeby nie przeszkadzać innym". Dziś powiedzielibyśmy: „Załóż słuchawki, żeby inni ci nie przeszkadzali". Telenowela miała być blisko życia, ale czy twórcy tego gatunku, pomyśleli, że i życie może stać się telenowelą?

AGNIESZKA
O czym mówisz?

JA
Wy, Johannesenowie, wyglądacie jakbyście przed chwilą zeszli z planu familijnego serialu. Charakterologicznie najbardziej przypominacie rodzinę Tannerów, brakuje jedynie Alfa.

AGNIESZKA
W takim razie ty jesteś Alfem. Niezapowiedzianym gościem, który stał się przyjacielem rodziny.

JA
Birgir w zachowaniu do złudzenia przypomina Williego Tannera. Tak jak on jest uczuciowy, lojalny i, jak go nazwałaś? Ciapowaty? David to wykapany Brian, wrażliwy, nieśmiały mikrus, ma nietuzinkowe pomysły i jest ciekawy świata. Emma jest jak Lynn. Przeżywa okres buntu, myśli o chłopcach i bez przerwy siedzi na telefonie – tyle że komórkowym. Ty zaś przypominasz Kate – jesteś kobietą z charakterem, głową domu w spódnicy.
 Właśnie dlatego napiszę o was w konwencji serialowego scenopisu.

AGNIESZKA
Ale dlaczego jesteś niekonsekwentny? Dlaczego niektóre części twojego reportażu nie mają charakteru scenopisu?

JA:
Mój psychoterapeuta nazwie to rozchwianiem emocjonalnym lub zwyczajnym brakiem konsekwencji.

AGNIESZKA HOLLAND:
Problemy współczesnego świata są dosyć złożone. Czasem zbyt złożone, by wyczerpująco pokazać je w krótkiej opowieści, jaką jest film. Moim zdaniem serial pełni dziś funkcję dziewiętnastowiecznej powieści*.

JA:
Dziękuję, pani Agnieszko! Właśnie o realistyczną opisowość mi chodzi! Zależało mi, by pokazać wasze życie w codziennej, często trywialnej rozmowie. Weźmy to zdanie: „A wiesz, że mamę bardzo boli, jak ktoś, kogo kocha, mówi do niej w tak ohydny sposób?" i odpowiedź Davida: „Przepraszam, mamo". Trudno wyobrazić sobie taki dialog w reportażu. To dialog okrągły, papierowy, kradziony z telenoweli – ktoś powie. Zgoda, ale w waszym przypadku jest a u t e n t y c z n y, bo wy nie komunikujecie się za pomocą półsłówek, równoważników zdań, czy przekleństw. Przytaczam ten fragment jeszcze z jednego powodu: zdradza on jeszcze jedną prawdę o was – serialowe są nie tylko dialogi, lecz także wasze podejście do rozwiązywania problemów. Oponent znów powie – to utopijne, przerysowane, słodziutkie. Ale u Johannesenów się sprawdza.

Odcinek 8. Rozmowy kuchenne. Część druga

– Zanim wprowadziłam się do Birgira, mieszkałam w bungalowie z parą szkockich lesbijek. Wieczorami było zimno, chowałyśmy się więc we trzy pod kołdrę i zapalałyśmy telewizor. Któregoś razu jedna z nich położyła rękę na moim kolanie.

* Anita Zuchora, *Cała prawda o serialach*, fragment wywiadu dla „Dziennika" z 18 października 2008 roku.

Johannesenowie prawie w komplecie
foto Marcin Michalski

– I co?
– Powiedziałam, że nic z tego, że czekam na swojego księcia. Śmiałyśmy się później z tego wszystkie do rozpuku.
– A jak wyobrażałaś sobie przyszłość?
– Właśnie tak.
– Co masz z tego pomagania?
– Spokój sumienia. Ale też nie zawsze. Kiedyś przez to pomaganie dość często zaniedbywałam dzieci.
– Przecież chodzą wychuchane i wypieszczone...
– Bo przyjęłam zasadę, że są najważniejsze. Ale nie zawsze tak było. Raz zapomniałam odebrać Davida z przedszkola. Zasiedziałam się z polskimi gastarbeiterami. Prosili, bym wypełniła im dokumenty aplikacyjne do pracy. A David czekał na mnie i był taki wystraszony. Od tamtej pory mogę robić sztuczne oddychanie, ale jak zadzwoni David lub Emma, rzucam wszystko.
– Czego oczekujesz od ludzi, którym pomagasz?
– By uszanowali zwyczaje naszej rodziny.
– Czy waszą postawę ukształtowała religia?
– W dużej mierze. Mieszana: katolicko-luterańska. Ale nie obnosimy się, nie narzucamy poglądów.
– Słyszałem, że niektórzy Polacy przychodzą do kościoła tylko po to, by zrobić na tobie dobre wrażenie. Liczą, że prędzej im pomożesz.
– Nie myślę o tym.
– Wasz dom to hotel?
– Mamy większy zakres obowiązków, więc raczej konsulat.
– Ilu osobom dotychczas pomogliście?
– Dokładnie nie liczyliśmy, ale można to mierzyć w setkach.
– Nie każdy przychodzi z jedną sprawą.
– Niektórzy przychodzą po pomoc co miesiąc.

Odcinek 9. Nie ma czasu do stracenia

Tato mówił, że pod koniec świata ludzie wymyślą maszyny, które będą za nich wszystko robiły, a i tak ludzie nie będą mieli czasu na odpoczynek. Krochmaliłam pranie i dumałam: Jak to? Maszyna wypierze ubrania, wymyje talerze, a ja nie będę miała wolnego czasu? – napomknęła Agnieszka Johannesen podczas rozgniatania ciastek.

Jutro niedziela. Na obiad zaproszeni są Marcin Dawid z żoną. („Moja żona w przyszłym tygodniu zaczyna pracę w przetwórni. Jest bardzo przejęta").

Nie ma czasu do stracenia. Dochodzi północ, wszyscy domownicy już śpią, a kruszonka w brzoskwiniach i bitej śmietanie jeszcze niegotowa. A trzeba jeszcze postukać w kalkulator („Mogę nawet ugotować pomidorową, ale nie jestem w stanie rozliczyć tego przeklętego podatku dochodowego!") – godzina z głowy.

Dobrze, że E. była zmęczona i zasnęła szybko. Przez plotki wszystko mogłoby się opóźnić („Byliśmy na konsultacji lekarskiej i nie zdążymy na powrotny prom na Suðuroy. Rozumiem, że możemy u was przenocować?"). Nad pytaniem K. zastanowi się jutro („Agnieszko, wyrzucili mnie z pracy. Z dnia na dzień! Co mam robić?").

Kręcę się jeszcze po domu, bo nie mogę zasnąć. Agnieszka dostrzega mnie kątem oka i wpółprzytomna mówi:

– Jak będziesz szukał pomocy, to idź zawsze do ludzi zapracowanych. Ci, co mają dużo wolnego czasu, zawsze powiedzą, że go nie mają.

ð ð ð

Piąta litera farerskiego alfabetu ugina się jak tutejsze drzewa i znika jak tutejsze słońce. – Nie wymawiamy poczciwej „Eð"*, choć jest pełnoprawną i całkiem przystojną literą – informuje Jana. – Działa to tak, że jeśli istnieje na przykład słowo „barnið", czyli „dziecko", to reguły wymowy nakazują ignorować „ð", słyszysz, jak wymawiam: „batne" (literę „i", jeśli stoi na końcu wyrazu, czyta się jako „e"). W drugą stronę jest analogiczny problem: kiedy zechcemy to farerskie „dziecko" zapisać na kartce, przeważnie zapominamy o ostatniej literze – „ð". I bobas chodzi z gołą pupą.

– Pamiętamy nasze zdziwienie, wymieszane z podziwem, kiedy dowiedzieliśmy się, że nazwę miejscowości Kollafjørður należy czytać jako „Kotlafire". Podobnie „Fuglafire" albo absolutnie rozbrajające „Eiði", czytane jako „Aje".

– Dawno temu mój wujek dodał pod pracą domową z farerskiego taki komentarz: „Jestem pewny, że zapomniałem o kilku ð, nie umiem się tego nauczyć, tu piszę wszystkie, których nie ma w wypracowaniu: ðððððððð".

* „Eð", nazywana także „eth", „edd" lub „edh", zapisywana jako mała litera ð i duża Ð, to jedna z dwudziestu dziewięciu liter farerskiego alfabetu. Alfabet zaczyna się od litery „a", kończy na „ø", brak w nim „c", „w" i „z".

Esemes

Pierwsze zdania kreślę jeszcze w Warszawie, dzień przed trzecią podróżą na Wyspy Owcze. W wagonie metra zwracam uwagę na komunikat reklamowy: Wyślij esemes pod numer taki a taki, a my odpowiemy na k a ż d e pytanie. Koszt – 1,22 zł. Wysyłam więc moje pytanie: „Co warto zobaczyć na Wyspach Owczych?". Po minucie otrzymuję wiadomość zwrotną: „Witam, widzę, że święta spędzamy w innym klimacie :) Radzę udać się na najwyższy szczyt" – tu esemes się urywa, choć nie naliczyłem stu sześćdziesięciu znaków. Skonsternowany wizualizuję omnibusa po drugiej stronie światłowodu: to najpewniej dwudziestoletnia studentka dziennikarstwa albo kulturoznawstwa na prywatnej uczelni. Śmiałość idąca w parze z niedostatkiem językowej subtelności nie pozwala mi w niej widzieć adeptki filologii polskiej. Chcę jednak wiedzieć, co mi doradzi. Pytam więc ponownie: „Na najwyższy szczyt, czyli gdzie?" – następna złotówka z dwudziestoma dwoma groszami.

„Przepraszamy. Ale ścięło nam całą wypowiedź :(ten szczyt to Slattaratindur – 882 m. n.p.m. Piękne widoki :) Pozdrawiam :]".

Mam żal do usługodawcy i do tej studentki, że mnie oszukali. I nie myślę tu nawet o „ścięciu esemesa", o dwóch złotych z górką, za które kupiłem tę anegdotę. Slættaratindur na wyspie Eysturoy jest przecież przykryta chmurą niemal permanentnie, jak starowina czepcem. Farerowie mówią, że stojąc na szczycie, ledwo widać gluty spływające z nosa. Tylko przez kilka dni w roku powietrze jest przejrzyste i można udawać, że w mikroskopijnym konturze, nie wiadomo zresztą czego, widzi się islandzki lodowiec Vatnajökull.

„Piękne widoki". Dlaczego jednak wymyśliła Slættaratindur? Przecież żaden Farer, żaden piechur, który przemierzał farerską ziemię, nie podpowiedziałby czegoś podobnego. Odpowiedź jest banalna: jeśli wpiszesz w szperaczu przeglądarki hasło: „Wyspy Owcze – atrakcje", to Slættaratindur wyskoczy jako druga, po Tórshavn.

„Piękne widoki" – postanowiła wystukać studentka dziennikarstwa. „Piękne widoki" – poetyka sloganu z kapsla Tymbarka. I ten emotikon – metafora bylejakości naszych komunikatów, teatralności naszych zachowań, infantylizacji.

Uciekam przed tą bylejakością do krainy imbirowych ciastek i barwionych fioletem owiec, gdzie histeryczne banery przegrywają w starciu z korkowymi tablicami, gdzie nie będą mnie kąsały komary zatrudnione w pionie marketingu, gdzie telewizja nadaje sześć godzin na dobę, gdzie pod intelektualistów nie podszywają się półanalfabeci z Bergmanem w awatarze, gdzie ludzie wymieniają serdeczności, a nawet szanują się nawzajem. Uciekam do krainy baśni, do świata ogrodowych elfów, w poszukiwaniu tego, co zwykliśmy nazywać prawdziwością. I nie w tym mesjanistyczno-propagandowym znaczeniu – uciekam szukać samoorganizujących się społeczności, atmosfery familijnych rautów, gdzie senior rodziny, kochany, niedołężny dziadunio, chrypliwym głosem opowiada domownikom sagi po zmroku. Uciekam szukać wesołych pisuardes, prostolinijnych ludzi, szczerych pochwał i tej cichej dumy, kiedy ktoś chwali twój wysiłek. Tak zapamiętałem Wyspy Owcze z poprzednich podróży.

Teraz czekam na lot w Kopenhadze i spoglądam na niebieską planszę monitora: „Faroe Islands RC457, *please wait*". Znów obietnica przygody, znów zaproszenie do świata baśni, zaprojektowane na potrzeby XXI wieku. Oczy mi się śmieją, bo wiem, że za tym kawałkiem sztucznego tworzywa, za tym ciekłokrystalicznym kamuflażem, kryje się świat palących pytań i odpowiedzi. Przykładowe pytanie: dlaczego kibice dwóch drużyn piłkarskich obserwują mecz na jednej trybunie? I odpowiedź: A kto widział, żeby sąsiad bił w mordę sąsiada?

Co czuję? Ekscytację, gdy po latach spotykasz ukochaną osobę, która nie wiedzieć czemu znikła z pola widzenia, albo gdy już dorosły, na strychu domu, w którym spędziłeś dzieciństwo, odnajdujesz teczkę z cenzurkami – zatarte wspomnienie klarownych zasad, którym się wówczas podporządkowywałeś.

Przechodzi mnie fala gorąca, dygoczę, serce wali mi jak Ringo Starr.

– *Are you ready to go to Faroe Islands?* – znów pyta mnie kopenhaska bileterka.

„Czy jestem gotów?" – wysyłam esemes. 1,22 zł plus roaming.

„Hej, hej! Zależy tylko na co. Ale jeśli nie masz żadnych obaw, czujesz, że podołasz, to oświadczamy, że jesteś w 100% gotów!".

Dzień, w którym pojawił się internet

Tom i Jerry

Pierwszy telewizor Johannesenów przypłynął promem z Danii. W 1984 roku. Tuż przed pierwszym sygnałem farerskiej telewizji, z siedzibą po dawnym sklepie meblarskim.

– O uruchomieniu Sjónvarp Føroya mówiło się od piętnastu lat. Na ulicy i w parlamencie. Chcieliśmy być przygotowani – wyjaśnia Birgir Johannesen, który na wieczorne seanse spraszał do swojego domu znajomych z całej okolicy.

– Mieliśmy pierwszy odbiornik na Gundadalur, dlatego to do nas przychodzili sąsiedzi. Z reguły piętnaście, dwadzieścia osób. Skubaliśmy słone paluszki, koreczki z oliwką i żółtym serem, zapijaliśmy je lokalnym piwem i wpatrywaliśmy się w kreskówkę *Tom i Jerry*, bo z początku tylko to emitowali. Po emisji prowadziliśmy rozmowy, na przykład o technologicznych nowinkach albo o wadach samochodów marki Saab – wspomina Birgir, który dziś spogląda na telewizor z ukosa.

– Sąsiedzi szybko nabyli własne odbiorniki i przestali do nas zachodzić. Owszem, uśmiechaliśmy się do siebie jeszcze przez jakiś czas na ulicy, prowadziliśmy zdawkowe rozmowy: o pogodzie, premierze, Manchesterze United, ale już bez zaangażowania. Nasze relacje stały się powierzchowne. Rozmawiało się o pogodzie, a myślało, żeby zdążyć na wieczorny serwis informacyjny, bo tam widzieliśmy ciekawe życie.

*

3 czerwca 2004 roku Óli Petersen publikuje cztery rysunki na łamach dziennika „Sosialurin":

Pierwszy – podpisany *1984–1989* – przedstawia czteroosobową rodzinę przed telewizorem. Matka, ojciec i ich nieletnie dzieci, wtopieni w kanapę, przyglądają się perypetiom Toma i Jerry'ego.

Drugi rysunek – *1989–1994* – przedstawia tę samą rodzinę, także nieodrywającą oczu od Toma i Jerry'ego. Tym razem jednak telewizor jest dwa razy większy, dzieci dorosłe, a znudzony ojciec posiłkuje się słuchawkami.

1994–1999 – telewizor wielki jak ściana. Dzieci opuściły dom, a na kanapie gnuśniejącemu małżeństwu towarzyszy pies. Tylko on żywo reaguje na kreskówkę.

1999–2004 – przed monstrualnym ekranem pozostał tylko pies.

W świadomości Farerów lokalny poeta i pieśniarz Hanus G. Johansen uchodzi za introwertyka. O ataku na World Trade Center dowiedział się dziesięć dni po fakcie od sklepikarki w Hósvík. Nie był zainteresowany szczegółami:

– Ktoś powie, że nie wpisuję się w ten głupi międzynarodowy prąd, nakazujący myśleć o mojej osadzie jako składowej globalnej wioski. Powie zapewne, że tylko bym się izolował, a przecież jest XXI wiek i już nie można. A mam w dupie takie myślenie! Izolacja kulturowa to najlepsze, co nas spotkało. Zresztą, nie jesteśmy już odpornym na kulturę zachodnią społeczeństwem. Telewizja i internet zburzyły granice. Wirus pojawił się i u nas.

Dzień, w którym pojawił się internet

Spośród wszystkich 48 856 mieszkańców Wysp Owczych, 37 500 regularnie korzysta z internetu. W Europie wyższy współczynnik użytkowników mają tylko Islandia (lider, 93% społeczeństwa w sieci), Dania, Finlandia, Holandia, Norwegia, Szwecja, Luksemburg i Wielka Brytania – czytamy w raporcie organizacji Internet World Stats, opublikowanym w czerwcu 2009 roku. W lutym 1996 roku narodowy dostawca internetu Telefonvirki Føroya Løgtings oszacował rynek na pięciuset użytkowników.

– To był piątek, początek marca 1996 roku. Pamiętam ten dzień dokładnie. Nagle wszystkie znane mi przyjemności straciły na znaczeniu – opowiada Birna o pierwszych chwilach z internetem.

– Na początku kupiliśmy modem – napomyka Meinhard. – Mam dwa wspomnienia: podniecenie towarzyszące sprawdzaniu skrzynki pocztowej: czy Jórunn dziś do mnie napisała, czy nie? I ten nerwicowy kaszel w dniu, kiedy listonosz przychodził z rachunkiem.

Przez pierwszy miesiąc Meinhard sprawdzał pocztę około dwudziestu razy dziennie. Otrzymywał średnio dwie wiadomości.

Jana zapamiętała pewien obrazek: sala komputerowa szkoły w Miðvágur, dwanaście monitorów przegrzanych jak kosiarki tyrolskich ogrodników. Przed monitorami dwanaście rozpalonych twarzy, dzieci nie odrywają wzroku od ekranów. – Do sali mógłby wjechać Lorenzo Lamas na motorze i nikt by tego nie zauważył.

Uczniowie stukają w klawiatury. „Co słychać?".

„Siedzę przy komputerze".

„Fajnie. Ja też".

„Dobra, nie mam czasu".

„Ja też".

– Chyba od tego się zaczęło. Chyba wtedy zaczęło mi się trudniej porozumiewać z przyjaciółmi – przypuszcza nasza rozmówczyni, która na Facebooku ma sześćset trzydzieścioro znajomych.

*

– Kiedyś miałem skuter, ale jak pojawiło się stałe łącze, to sprzedałem – mówi Heri. – Jeździłem skuterem do innych osad, do kolegów. Wsiadałem i jechałem, bez zastanowienia, bez zapowiadania się przez telefon. I było fajnie. Do Hósvík albo do Leynar. Czasem nawet do Morskranes. To były dobre czasy. Spotykaliśmy się co drugi dzień. Śmiechy, wygłupy, kopanie piłki, czasem zwykłe obgadywanie ładnych dziewczyn. A potem pojawił się internet: „Dziś nie mogę, jestem zajęty, wykończony. To może złapiemy się na czacie? Oczy mnie szczypią. Będę na niewidocznym, ale napisz w dwóch słowach, dlaczego się martwisz". I te cholerne emotikony, potrzebne jak psu kalkulator. Mam na Facebooku dwieście czterdzieścioro pięcioro znajomych, a nigdy nie czułem się bardziej samotny. Życie jest nieprawdziwe.

Sieć

Jón, rysownik, autor ilustracji do książek (rocznik 1987):
– Jeśli internet jest globalną siecią, to proszę, Wyspy Owcze, dajcie się w nią złowić! Internet to megafon, więc krzyczę głośno, bo tylko tak zostanę usłyszany po drugiej stronie Morza Norweskiego. Jak chcę zaistnieć? Chcę prowokować, chcę stawiać trudne pytania.

Tróndur Patursson, ceniony farerski malarz i rzeźbiarz, dawniej żeglarz (rocznik 1944):
– Moja sztuka wymaga ciszy. Kiedy zamykam się w pracowni, nie biorę ze sobą telefonu ani zegarka.

Neoturysta

2008:
– Już wolę, żeby miał obsesję na punkcie Wysp Owczych. Czy pani wie, jakie ludzie potrafią mieć obsesje? – tłumaczyła

dziennikarce amerykańskiej „Mail Tribune" Julie, żona Matthew Workmana z Medford w stanie Oregon.

Nie ma takiego miejsca na Wyspach Owczych, o którym nie mógłby barwnie opowiedzieć Matthew, prezenter oregońskiej stacji telewizyjnej. Ten trzydziestodziewięcioletni pasjonat precyzyjnie podpowie najkrótszą drogę z tórshavńskiego portu do popularnej restauracji przy hotelu Hafnia, a stamtąd, zapewne bezbłędnie, zaprowadzi pod dom każdego mleczarza, którego nazwisko zaczyna się na B. Matthew trafnie dobierze epitety, jeśli poprosić, by opisał zapach oceanicznej bryzy na Sandoy. Z powodzeniem będzie rozprawiał o smaku kleistego spiku i jak w zgodzie z obyczajem chwycić partnerkę podczas tradycyjnego tańca korowodowego.

W tym wszystkim nie przeszkodzi mu fakt, że nigdy nie jadł w Hafni, nie dotarł na Sandoy, nie spróbował spiku, nie zatańczył i w ogóle nigdy nie był na Wyspach Owczych.

Matthew jest zapaleńcem, którego wiedzę docenili rządowi spece od promocji archipelagu. Teraz opłacają prowadzonego przez Matthew bloga z informacjami dotyczącymi Wysp Owczych. W dniu, w którym Amerykanie szli do urn wybrać następcę George'a W. Busha, farerska telewizja łączyła się z Matthew przez satelitę i prosiła o komentarz.

Kilka miesięcy wcześniej premier Wysp Owczych Kaj Leo Johannessen zaproponował mu przyjaźń za pośrednictwem Facebooka.

– Dlaczego kładziesz się tak późno? Czy ty w ogóle wiesz, która godzina?! – irytowała się o czwartej nad ranem rozespana Julie.

– Nic nie rozumiesz, kobieto – odparł sucho Matthew, zrobił pauzę i dodał niby obojętnie: – Czatowałem z premierem Wysp Owczych.

Przycisnął głowę do poduszki. Tej nocy jednak nie zasnął, a kilka dni później zobaczył na Facebooku kolejne zaproszenie – tym razem od szefa farerskich linii lotniczych.

O Matthew zaczęły pisać oregońskie gazety. *Nigdy nie był na Wyspach Owczych, ale opowie ci o nich wszystko* – krzyczał tytuł w „Mail Tribune".

„Czasem myślę, że znam Wyspy Owcze jak własną kieszeń. Farerowie przysyłają mi gigabajty zdjęć. Dzięki temu wiem, jak wygląda każda latryna na Sandoy i każdy skrawek ziemi na Mykines. Widoki są tam tak imponujące, że największa niedorajda z aparatem fotograficznym nie jest w stanie zepsuć zdjęcia" – wyjaśnia Matthew na blogu.

Matthew stał się najpierw wyrocznią w sprawach kultury. Gdy folkmetalowy zespół Týr wydał swoją płytę, od razu wysłał ją do Medford. Paczki do Ameryki zaczęli też słać inni artyści.

Później Matthew został ulubieńcem narodu, który zaczął domagać się jego odwiedzin. Na Vágar wylądował w lipcu 2009 roku. Na lotnisku witali go premier Kaj Leo i ministrowie. Matthew przybył na koszt rządu. Spędził na archipelagu dwa tygodnie, fotografując każdy port i każdą donicę w oknie. W radiu komplementował mieszkańców archipelagu, a w rozmowach z przechodniami zdradzał nieprzeciętną znajomość topografii. Obściskiwał się z Farerami w tańcu podczas narodowego święta Ólavsøka i wypatrywał talentów podczas festiwalu muzycznego w Gøcie. Na Vágar rejestrował dźwięki startujących i lądujących samolotów, a na Mykines koncerty maskonurów. Był też na Sandoy, gdzie zetknął się z tamtejszą bryzą.

„To ironia, ale przez to fotografowanie i nagrywanie dźwięków w ogóle nie mam czasu na intymne odkrywanie Wysp Owczych" – wyznał później na blogu.

– Dlaczego jesteś entuzjastką Matthew Workmana? – pytam Janę, która każdego dnia zagląda na jego blog.

– Bo interesuje się nami – odpowiada krótko.

Dzisiaj dwóch na trzech Farerów chce zacieśniania stosunków z Zachodem. Najbogatszy mieszkaniec archipelagu zbił fortunę na sieci sklepów spożywczych w Stanach Zjednoczonych. Na Wyspy Owcze zjeżdżają piłkarze z Brazylii, Serbii, Nigerii. Przybywają, trenują, kopią piłkę, zabiegają o względy młodych Farerek i wrastają w nowe familie.

Stołeczny hostel Bládýpi przy Dr. Jakobsensgøta poza sezonem straszy ciszą. W sezonie nie znajdziesz miejsca nawet na podłodze, a wszystkie sześćdziesiąt łóżek będą okupować Duńczycy, Amerykanie, Szwedzi, Włosi, Niemcy i Australijczycy – wszyscy przezornie rezerwowali noclegi zimą.

Co jakiś czas na Wyspach pojawi się turysta z Polski. Informatyk z Wrocławia spędził noc w budce telefonicznej. Podobno zasnął w pozycji embrionalnej. Przyzwyczajona do wygód studentka z Krakowa zjechała sześć kontynentów w towarzystwie dojrzałego sponsora. Zatrzymywali się w najlepszych hotelach Zambii, Namibii, Botswany, a na Wyspach Owczych celowali w apartament Clintona w hotelu Føroyar.

Latem namioty uwidaczniają się jak piegi, a przyportowe sklepy zamieniają w targowiska pamiątek, galerie malowanych muszelek i bosmańskich fatałaszków. Latem, w okolicach Ólavsøki i festiwalu w Gøcie, Tórshavn wchodzi w rolę uboższego, lecz dumnego kuzyna Majorki lub innej Teneryfy. Kuzyna w sztormiaku zamiast kąpielówek.

– Z każdym rokiem coraz intensywniej walczymy o zainteresowanie obcokrajowców – mówi Dánjal, szef biura podróży. Podwozi mnie z Sandavágur do Tórshavn. Żyje wprawdzie z wysyłania Farerów do śródziemnomorskich państw-solariów, lecz coraz częściej organizuje wycieczki po archipelagu dla obcokrajowców. – To są pospolite objazdówki. Jedziemy zazwyczaj autokarem z Vágar do Tórshavn. Oglądamy i fotografujemy Dom Nordycki, zabytkową dzielnicę Tinganes i fortyfikację Skansin. Opcjonalnie godzina na wizytę w galerii narodowej. Następnie płyniemy łodzią na Mykines, gdzie fotografujemy maskonury i głuptaki. Na Nólsoy pijemy kawę i robimy zdjęcia bramie wykonanej z kości grindwala – opowiada Dánjal i podtyka mi kilka prospektów: *Odkryj dziewicze Wyspy Owcze, Tórshavn, najprzytulniejsza stolica na Atlantyku, Biuro podróży „62°N" – możemy ci nawet zasznurować buty.*

– Klient musi się poczuć jak odkrywca, powinien wyjechać w przekonaniu, że jest pierwszym, który dotarł pod bramę na Nólsoy – zdradza tajemnicę turystycznego biznesu Dánjal.

W ofercie biura jest też czas na zadumę. Autokar z turystami może zjechać na przykład kilometr od głównej drogi, w okolice Bøur na wyspie Vágar albo Dalur na Sandoy, skąd w ciągu dnia wyjeżdża najwyżej sześć, siedem samochodów. Pilot mówi: „Proszę o ciszę. Proszę o ciszę. Słyszycie państwo? Cisza absolutna. Cisza absolutna. Jesteśmy poza wszelką cywilizacją. Proszę robić zdjęcia".

„To ironia, ale przez to fotografowanie i nagrywanie dźwięków w ogóle nie mam czasu na intymne odkrywanie Wysp Owczych" – pomyśli Matthew Workman. Zanim myśl tę ubierze w słowa i opublikuje na blogu, udzieli jeszcze obszernego wywiadu w radiu Rás 2, zje dwa obiady, kolację, spotka się z kilkoma tuzinami Farerów, zjedzie trzy wyspy i wykona blisko tysiąc zdjęć. Dotrze tam, gdzie zaplanowali za niego rządowi spece od promocji. Porozmawia o tym, o czym chcą, by porozmawiał. Odkryje to, co odkryć powinien. Na przykład parlamentarzystę, który po godzinach doskonali się w roli profesjonalnego komika.

„W minionym tygodniu Sjúrður Skaale mówił przede wszystkim o polityce. Tym razem porozmawiamy o komedii" – zapowiada Matthew Workman i odsyła do wywiadu, który przeprowadził z deputowanym Løgtingu. „Polityka to komedia, ale komedia to już śmiertelnie poważna rzecz. Dlaczego? Bo uważnie przypatruje się ludziom" – powie Sjúrður Skaale.

Matthew odkryje jeszcze źródło termalne koło Fuglafjørður, w Hellur dotrze do najmniejszej na świecie remizy strażackiej (wielkości wygódki), pojedzie na Kunoy wspiąć się po linie na olbrzymi głaz, być może zauroczy się pieśniarką Eivør Pálsdóttir, może wzruszy go widok tysięcy ludzi podczas Ólavsøki, jego kamera zarejestruje te wszystkie osobliwości, wabiąc następnego lata więcej i więcej turystów, czytelników jego bloga – najpopularniejszego serwisu anglojęzycznego z informacjami o Wyspach Owczych.

Moja przestrzeń

J. poznał dziewczynę. A. znał z widzenia właściwie od piaskownicy, ale dopiero teraz los skojarzył ich profile na Myspace. Ona, „crazy & lazy", słucha Franza Ferdinanda i Arctic Monkeys. Lubi powieści Danielle Steel, a ostatnie wakacje spędziła, głaszcząc oswojone tygrysy w Australii. Z Facebooka dowiemy się, że spośród wszystkich postaci w Simpsonach byłaby Homerem, a gdyby przyszło jej zostać częścią kobiecej garderoby – zamieniłaby się w stanik. On bezpieczniej niż ze zdjęciem własnej facjaty czuje się z awatarem człowieka-pająka. J. jest fanem naleśników, choć w menu włoskiej knajpy najpewniej byłby pizzą.

– Napijesz się czegoś? – pyta w drzwiach swoją dziewczynę.

– Nie.

– A może zjesz coś? W zamrażarce są dwa hamburgery.

– Nie, chodź do mnie – prosi A., ospale, z pozornym brakiem emocji, jak aktorka w skandynawskim filmie.

J. spełnia prośbę A. i po chwili znajdują się w zamkniętym pokoju. Przez kwadrans bez minuty panuje cisza. Drzwi nie otwierają jeszcze przez czterdzieści jeden minut. Nie rozmawiają. J. puszcza A. ulubione utwory z YouTube'a. Kolejno: Foreigner *I Wanna Know What Love Is*, Bryan Adams *Please Forgive Me*, Phil Collins *Paradise*, Lionel Richie *Say You, Say Me* i *Hello*, Toni Braxton *Un-Break My Heart* i znów Foreigner...

Nie odezwą się ani słowem, ani jednego pytania: „Wolisz Collinsa czy Adamsa?", ani jednego: „Muszę iść do toalety". Po czterdziestu i jednej minucie drzwi otwierają się i A. wraca do siebie. Będzie przychodzić codziennie, jeszcze czterdzieści trzy razy. Potem, jak wyzna A., ich związek wypali się.

– Internet osłabia podobno ludzkie relacje – dywaguje J. – Ale tylko te bliskie. Nie spotykam się wprawdzie regularnie z kumplami, ale dzięki sieci poderwałem A. Normalnie, pod sklepem, tobym w życiu nie miał śmiałości zagadnąć. A tak, od komentarza do komentarza, od wysłanego uśmiechu do uśmiechu. Poświęcam Myspace jakieś trzy do czterech godzin dziennie. Uzupełniam, zamieniam, dodaję, likwiduję, list napiszę. Rozumiesz? To moja przestrzeń i tam jest mi dobrze.
– A ile czasu poświęcasz każdego dnia na spotkania z ludźmi?
– No wiesz, chodzę do pracy. Tam spotykam ludzi.
– Ale rozmawiasz z nimi?
– Zdawkowo.
– A ile czasu poświęcasz na spotkania z ludźmi poza pracą?
– Wiesz, po pracy to wracam do domu...
– W którym życiu jesteś bardziej aktywny: cyfrowym czy rzeczywistym?
– W rzeczywistym.

Wieczorem zaglądam na profil J. zamieszczony na jednym z portali społecznościowych. Napisał: „Co za dziwna rozmowa...".

Kratownica

– Wydaje mi się, że jest tak, jak namalowałam – odpowiada Astrid Mouritsen, artystka z Sørvágur.

Namalowała kratownicę, która jest domem, kamienicą, biurowcem, więzieniem, gdzie każda krata, pociągnięta grubą kreską, jest mieszkaniem, gabinetem, celą. Gruba kreska to gruby mur. Ludzie, niewyraźni, porozmazywani, stoją, siedzą, skaczą, leżą – w każdym razie samotnie – odseparowani grubymi kreskami.

Zapytałem: A jak jest w Tórshavn?

Tradycja

– Tradycjonalizm farerski umrze najdalej za piętnaście, dwadzieścia lat – ocenia dwudziestoletnia sprzedawczyni zabawek z Tórshavn. – Farerskie dzieci są już dziećmi zglobalizowanymi. Proszą mamy o transformery, oglądają *Dancing With The Stars*.

– Tradycja już umarła – mówi Hanus G. Johansen.

– Tradycja nigdy nie umrze. Powoli przeobrazi się w intelektualny snobizm – uważa nauczyciel historii z Sandoy.

Nowoczesny człowiek

– Jestem człowiekiem nowoczesnym. Nie chcę spędzić życia na relaksie. Relaksować to się będę, jak mnie zastrzelą – deklaruje Oluf, stołeczny policjant i współwłaściciel dwuosobowej firemki montującej markizy. – Pewnie myślisz: co za kretyn sprzedaje markizy w kraju bez słońca? Ale w kraju permanentnych opadów też jest na to zapotrzebowanie, jak na mydło w kopalni.

Markizy sprzedają się znakomicie, bo ludzie – nawet przy dziesięciu stopniach – lubią posiedzieć w ogrodzie. Oluf wyczuł interes przed dwoma laty i od tej pory pracuje po dwanaście, a czasem czternaście godzin dziennie. Osiem godzin patroluje miasto, potem – już w uniformie montera – zagląda ludziom do posesji, z markizą i wiertarką.

– Dzięki firmie wziąłem kredyt na dom w cichej i prestiżowej części miasta. Sto dwadzieścia metrów plus ogródek.

Kosztowało nas to trzy miliony duńskich koron – opowiada Oluf. – Mieszkamy w dobrym towarzystwie. Ludzie biznesu, bankierzy, lekarze. Moja żona jest pielęgniarką. Mamy troje dzieci. Chcę, żeby były samodzielne, chcę żeby wiedziały, że życie nie polega na relaksie. W przyszłym roku zmienię samochód.

Wspinamy się radiowozem Olufa na wzniesienie po zachodniej stronie Tórshavn. Poruszamy się z prędkością patrolową, toteż co rusz ktoś podnosi rękę w geście pozdrowienia i woła: „Witaj, Oluf!", „Jak się masz, Oluf?", „Pozdrów żonę i dzieci", „Jak wasz pies?". Oluf, nie zatrzymując auta, odwzajemnia pozdrowienie: „A ty ucałuj Sólveig, Jógvan!" albo przyciska trzy razy klakson. Jak w kreskówce.

– Życie policjanta na Wyspach Owczych z pensją trzydzieści tysięcy koron miesięcznie jest chyba stosunkowo przyjemne? – zagaduję Olufa.

– Było, do niedawna – odpowiada i pokazuje wycinek z gazety: „Policjant Oluf M. odzyskał wzrok. Przed trzema miesiącami podczas interwencji w jednym z lokali w Tórshavn narkoman wylał policjantowi na twarz szklankę alkoholu metylowego". – Było przyjemne, kiedy przestępczość od poniedziałku do piątku nie istniała, a w soboty i niedziele odnotowywaliśmy jedynie pijackie bójki w portach.

– Teraz jest ich więcej?

– Teraz agresją zieją nie tylko marynarze, lecz także młodzież. Awanturują się nawet trzynastoletnie dziewczynki. Zgarniamy coraz więcej pijanych smarkaczy. W mieście pojawiły się twarde narkotyki.

– Kto je tu sprowadza?

– Zorganizowane grupy przestępcze, z Rosji, Szwecji, Norwegii, Danii, Islandii. Farerowie też już dla nich pracują. Ostatnio zatrzymaliśmy dwóch studentów przemycających amfetaminę w doniczkach z roślinami.

25 : 422

15 sierpnia 2005 roku: rekord dwudziestopięcioletniej przemytniczki z Tórshavn został pobity. Kobieta, która została zatrzymana w porcie z dwudziestoma pięcioma tabletkami ecstasy, musi uznać wyższość o rok młodszego szmuglera. Ten próbował wprowadzić na rynek czterysta dwadzieścia dwie tabletki ecstasy.

Ale i jemu zostanie odebrana sława. 2 lipca 2008 roku w ręce policji wpadnie sto gram haszyszu. Przemytnik wydali haszysz w policyjnym szalecie.

Zabawa

22 marca 2004 roku: piętnastolatek z Suðuroy bawił się pistoletem ojca.

– Nie wiemy, dlaczego się zabił – tłumaczyli policji i gazetom jego koledzy.

– A może miał jakieś powody? Może w jego zachowaniu było coś, co was zdziwiło? – zapytał policjant.

– Nas nic już nie dziwi – odpowiadali kolejno chłopcy.

Turið i Jón

3 października 2005 roku: wiadomość dnia we wszystkich farerskich programach informacyjnych – policja odebrała prawo jazdy Torbjørnowi Jacobsenowi, deputowanemu do farerskiego parlamentu, który kilka miesięcy wcześniej został zatrzymany za jazdę pod wpływem alkoholu.

Druga wiadomość: Turið Kjølbro i Jón Tyril laureatami nagrody M. A. Jacobsena w kategorii kulturalne wydarzenie roku.

(„Jeszcze rok temu laureaci nagrody Jacobsena byli najważniejsi", pomarudził Bogi i wyłączył telewizor).

Strach

Podczas trzech pobytów na Wyspach Owczych w latach 2007, 2008 i 2009 korzystałem z autostopu czterdzieści jeden razy. Co najmniej dwanaście razy kierowcy rozpoczynali rozmowę od słów: "Teraz strach się zatrzymywać, w gazetach ciągle piszą o przestępcach atakujących nawet w biały dzień". Spośród dwunastu takich rozmów, aż osiem miało miejsce w 2009 roku.

Zaatakował naszą koleżankę

Styczeń 2009 roku: dwie nastolatki skatowały młodego chłopaka. "Nie żałujemy – miały powiedzieć podczas przesłuchania. – Zrobiłyśmy to, na co zasłużył. Próbował zgwałcić naszą koleżankę".

Luty 2009 roku: W stołecznym doku pada strzał. Ludzie słupieją, bo odkąd żyją, nie słyszeli strzału w centrum miasta. Strzelał zazdrosny marynarz. Do mężczyzny, który starał się o względy jego dziewczyny. Ranny trafił do szpitala – miał szczęście, że zamiast ostrą amunicją, dostał śrutem.

Szef wydziału kryminalistyki podczas nieoficjalnej rozmowy:

– Postępowanie chwilowo utknęło. Nie mamy doświadczenia w tego typu sprawach.

Bo był z Grenlandii

– Nie mamy doświadczenia w tego typu sprawach, bo ostatnie morderstwo odnotowaliśmy gdzieś w połowie lat osiemdziesiątych – dopowie szef kryminalistyki.

Dwóch osadników z Suðuroy poćwiartowało Grenlandczyka. "Bo był z Grenlandii" – mieli odpowiedzieć mordercy pytani o motyw zbrodni.

– Czy areszt w Tórshavn bywa pusty? – pytam policjanta.
– Dawno się to nie zdarzyło. Zazwyczaj jest jakieś osiem, dziesięć osób: za pijaństwo, wandalizm, przemoc rodzinną. Na wyroki zasadnicze sąd wysyła do Danii. Tu w Tórshavn nie ma odpowiednich warunków.
Ostatnio dłużej posiedział czarnoskóry mężczyzna, malwersant. Chciał oszukać bank.

Taniec łańcuchowy

Nauczyciel historii w Vestmannie:
– Najpiękniejszym przejawem farerskiego tradycjonalizmu jest taniec korowodowy, którym wspólnie manifestujemy naszą narodową niezłomność. Nasz optymizm wynika z tego, że czujemy się wspólnotą, że jesteśmy zorganizowaną zbiorowością. Śpiewamy, że niestraszne nam sztormy na morzu i wszelkie okropieństwa na lądzie. Niestraszne, dopóki trzymamy się razem.

Wydaje mi się, że chorobą dzisiejszych czasów jest deprecjacja zbiorowości kosztem źle rozumianych postaw indywidualnych. Wydaje mi się, że w rzeczywistości mało kto może być indywidualistą. A chcą niemal wszyscy. Retoryka kolorowych czasopism jest retoryką sprzeczności: szukaj przyjaciół, lecz pamiętaj, najważniejszy jesteś ty. Pomyśl o bliskich, ale wiedz, że to ty zasługujesz na najlepsze. Nowa schizofrenia. Dziesięć lat temu nie miałem w szkole tylu zagubionych uczniów.

Wizja

O M. niektórzy ludzie mówią bardzo niegrzecznie. Mówią, że jest wioskowym głupkiem i że zdarza mu się wyciągać w towarzystwie z nosa smarki albo zdzielić napotkaną osobę pięścią w brzuch. Ci bardziej powściągliwi powiedzą, że trzydziestoletni M. cierpi na zaburzenia inteligencji emocjonalnej i że to następstwo skomplikowanego porodu. Dla mnie M. jest wolnomyślicielem, a może nawet wizjonerem.

– Wiesz, dlaczego muszę uważnie przypatrywać się Tórshavn? – zagaduje mnie M.

– Dlaczego?

– Bo kiedy cały świat jest zły, to tu jeszcze trwa cicha walka. Dobra ze złem.

– I kto wygra?

– Niestety zło.

W Tórshavn rzeczywiście trwa cicha walka o wpływy. Na afiszach i murach, przy mównicach i w witrynach sklepów, w stężeniu cholesterolu i częstotliwości oddechów widać, jak świat tradycyjnych wartości po cichu broni się jeszcze przed napastliwym konsumpcjonizmem z Zachodu. Uciekam od wszelkich ocen. Na próżno szukać we mnie radykalnego antyglobalisty. Boję się słów „zły" i „dobry". Powiem raczej – w Tórshavn następują właśnie przemiany cywilizacyjne. M. mówi, że wygra zło.

Przeprowadzka

J. ma dwadzieścia cztery lata i zdecydował przenieść się z prowincjonalnej osady do Tórshavn. Zgodził się przy tej okazji odpowiedzieć na dwadzieścia dziewięć pytań:

1. Dlaczego przeprowadzasz się do Tórshavn?
   J: Wiesz, tam jest wszystko.
2. Czyli co?
   Dyskoteki, kręgle, pizza na telefon, wypożyczalnia filmów DVD, w Tórshavn żyje większość moich przyjaciół.
3. Czego ci jeszcze potrzeba do szczęścia?
   Miłości...
4. Wierzysz w miłość na całe życie?
   Chyba tak.
5. Ile dziewczyn już miałeś?

G. jest moją trzecią.
6. Możesz powiedzieć, że którąś z nich kochałeś?
Kochałem je wszystkie.
7. Jest ktoś, kogo szczególnie podziwiasz? Masz swojego bohatera?
Jest nim Steven Gerrard.
8. Dlaczego on?
Jest świetnym piłkarzem. Odniósł sukces.
9. Czym dla ciebie jest sukces?
Tym, że dzięki ciężkiej pracy dochodzisz do sławy i pieniędzy.
10. A masz jakichś innych bohaterów?
Poczekaj, może jeszcze Michael Owen... Choć nie, on teraz przeniósł się do Manchesteru United.
11. Masz swój ulubiony program w telewizji?
Najbardziej lubię Simpsonów.
12. Dlaczego?
Nie wiem.
13. A gdyby ktoś podarował ci dziesięć tysięcy koron, to co byś z nimi zrobił?
Pojechałbym na nieplanowane wakacje. Na Majorkę.
14. A gdybyś dostał tysiąc koron?
Nie wiem, może urządziłbym imprezę.
15. A kogo byś na nią zaprosił?
Moją dziewczynę G., naszych wspólnych znajomych. Jakieś dziesięć osób.
16. Jak byś ich zaprosił, zadzwoniłbyś?
Wysłałbym prywatną wiadomość na Facebooku.
17. Interesujesz się polityką?
Raczej nie, politycy to przemądrzalcy. Coraz częściej słyszę o jakichś malwersacjach.
18. Jaki masz stosunek do Kościoła?
Wiem, że jest potrzebny. Na przykład moim dziadkom.
19. Co jest dla ciebie w życiu najważniejsze?

Zdrowie i miłość.
20. O czym ostatnio marzyłeś?
O nowym samochodzie.
21. A co chciałbyś robić za dziesięć lat?
Chciałbym być człowiekiem biznesu, zarządzać jakąś firmą.
22. A nauczycielem nie chciałbyś być?
No coś ty!
23. Kiedy ostatni raz bezinteresownie pomogłeś komuś obcemu?
Tu w zasadzie nie ma obcych...
24. No więc kiedy ostatni raz pomogłeś komukolwiek?
Czasem zrobię obiad mojej dziewczynie, pomogę mamie, jak do niej pojadę, ale tak, to każdy sobie sam daje radę.
25. Jesteś zadowolony ze swojego życia?
W zasadzie tak.
26. A dlaczego mówisz o tym bez przekonania?
Nieee...
27. Czujesz się odpowiedzialny za Wyspy Owcze?
Ale ty głupie pytania zadajesz!
28. A jakie pytanie nie jest głupie?
Konkretne. Na przykład, czy jesteś za karą śmierci, czy nie? Czy wolisz McDonalda, czy Burger Kinga?
29. I co wolisz?
McDonalda.

Boże, pobłogosław rower

„Ludzie myślą, że gdy jesteś ironistą, może siedzieć w tobie postmoderna, ale jeśli ja bywam ironiczny, to tylko i wyłącznie dlatego, że mój ojciec pochodzi z Toftir. Nie sądzę, bym mógł oskarżyć każdego z Toftir o bycie postmodernistą, bo jest ironiczny".

W filmie Katrin Ottarsdóttir *Ein regla um dagin má vera nokk!* (Linijka dziennie musi wystarczyć!)* pięćdziesięciodwuletni Tóroddur Poulsen – poeta, malarz i muzyk – zjada rybnego klopsa, prezentuje bekającą zabawkę i recytuje wiersz o dialogu pochwy z penisem, który ma być aluzją do poczynań farerskiego rządu.

– Kim jesteś? – pyta swojego bohatera reżyserka.
– Nikim. Małpą.
– O czym myślisz?
– O szklance wody.

Dzień przed powrotem do Polski zajrzałem do stoczni w Tórshavn. Właśnie przypłynąłem z Nólsoy i miałem godzinkę do odjazdu autobusu na Eysturoy. Lubiłem przychodzić do stoczni,

---

* Dokument z 2008 roku, producent: Blue Bird Film. W pozostałych częściach trylogii reżyserka przedstawia rzeźbiarza Hansa Pauli Olsena i poetę Jóanesa Nielsena.

bo górne piętro jednej z hal zaadaptowano na artystyczną pracownię, w której organizowano spontaniczne wystawy. Zawsze półoficjalnie, bez rozgłosu, jakby stoczniowym malarzom i rzeźbiarzom nie zależało, by ktokolwiek oglądał ich sztukę.

Wiedziałem, że dwa dni wcześniej wybrano w Kopenhadze laureata Literackiej Nagrody Rady Nordyckiej*. Nominowanym przedstawicielem Wysp Owczych był – już po raz czwarty – Tóroddur Poulsen. Miał szansę dołączyć do swoich rodaków, Williama Heinesena i Róia Paturssona, którzy zdobyli tę nagrodę w 1965 i 1986 roku. Tymczasem, choć od ogłoszenia wyników minęły prawie dwie doby, media nie poinformowały o rozstrzygnięciach ani słowem. Na głównym portalu wisiały za to wzmianki o lokalnych zawodach bilardowych, szczycie NATO w Strasburgu i Kehl oraz Jógvanie Hansie Joensenie z Miðvágur, który obchodził pięćdziesiątą rocznicę posiadania prawa jazdy.

Nie potrafię sobie przypomnieć, czy poszedłem do galerii w ciemno, czy usłyszałem wcześniej, że tego dnia Tóroddur zwiezie do Tórshavn swoje prace. Z perspektywy czasu bardziej prawdopodobna wydaje się wersja pierwsza, ponieważ po wejściu do przestronnego pomieszczenia poczułem się, jakby ktoś przywalił mi w głowę worem pierza: na krześle nieopodal drzwi siedział Tóroddur Poulsen i kartkował folder.

Chyba odkiwnął na dzień dobry. Oprócz nas nie było nikogo, być może ludzi bardziej interesował mecz B36 z AB Argir na Gundadalur albo zasiedzieli się przy rodzinnym obiedzie.

Myślę, że nie mogłem wiedzieć o wystawie Tóroddura, bobym się jakoś przygotował, wymyślił pytania, przypomniał sobie wycinki z życiorysu, cokolwiek. Taka okazja nie trafiała się co dzień, szczególnie że facet mieszkał w Lyngby pod Kopenhagą.

* Nagroda przyznawana jest od 1962 roku pisarzom i poetom tworzącym w języku duńskim, fińskim, norweskim, szwedzkim, islandzkim, farerskim i lapońskim (saamskim).

– W piątek mieli ogłosić laureata Nordyckiej Nagrody Literackiej. Udało się? – zapytałem gospodarza, gdy skończył zapisywać coś w notesie.
– Nie. Wygrał jakiś pieprzony Norweg.
We wnęce z grafikami rowerów stał telewizor. Na ekranie migotał jeden jedyny kadr, przez ponad pół godziny ten sam: Tóroddur w okularach Leona Zawodowca, nucący jednostajną, usypiającą melodię.
– Co to takiego?
– Parodia naszych tradycyjnych ballad.
Nie naciskałem. Artysta krzątał się po zapleczu albo przysiadał na biurku, obracając w palcach długopis. Patrzył w podłogę, na sufit, przeglądał strzępy gazety. Wydawał się znużony. „Nigdy nie lubiłem zbyt wiele gadać. Chyba że po wódzie, ale to już zamknięty rozdział" – wyznał reżyserce.

Jeden z obrazów pod oknem przedstawiał mapę archipelagu z mnóstwem haseł pozapisywanych na poszczególnych wyspach.
– Przepraszam, co tu jest napisane? – wskazałem palcem lotnisko na Vágar.
– Gniazdo zepsucia.
Flaga Wysp Owczych z landrynek, notatnik z namazanym hasłem „Marchew jest mordercą", obraz *Boże, pobłogosław rower* – krążyłem od wnęki do wnęki jak na targu różnostek. Mijałem kolorowe grafiki, zeszytowe zapiski, instalacje z mioteł i kamieni, uwieszone na sznurkach papierowe statki. Na betonowej posadzce stał traktor z plastikową figurką Jezusa, Jezus leżał na naczepie. Obok wzniesiono budowlę z patyków po lodach, której pilnował koń. Na wprost pustej ściany czekały dwa rozwalające się krzesła.

Landrynki wymieszane były z kulkami na mole.

Na jednym ze szkiców w końcu sali widniała łódź płynąca po oceanie, z wystającym niczym maszt ogromnym fallusem. Wyżej napis z obłoków: „Samotność".

Od premiery debiutanckiego tomu poezji *Botnfall* (Osad) w 1984 roku Tóroddur Poulsen wydał blisko trzydzieści książek. Do niektórych tekstów powstała muzyka.

"Zawsze piszę po farersku, bo duński jest bardziej prymitywny i choć wciąż piękny, to jednak nie tak bardzo jak nasz. Poza tym farerski jest bardziej ekskluzywny. No bo ilu ludzi mnie czyta? Góra stu. Jeśli jest ich zbyt wielu, to cała robota traci wartość".

– Duńska oficyna, w której pan publikuje, zajmuje się też przekładami Egona Bondy'ego – przypomniałem sobie przy wyjściu. – Zna pan jego wiersze?
– Kogo takiego?
– Bondy. Czeski poeta. Autor frazy: "Wczoraj rano przy niedzieli strasznie jajca mnie swędzieli*" – tłumaczyłem gestykulowaną angielszczyzną.
– Zapisz mi go, proszę, na kartce.

Próbka twórczości Tóroddura Poulsena w chałupniczym tłumaczeniu z angielskiego: "Wierzę w satelity, statki, kamieniołomy, sklepiki, budki z hot-dogami, kobiety w minispódniczkach i te w dłuższych, które noszą w torebkach tomiki poezji, wierzę w spadające gwiazdy, w motocykle z żółtymi przyczepami, wierzę w umarłe liście i w skromnego Boga, ale nie tego od braci plymuckich z ich okiem Opatrzności, którym bezbłędnie dostrzegają plik banknotów sterczący z mojej butonierki".

* Przekład Andrzeja S. Jagodzińskiego przywołuje Mariusz Szczygieł w reportażach *Życie jest mężczyzną* [w:] *Gottland*, Czarne 2006, 2010; i *Zapaliło się łóżko* [w:] *Zrób sobie raj*, Czarne 2010.

Portrety za mgłą

Załóżmy, że stoję po kolana w jeziorze Toftavatn i zgodnie z sugestiami Andrzeja próbuję złapać na goły hak pstrąga. Jest wietrznie i nieprzyjemnie, pudełkowate domy w Runavík otula mgła, owce położyły głowiny na mchu, a buremu psu znudziło się grzebanie w trawie i pobiegł pobawić się sflaczałą oponą do przedszkola na rogatkach osady. Ostatni człowiek był tu wczoraj: miał kij, solidne gumowe buty i maszerował w kierunku Æðuvík, gdzie raz do roku setka mieszkańców dekoruje ściany i dachy domostw choinkowymi lampkami, by łunę światła zobaczyli aż w Nes.

Przy trzecim zarzuceniu wędki przypominam sobie legendę o wodnym elfie Nykinie mieszkającym w Toftavatn. Ludzie opowiadają, że wynurza się pod postacią pięknego młodzieńca lub centaura, hipnotyzuje swoją ofiarę i porywa do podwodnych komnat. Podobno przed wiekami zginęło w ten sposób czworo mieszkańców Rituvík – nie pomogły nawet potężne wichry, które szarpały lustro Toftavatn, by umożliwić nieszczęśnikom wydostanie się na ląd. Spotkanie z Nykinem oznaczało śmierć.

Dla otuchy wyję refren *Gloym meg ei* Finnura Jensena. Bierze ryba. Z niewielkimi problemami wyciągam podbierakiem złotego pstrąga i wychodzę na brzeg po wiadro.

– Wypuść mnie, a spełnię jedno twoje życzenie – odzywa się pstrąg. Wiatr zaczesuje trawę, w tle warkot harleya. Udaję, że niby wszystko gra.

– Pstrągu, marzy mi się encyklopedia farerskich postaci i anegdot, bo umiera tu zbyt wiele historii. Farerowie albo nie pamiętają, albo nie są skłonni wnikać w szczegóły. W przewodnikach jedno i to samo: rozwlekłe akapity o przyrodzie i krajobrazach. Tak nie może być. Chciałbym, aby powstało lokalne „kto jest kto", dostępne także dla obcokrajowców.

– Przykro mi, twoja prośba jest nie do spełnienia.

* * *

Rozmawiam ze znajomą Farerką.

– Czasami śnią mi się ludzie ze Skarð, śnią się niedokończone historie, wspominam sytuacje, kiedy ktoś napomykał o Jonie Hestoyu, Ruth Smith, Pálu Joensenie i nagle urywał myśl, zmieniał temat lub milkł, jakby zdradził o słowo za dużo. Chciałbym dowiedzieć się, co jest dalej. Marzy mi się kilkunastotomowa saga, słownik biograficzny, większa narracja, w której wszystko zostanie raz na zawsze dopowiedziane.

– A kto miałby to niby stworzyć? Jesteśmy zbyt małym narodem.

„Po co, jest nas za mało, kogo to zainteresuje, daremna robota". Jak refren.

Może warto uratować chociaż skrawki?

Díðrikur í Kárastovu (1802–1865)

Zanim pojawił się jakikolwiek inny farerski malarz, autor *Księżycowych gołębi* już nie żył.

Według podań mieszkańców Sandoy, pewnego dnia roku 1829 Díðrikur przybył konno ze Skarvanes nad jezioro Sandsvatn. Miał ze sobą farby i pędzle – wówczas na Farojach materiały nie do zdobycia. Zamiast namalować pejzaż – jak setki jego następców – zamarzył sobie ptaki. Zabił konia, a one pozowały mu, dziobiąc padlinę.

Tak powstało pierwsze płótno na Wyspach Owczych.

Tórarinn, mężczyzna spotkany przy drodze donikąd

Na osadę Válur składa się czterystumetrowa asfaltowa droga, podstacja hydroelektrowni, dwadzieścia trzy schludne willenki i kilka szop na łodzie. Nie ma co prawda sklepu, ale za skrzyżowaniem zaczyna się Vestmanna, a tam można już zdrowo zaszaleć.

Nikt nie zauważa Válur, ale i Válur – przytulona do podbrzusza jedynej wylotówki z fiordu – nie dba o to, by ktokolwiek się nią interesował. W jednym z ogródków parkuje pojazd zbity z desek i sklejki, napędzany lichym sznurkiem. Zabawkowe kółka zakonserwował na rdzawo deszcz.

– W dzieciństwie schodziliśmy tędy i puszczaliśmy w morze statki zrobione z pudełek po duńskiej wódce – opowiada postawny facet po czterdziestce, w bluzie z membraną i traperach. – Te pudełka to było coś ekstra, rarytas z importu. Jeszcze dwadzieścia lat temu na Farojach obowiązywała prohibicja, więc o skrzynki nie było łatwo.

Zapoznaję się z Tórarinnem, gdy rzuca ringo swojej suce Łajce. Jako jedyni zakłócamy válurski bezruch.

– Po lekcjach spotykaliśmy się grupą i urządzaliśmy wyścigi w olejowych beczkach po zatoce albo kopaliśmy piłkę na pochyłym trawniku. Parę razy uciekła nam do oceanu, to znów wybiliśmy jakąś szybę, jak to dzieciaki. Niewiele nam było trzeba.

Nie gadamy o niczym konkretnym. Tórarinn jest elektrykiem na statku – sześć tygodni pracuje, kolejne sześć odpoczywa. Żonaty, kibicuje Liverpoolowi, wybudował w swoim ogrodzie małe boisko i plac zabaw. Ma żal do gminy Kvívik, że traktuje Válur niepoważnie i nie można doprosić się o remont drogi. Przez rok mieszkał w Stanach. Oszałamiały go ogrom i pustkowia.

– Nie doceniamy tutaj pewnych spraw. Dla niektórych „daleko" to pojechać na zakupy z Vestmanny do Tórshavn.

Z domu obok wychodzi kobieta z toczkiem, Łajka biegnie na stary most, Tórarinn ściska ringo. Rześkie styczniowe popołudnie.

Hans Dánjal Martin Hansen vel Dánjal í Nyggjubúðuni (1898–1978)

Dwa zdjęcia.

Na pierwszym Dánjal siedzi przy odrapanej ścianie w rodzinnym Skálavík. Ubrany we flanelową koszulę, gabardynowe spodnie na szelkach i gumowe chodaki z wzorzystą obwódką. Ma duży nos, siwiznę z przedziałkiem i czoło w bruzdach jak ściana w tle. Dłonie splecione, na owalnej twarzy maluje się lekki uśmiech. Zdaje się, że wrócił właśnie od sąsiada, który buduje drewniane pułapki na pikujące nad zatoką nurzyki.

Fotografię można obejrzeć w mniejszej izbie domu Undirhúsinum. Dom pełni funkcje muzeum, klubu farmera, poczekalni na pętli autobusowej i kafejki, gdzie ludzie ze Skálavík wpadają w ciągu dnia podyskutować. Linjohn, sołtys osady, przedstawia mi wszystkich obecnych i wskazuje na czarno-biały portret Dánjala. – Po drugiej nieudanej operacji w wieku dwunastu lat Dánjal stał się całkowicie niewidomy. Od tego czasu jego oczami stali się przyjaciele i znajomi.

Ponad trzydzieści lat po jego śmierci mieszkańcom wracają wspomnienia. Dánjal spacerujący w stronę kościoła, mieszający owczą krew w cynowym wiadrze i śpiewający na letnim przyjęciu pieśń *Kom og dansa* do melodii z *Wesołej wdówki*. Dánjal i olbrzymi drąg z siecią do chwytania maskonurów. Odgłosy prządzarki i koła do ostrzenia noży. Rozmowy o kierunkach wiatru, tabace, parciejących linach. Dánjal na polu, wsypujący na taczkę ziemniaki w kształcie embrionów. Ktoś pamięta jego bordową furażerkę, inny – pomoc przy układaniu torfu w trakcie majowych wycinek („Jeśli skruszeje, będzie do niczego", mawiał stary Melkir).

Na drugim zdjęciu widać port i eleganckiego mężczyznę, który wysiadł właśnie z promu Smyril i idzie w górę osady. Walizkę niesie mu farmer w grubym swetrze i kaszkiecie. Podpis: „Rok 1959. W czarnym płaszczu i kapeluszu przedstawiciel Duńskiego Związku Niewidomych, który podróżował trzy dni, aby poznać Dánjala í Nyggjubúðuni. Jeszcze nie wie, że Dánjala nie ma w Skálavík, bo wypłynął na pokładzie Falkura łowić ryby na Grenlandii".

Jonhard Mikkelsen (ur. 1953)

– Podzieliliśmy się tak, że otworzyłem duńsko-farerski słownik mniej więcej w połowie, Annfinnur wskazał na chybił trafił jakieś słowo i powiedział, że bierze wszystko, co poniżej, a reszta jest dla mnie. Opracowaliśmy ponad osiemdziesiąt tysięcy haseł, zajęło nam to trzy lata.

Przestronny gabinet Jonharda Mikkelsena jest jednocześnie biblioteką, siłownią i biurem wydawnictwa Sprotin. To tu, na pachnącym drewnem poddaszu willi z bujnym ogrodem, powstała połowa materiału do dwutomowego słownika farersko-angielskiego i angielsko-farerskiego. Drugą część napisał Annfinnur í Skála.

– Nie ma u nas w kraju ani pieniędzy, ani dostatecznej liczby specjalistów, żeby do tego typu projektów angażować cały sztab – tłumaczy Jonhard. Pytam o historię. – Poza pojedynczymi dokumentami stworzonymi w średniowieczu, do 1781 roku język farerski nie istniał w formie pisanej. Olbrzymie szkody dla naszej kultury i języka wyrządziła reformacja – opowiada, wyglądając przez okno na rude zbocza Vestmanny.

– Na Wyspach Owczych ruch reformacyjny zaprzeczył w pewnym sensie jednemu ze swych podstawowych postulatów: podnoszeniu rangi języków narodowych w liturgii. Duński, który nigdy nie był podstawowym językiem mieszkańców archipelagu, zaczął obowiązywać w Kościele, administracji, handlu i sądownictwie, spisywano nim wszelkie rozporządzenia i ustawy. Farerski, zepchnięty na margines, trwał w przekazach ustnych i balladach. Przez wieki wyodrębniały się jego dialekty. Różnice w mowie zachowały się do dziś.

Pierwszym, który skodyfikował farerski język mówiony, był Jens Christian Svabo z Miðvágur. Pod koniec osiemnastego wieku zapisał fonetycznie ludowe pieśni. Tradycja wspólnego śpiewania ballad – heroicznych, obyczajowych, satyrycznych, dziecięcych – sięgała średniowiecza i w połączeniu z tańcem korowodowym odgrywała bardzo ważną rolę w życiu społecznym.

Dzieło Jensa Christiana kontynuował Venceslaus Ulricus Hammershaimb. W grudniu 1844 roku udało się mu przemycić do duńskiej gazety „Kjøbenhavnsposten" artykuł, w którym stanowczo sprzeciwiał się traktowaniu farerszczyzny jako duńskiego dialektu. Opinia wywołała sprzeciw środowisk akademickich. Hammershaimbowi zarzucono nacjonalizm. Nie przejął się krytyką i opracował standardy farerskiej pisowni i gramatyki, formując podwaliny języka literackiego. Miał wtedy dwadzieścia siedem lat. Zaraz potem, wspierany przez swojego duńskiego przyjaciela, etnografa Svenda Grundtviga, wydał uaktualniony zbiór ludowych ballad oraz pierwszy podręcznik do nauki języka.

W 1891 roku ukazało się jego dzieło życia, zatytułowane *Færøsk Anthologi* – dwutomowy zbiór tekstów o języku i kulturze, z wplecionymi wątkami społecznymi.

Rozkwit intelektualny nie miał, niestety, przełożenia na edukację. Choć obowiązek szkolny wprowadzono na Wyspach Owczych w latach czterdziestych dziewiętnastego wieku, to przez ponad sześć dekad języka farerskiego w ogóle nie uwzględniano w programach zajęć. Głównym językiem edukacji i liturgii stał się dopiero w 1938 roku. Za następne dziesięć lat uzyskał status urzędowego języka archipelagu, wraz z uchwaleniem przez parlament Danii Zasady Samostanowienia.

– Na ile mocno zakorzeniły się obce wpływy?

– Dziś duńskiego uczymy się z przyczyn praktycznych. Czasy, gdy był to język oficjeli, kleru i administracji, minęły. Farerski przetrwał po reformacji choćby dzięki morsko-rolniczemu charakterowi społeczeństwa. W duńskim, w odróżnieniu od farerskiego, nie istniało wiele określeń związanych z polowaniem na ptaki, wypasaniem owiec, pogodą, prądami morskimi, szkutnictwem, rybołówstwem. Tradycje językowe utrwalały się też w nazwach miejscowych. Na przykład na Mykines, wyspie o powierzchni dziesięciu kilometrów kwadratowych, mieszkańcy nadali nazwy prawie tysiącu pięciuset miejscom – poletkom, skałom, górskim ścieżkom, terenom polowań i hodowli.

Bardzo istotną rolę odegrał też przekazywany z pokolenia na pokolenie zwyczaj opowiadania historii i baśni w trakcie wieczornych spotkań całej rodziny (*kvøldseta*) przy palenisku w izbie dymnej (*roykstova*).

– Wasz słownik nie jest pierwszy?

– Powstało już kilka. Od ponad dwudziestu lat o rozwój języka farerskiego dba specjalna komisja przy uniwersytecie w Tórshavn. Prowadzone są nieustanne dysputy nad nowymi słowami, ustalenia pojawiają się w internecie, wiele wyrazów wchodzi do potocznej mowy. Chcąc chronić język przed anglicyzmami, wprowadzamy własne słowotwory. Na przykład komputer to *telda*, helikopter – *tyrla*, kontener – *bingja*.

Często tym nowym, „lepszym" farerskim swobodniej posługują się młodzi. U starszych wciąż pokutuje dużo nawyków z duńszczyzny.

W grudniu 2010 roku język Wysp Owczych wzbogacił się o techniczne określenie na interfejs użytkownika (*nýtslumarkamót*) oraz dwa terminy z zakresu trudności w rozwoju społecznym – zachowanie wycofujące (*innvirkin atferð*) i nieadekwatne zachowanie antysocjalne (*útvirkin atferð*).

Sjúrður Skaale (ur. 1967)

Więc oto mamy Wyspy Owcze – nagi archipelag o powierzchni Londynu i liczbie mieszkańców Skierniewic.

Wśród bazaltowych skał i piernikowych domków wyłania się dwóch raperów („Rap nie przystaje do naszych realiów, jest zbyt agresywny", wyjaśnia Barður, specjalista od street artu).

Jeden raper deklamuje frywolne wstawki dla uwielbianego przez dziewięciolatki girlsbandu i zabiera głos w sprawie lokalnego portalu randkowego.

Drugi, dużo starszy, ubrany w przetarty na łokciach sweter, wyrusza na podbój Kopenhagi. Pod pałacem królewskim Amalienborg powiewa farerską flagą i wykrzykuje w kierunku gwardzistów królowej Małgorzaty II:

– Wasz kraj jest marny, podobnie jak jego język, kultura i obywatele!

Nadjeżdża policja.

Raper nazywa się Haraldur. Kiedy przestaje rapować, nazywa się Sjúrður Skaale, redaguje poważne książki, pisze eseje społeczno-polityczne do gazet i artykuły prawnicze do fachowej prasy zagranicznej. Wszedł na Kilimandżaro i Mont Blanc. Wybrano go do Løgtingu.

Odpowiada na e-maila: „Haraldur to jeden z bohaterów serii komediowej *E elski Førjar* (Kocham Wyspy Owcze) – zagorzały farerski patriota, który zmuszony jest mieszkać w Kopenhadze, ponieważ jego duńska żona i córka nie chcą przeprowadzić się na Owce. W innych skeczach wcielam się między innymi w homoseksualistę Kjartana, nawiedzonego prezentera entuzjastę globalizacji oraz – w ramach nowej satyrycznej serii *Pieprz i sól* – w twardziela Káriego *cool*".

Zamach na Amalienborg jest scenką wyreżyserowaną na potrzeby teledysku do piosenki *Danskt pjatt* (Duński syf). Zresztą, co to za zamach – trochę dreptania i machania pięścią, a jak przychodzi co do czego, to Haraldur bierze żonę pod ramię i grzecznie oddala się z miejsca zamieszania.

Ruth Smith (1913–1958)

Historyk sztuki Bárður Jákupsson pisze w albumie *Visual Arts in the Faroes* (Sztuki wizualne na Wyspach Owczych): „Nie ma i nie było farerskiego artysty równie wrażliwego na kolory, co Ruth Smith. W świecie światła i cienia potrafiła jak nikt inny intuicyjnie wychwytywać najdrobniejsze niuanse [...]. Miała introwertyczną osobowość, była skryta i powściągliwa, prezentowała swoje prace z olbrzymią niechęcią. Jej artystyczny trud objawiał się bolesnym dążeniem do perfekcji. Z powodu choroby oczu i groźby utraty wzroku zmagała się z ciężką depresją, której najsilniejsze stadium przypadło na zimę 1957/1958. Bogaty dorobek malarski Ruth jest świadectwem bezkompromisowych poszukiwań, nierozerwalnie połączonych z krytycznym nastawieniem do efektów swej pracy".

W 1954 roku Ruth Smith maluje serię obrazów *W Nes*, przedstawiającą osadę na przedmieściach rodzinnego Vágur. Na jednym z płócien widać kawałek brzegu i potargany ocean domknięty oliwkowymi górami.

26 maja 1958 roku Ruth kąpie się w miejscu z obrazu. Zna je doskonale – dziesiątki razy urządzała tu pikniki z mężem i dziećmi. Tym razem jest sama. Wstaje wcześnie rano, by skorzystać z bezdeszczowego poranka. Tonie.

Kilka lat później poeta Karsten Hoydal wspomni ten dzień w wierszu *Do Ruth*, pisząc o nagle utraconym błękicie i życiu, które rozsypało się jak popiół.

* * *

Chciałbym poznać losy mężczyzny z książeczką psalmów w kieszeni sfatygowanej marynarki, który pewnego kwietniowego ranka pomagał zacumować prom w porcie na Nólsoy. Stał akurat na nabrzeżu, kiedy szyper krzyknął do niego, by złapał linę. Facetowi nie trzeba było dwa razy powtarzać. Nie wyjmując papierosa z ust, zaplątał gruby hol wokół betonowego pierścienia, jakby wiązał sznurówkę w swoim wypastowanym pantoflu. Mógł mieć jakieś pięćdziesiąt lat i nietypowe imię: Róðbjartur, Fálgeir lub Víggrímur. Do mszy zostało jeszcze trochę czasu, więc wstąpił na przystań, zobaczyć, kogo niesie z Tórshavn. Zapewne był rybakiem lub farmerem, choć gdyby zagłębić się w jego życiorys, to okazałby się także pilotem helikoptera, inżynierem budowlanym albo lokalnym muzykiem.

Gdy kilka godzin później opuszczałem wyspę, rozmawiał z kobietą czekającą na prom w drzwiach blaszanego kontenera. Stali na tym osobliwym przystanku i zerkali na czworo nastolatków, którzy wpłynęli akurat do zatoki wynajętym jachtem. Nikt nie siedział na ławce przy kamieniu Ove Joensena. Dróżką prowadzącą do kawiarni przybiegł pies.

Nigdy nie udało mi się odkryć, w której części portu na Nólsoy ukryto studio muzyczne Miód w Uszach. Nie zagadnąłem Jensa-Kjelda Jensena, naczelnego ornitologa Farojów, który tamtego dnia wracał ze mną samem do Tórshavn. Prom kołysał się na boki, podróżni dyskutowali w podgrupach, a ja patrzyłem na rozświetlone słońcem Toftir.

To właśnie w Toftir, na wykutym w skale stadionie narodowym Svangaskarð, Uni Arge strzelił pięć z ośmiu goli w swojej karierze reprezentanta Wysp Owczych w futbolu. Literat, były bankier, dziennikarz, gitarzysta, wokalista i autor dwóch solowych płyt z muzyką folkową, prezenter telewizyjny i politolog. Uni. Podawali mu piłkę, a on biegł co tchu i wkopywał ją do bramki. Potem machał do ludzi siedzących na trybunach i nie za bardzo wiedział, jak się w tym odnaleźć. Kiedy 8 czerwca 1997 roku przechytrzył od strony jeziora Toftavatn obronę Malty, patrzyło na niego prawie siedem tysięcy Farerów. Piąta część dorosłej populacji kraju.

Prom warczał i zostawiał za sobą wstęgę piany, a moje myśli frunęły hen, za stadion, nad fiordem Skála, zatoką Gøta, przez Leirvík, w kierunku Kunoy. Tam, gdzie po wschodniej stronie butelkowatej wyspy, na północ od Haraldssund, chowa się w darni stos kamieni.

Ukujmy historię o chłopcu, który każdego dnia przysiadał w tamtej okolicy na stromym zboczu i wyobrażał sobie, że jest ptakiem. Czuł, jak podrywa się do lotu i szybuje w kierunku widnokręgu. Linia, gdzie woda styka się z niebem, przypominała mu krawędź stołu, z którego ciekne rozlana zupa.

Marzeniem chłopca było minąć tę krawędź i zobaczyć, co jest niżej. Sześcioletnia koleżanka w za dużych butach przekonywała go, że musi stać tam wielkie stado owiec i woda z oceanu kapie na nie jak deszcz.

Osada, w której mieszkali, nazywała się Skarð. Sześć domów jak paciorki i trzy zagrody wtulone w nieprzyjazne góry – to było całe Skarð. Dziecinna igraszka. Ziarnko piasku, które wypadło z buta Stwórcy.

Tak mogłaby zaczynać się opowieść o wydarzeniach z dnia poprzedzającego Boże Narodzenie 1913 roku. U wylotu fiordu zauważono olbrzymią ławicę czarniaków, więc mężczyźni ze Skarð sposobią się do wyprawy. Mają ośmioosobową łódź, w której wystarczy jeszcze miejsca dla dwóch młodzieńców.

Ale chłopiec marzyciel zostaje w osadzie. Razem z dziadkiem, siedmioma kobietami, przyjaciółką, młodszym rodzeństwem i innymi dziećmi. Zamiast niego na połów wypływają dwunastoletni Njál i cztery lata starszy Beinir.

Zachowana historia stosu kamieni na Kunoy (tyle zostało dziś ze Skarð) zamyka się w czterech lakonicznych zdaniach:

„23 grudnia 1913 roku łódź rybaków ze Skarð przewrócił sztorm. Zginęli wszyscy pasażerowie. Z powodu utraty praktycznie całej męskiej populacji osada wyludniła się. Ostatnia kobieta opuściła Skarð w roku 1919".

* * *

Símun av Skarði – autor słów do hymnu Wysp Owczych *Mítt alfagra land* (Mój kraju najpiękniejszy), polityk, pedagog, twórca Uniwersytetu Ludowego w Tórshavn. Urodził się w 1872 roku w Skarð.

Helgi Laksafoss – dwadzieścia kilometrów od Skarð, w Viðareiði, uratował życie tonącemu Januszowi Kamoli, kierownikowi montażu i remontów w stoczni w Tórshavn. Był początek stycznia 1991 roku. Janusza (robił zdjęcia nowiutką yashiką) porwała z klifu tak zwana dziewiąta fala*.

Jákup Dahl – tłumacz Biblii na język farerski, razem z Símunem av Skarðim opublikował zbiór kolęd i pieśni religijnych.

Pál Joensen – pływak, rocznik 1990, zamieszkały w Vágur, w 2009 roku na zawodach o Puchar Świata w Moskwie zabrakło mu trzech sekund do pobicia rekordu świata na 1500 metrów stylem dowolnym. Mały, szkolny basen, w którym przygotowuje się do międzynarodowych startów (jeden z dwóch na wyspie), znajduje się dwieście metrów od pomnika Jákupa Dahla.

„*Skál, Pál!*" (Na zdrowie, Pál!) – napis na skale przy szosie z Tvøroyri do Vágur. Powstał dzień przed powrotem Pála

---

* Dziewiątą falą określa się między innymi w żeglarstwie morskim nieuzasadnione naukowo zjawisko występowania po ośmiu zwykłych falach jednej potężniejszej. Motyw wykorzystywany był w malarstwie (*Dziewiąta fala* Iwana Ajwazowskiego) i literaturze (*Za dziewiątą falą. Księga legend irlandzkich* Marie Heaney).

Joensena do rodzinnej miejscowości z Mistrzostw Europy Juniorów w Belgradzie, gdzie zdobył trzy złote medale, również w 2009.

Rani Gregoriussen, Kristian Gustafson, Tórður Hentze, Fróði Ludvig – za swoje osiągnięcie nie otrzymali żadnego medalu, a ich wyczyn spotkał się praktycznie z zerowym odzewem: w mroźny październikowy wieczór roku 2009 wyruszyli z centrum Tórshavn i po prawie osiemnastu godzinach spaceru zameldowali się przy fabryce piwa w Klaksvík, osiemdziesiąt jeden kilometrów od domu.

Wszystkie te i wiele innych haseł, odpowiednio uzupełnionych i wzbogaconych, powinny znaleźć się w farerskim „kto jest kto", jeśli kiedykolwiek się ukaże.

* * *

Wtem jak nie wyleci z kuchni pirat i rach, ciach!, szabelką w okolice aorty. Najprawdziwszy, w pasiastej koszulce i z przepaską na oku.

Na szczęście przybiega królewna i zajmuje pirata albumem z motylami. Na ręce Dostojnej Wróżki przekazuje rysunek Najbardziej Kolorowego Kwiatu Wiosny.

Za oknem krzątają się Budowniczowie Domów na Drzewach. Mają piły i wiertarki. Dziś wieczorem Sekretny Pałac powinien być skończony.

Pirat płacze przy zlewozmywaku. Nie zgadza się na umycie rąk.

Królewna zakłada nogi na głowę i zaśmiewa się zza seledynowej sukienki.

W domu Rakel Helmsdal, autorki prozy dziecięcej i młodzieżowej – dzień jak co dzień.

Raz w tygodniu Dostojna Wróżka idzie do pracy w bibliotece Instytutu Energetyki Odnawialnej. W czwartki prowadzi zajęcia kreatywnego pisania na uniwersytecie. Czasem ktoś jej zleci wykonanie grafiki komputerowej, uszycie kostiumów na przedstawienie teatralne, pomoc przy scenariuszu.

Każdą wolną chwilę spędza w domu ze swoimi dziećmi. Sześcioletnia Felisia jest teraz elfem, a trzyletni Sirius porzucił żywot korsarza i pędzi na Dziki Zachód.

Mąż Rakel Jógvan i starszy syn Gwenaël wolą trzymać się z boku.

– Nie rozwodzę się nad problemami, jestem po prostu szczęśliwa. Szczęście znajduję w interesujących zdaniach w książkach, w trakcie miłego spaceru, odkrywam je, gdy piekę chleb albo przesadzam kwiaty i zanurzam dłonie w zimnej ziemi. Złe momenty ulatują dużo szybciej, bo nie mam dla nich sentymentu.

Rakel mówi o symfoniach Czajkowskiego i *24 godzinach z życia kobiety* Stefana Zweiga. O Bradburym i drewnianych żołnierzykach, które struga jej syn.

– Ale my, Farerowie, mamy często problem z pokazywaniem, że coś się nam podoba. Jeśli jest dobre, nie mówimy nic. Przyjmujemy, że tak być powinno. Niedawno na przystanku autobusowym zaczepiła mnie nastolatka, mówiąc, że czyta i lubi moje powieści o Hugo. To było wspaniałe, ale pomyślałam potem, że brakuje nam takiej spontaniczności.

Obserwuję Rakel, jak bawi się własnoręcznie zrobionym naszyjnikiem. Nad nami, na zdjęciu obok kolekcji smoków: czarodziejskie ognie w ogrodzie, bal przebierańców i głowa z dyni.

* * *

Niektórych Farerów możemy odwiedzić dzięki filmom.

Czterokrotnie nominowany do Nordyckiej Nagrody Literackiej poeta Jóanes Nielsen w dokumencie *Sporini vaksa úr orðum* (Ślady wyrastające ze słów) przysiada na półpiętrze w swoim domu i pokazuje wiszący przy schodach sierp i młot.

„Umocowałem go nieco krzywo, żeby przy potknięciu nie nadziać się na ostry element. Podarował mi to jakiś facet, który przyuważył, jak rosyjscy marynarze odczepiają coś z komina swojego statku i wyrzucają do zatoki Sørvágur. Tak uwolnili się od cholernego komunizmu. Facet to wyłowił i któregoś razu przyjechał do mnie, łomocząc w drzwi: »Dobry wieczór, przyniosłem prezent! Wiem, że jesteś z tych, no wiesz, czerwonych«. Wziąłem to od niego, trochę wypolerowałem i zawiesiłem tak, że widać od wejścia".

W dokumencie *1700 meter fra fremtiden* (1700 metrów od przyszłości) podglądamy mieszkańców peryferyjnego Gásadalur. Jest rok 1989, osada jako ostatnia w kraju nie ma połączenia drogowego z innymi miejscowościami. Przed kamerą stoi młody wąsaty mężczyzna w dżinsowej kurtce i przyciemnianych okularach. Kieszeń na piersi rozpycha mu olbrzymi telefon. Mężczyzna opowiada o swoim zgniłozielonym furgonie marki Volkswagen T1, który przypomina auta gangu Olsena i jest jedynym samochodem w Gásadalur. „Przyleciał tutaj podwieszony na linach do helikoptera. Usunąłem tablice rejestracyjne, bo droga ma czterysta metrów i donikąd nie prowadzi, więc uznałem, że to bez różnicy. Któregoś razu odwiedził mnie dziennikarz. Porobił zdjęcia, napisał artykuł. Wydrukowali w naszej prasie. A potem odebrałem telefon z towarzystwa ubezpieczeń: »Nie możesz jeździć bez tablic, to nielegalne«. Nie wiedziałem, co odpowiedzieć. Było przez to trochę kłopotów".

Opowieść mieszkańców osady Hattarvík, bohaterów dokumentu *Burturhugur. Faroese Observations*. Pięćdziesięcioletnia Katrin: „Tamtego dnia mój mąż Tróndur reperował dach silosu. Znów zanosiło się na sztorm. Poszedł mu pomóc nasz syn, ja siedziałam tutaj i robiłam sweter. Długo nie wracali. Ogarnął mnie jakiś dziwny niepokój, więc wyszłam zobaczyć, co się dzieje. Spotkałam Hanusa, odpowiedział, że już jakiś czas ich nie widział i...". Brodaty Jonhard: „Dopływaliśmy do

Hattarvík. Był wrzesień, zapadł zmrok. W porcie spotkałem swojego ojca i innych ludzi z osady. Mieli linę, którą obwiązali się nawzajem. Nie odważyliby się zejść na nabrzeże bez liny. Później powiedzieli nam, co się stało…". Siwy mężczyzna w kraciastej koszuli: „To był nieszczęśliwy wypadek. Razem ze starszym synem zeszli do portu wyrzucić gruz, jakieś resztki z remontu. Mieli taczkę. Obaj zginęli. Dla Katrin nadszedł trudny czas". Katrin: „To było straszne. Cała osada, my wszyscy zeszliśmy ich szukać. Bez skutku. Nadeszła noc, nie natrafiliśmy na żaden ślad. Po prostu zniknęli". Brodacz: „Następnego dnia przypłynęli kutrem nurkowie. Szukaliśmy na dwie łodzie, byłem na tej mniejszej, ciągniętej przez kuter. Dobrze przygotowana akcja. Dwóch nurków zeszło pod wodę". Katrin: „I zaraz ich znaleźli. Nie spodziewałam się tego, bo pogoda była fatalna. No a potem trzeba było się z tym wszystkim uporać. Ale mam jeszcze dwie córki i syna, a dzieci nigdy nie pozwolą ci na chwilę spokoju".

Piegi Europy

Kiedy Islandczyk zechce przekomarzać się z farerskim sąsiadem, stwierdzi, że mieszkańcy Wysp Owczych wywodzą się z najsłabszych żeglarzy, którzy przed wiekami wiosłowali z Europy do wyśnionej Islandii, ale zmogły ich choroba morska i alkohol, musieli więc skończyć podróż kilkaset mil wcześniej. Farer odpowie, że było zgoła odwrotnie: najbystrzejsi i najlepiej wyszkoleni w nawigacji dotarli na Wyspy Owcze, a tych, którzy nie radzili sobie z prądami morskimi, kompasem i całą resztą, wyniosło aż na plującą wulkanicznym żużlem Islandię.

– Ale prawdziwa opowieść o naszych korzeniach zaczyna się od celtyckiego kapłana, który prawdopodobnie w 545 roku przybił do brzegu Kirkjubøur w drewnianej łodzi obleczonej wołową skórą – uściśla Birgir Johannesen.

Stoimy na wzgórzach Argir, skąd Tórshavn przypomina po zmroku kieszonkową wersję Monte Carlo. W oddali błyska światło latarni morskiej Borðan na południowym krańcu Nólsoy. Przed piętnastoma wiekami ten skrawek lądu – majaczący pośrodku oceanu niczym widmo – był zapewne pierwszym, jaki dostrzegli żeglujący z Irlandii mnisi.

– Biskupa Brendana z Clonfert nie można jednak uważać za odkrywcę Wysp Owczych, bo według ocalałych rękopisów

Navigatio Sancti Brendani Abbatis przybyłemu ze swą załogą duchownemu miał wyjść na powitanie mężczyzna. Wiadomo tylko, że przyniósł podróżnikom jedzenie. *Navigatio...* tytułuje go mianem „zarządcy". Prawdopodobnie był to irlandzki pustelnik, który trafił na Wyspę Owiec przypadkiem, żeglując w nieznane. Trudno powiedzieć, ilu jemu podobnych żyło wcześniej. Pewnie niewielu, ponieważ dopiero koło IV wieku klimat stał się wystarczająco znośny, by móc bezpiecznie pływać w tych rejonach. W trakcie rejsów ku Grenlandii i Ameryce Północnej święty Brendan spotykał „zarządcę" jeszcze kilkakrotnie. Zawsze w okolicach Kirkjubøur.

Pakujemy się z Birgirem do auta jego ojca i jedziemy w dół miasta. Zroszony mżawką asfalt błyszczy w świetle latarń jak wilgotna skórka chleba.

– Puszczę ci coś – mój przewodnik wyciąga ze schowka pudełko z płytą. Z okładki patrzą ponuro wikingowie w hełmach. W tle kłębiaste chmury nad opustoszałym fiordem. – To ballada inspirowana jedną z ludowych pieśni, do której wykonujemy nasz narodowy taniec – zapowiada Birgir i wciska guzik odtwarzacza.

Hipnotyzujący dźwięk przesterowanych klawiszy. Potem gitara i czynele. Na to flet. Pasują do wzburzonego oceanu za oknem. Wokalista deklamuje tekst przy akopaniamencie przytłumionych bębnów. W refrenie przyłącza się chór.

– Zupełnie, jakby płynęli przez morze i zaklinali rytm wiosłowania. W tych okolicznościach kojarzy się to jednoznacznie – mówię, spoglądając na czarną zatokę i budynki stoczni.

– Zespół nazywa się Týr, a pieśń *Ormurin langi*. W oryginalnej wersji Jensa Christiana Djurhuusa z 1830 roku ma osiemdziesiąt sześć zwrotek, po każdej następuje refren: „Tańcz, formuj krąg, ku chwale dzielnych Norwegów szykujących się na wojnę".

– Na wojnę?
– Jest rok 1000, król Olaf I Tryggvason właśnie schrystianizował Wyspy Owcze i rusza na kolejną wyprawę. Nowy statek, Ormurin langi (Długi wąż), lada moment powiezie go na śmierć.

Mijamy rzędy kolorowych domów na przedmieściach. Odhaczam na mapie nazwy kolejnych ślepych ulic. Skotarók, Villingardalsvegur, Undir Svartafossi. Urywają się nagle i dalej nie ma nic. Na planie Tórshavn pustkowia zaznaczono na zielono. Ale zamiast zieleni i lasów – głazy, wiadukt donikąd i pordzewiały rower w kałuży przy szutrowej ścieżynce.

Birgir kontynuuje opowieść o dawnych dziejach.

Mówi o normańskim osadniku imieniem Grímur Kamban – pierwszym, który zamieszkał na Wyspach Owczych po celtyckich i piktyjskich eremitach (do opuszczenia sezonowych osiedli zmusiły ich barbarzyńskie praktyki Wikingów i Normanów).

Wspomina bohaterów farerskiej sagi – Sigmundura Brestissona i Tróndura z Gøty. Sigmundur był sprzymierzeńcem króla Olafa Tryggvasona, neofitą, budowniczym pierwszego kościoła na archipelagu (na wyspie Skúvoy). Swemu przeciwnikowi Tróndurowi starał się narzucić nową wiarę za pomocą siekiery. Wierny staronordyckim bóstwom Tróndur wziął odwet i przegnał Sigmundura do oceanu. Sigmundur dotarł wpław aż do Sandvík na Suðuroy, ale tam spotkała go śmierć z rąk farmera Tórgrímura zwanego „Diabłem".

(„Te sagowe opowieści kompletnie nie przystają do waszego temperamentu", przerywam Birgirowi).

Gdy dojeżdżamy do pętli autobusowej Millum Gilja, jesteśmy przy norweskim królu Olafie II Haraldssonie. Zginął w 1030 roku w bitwie pod Stiklestad. Według legendy tuż po jego śmierci w miejscu prowizorycznego pochówku zaczęły dziać się cuda. Norwegowie uznali go za męczennika i kanonizowali. Dla Farerów jest ważny, ponieważ wprowadził ich do chrześcijańskiej wspólnoty, zapraszając przedstawicieli Wysp Owczych na oficjalne uroczystości i święcenia.

– 29 lipca obchodzimy Ólavsøkę, święto narodowe w dniu śmierci Olafa II – wykłada mój kompan.

(Jakiś czas po tej rozmowie Ellindur z farerskiego oddziału Instytutu Gallupa przedstawi mi wynik badania, z którego wynikać będzie, że w 2002 roku co trzeci mieszkaniec Wysp Owczych posiadał własny strój narodowy. Według szacunkowych danych, liczba odświętnych *klæði* stale rośnie. Kostium na Ólavsøkę wykorzystuje się także przy okazji ślubów, konfirmacji, ukończenia szkoły i innych ważnych wydarzeń. Każdy egzemplarz szyje się na specjalne zamówienie. Kosztuje dwadzieścia pięć tysięcy koron, czyli ponad trzynaście tysięcy złotych).

Słucham o średniowiecznej epidemii dżumy i kobiecie z wyludnionej obecnie osady Hamrabyrgi. Miała na imię Sneppan. Przeżyła jako jedyna z pięćdziesięcioosobowej społeczności. Pomogli jej mieszkańcy położonej za olbrzymią górą Sumby, dostarczając pożywienie w zmyślnie skonstruowanej linowej windzie. W obawie przed zarażeniem, nikt nie zdecydował się odwiedzić kobiety osobiście. Musiało minąć kilkanaście miesięcy, zanim sytuacja uległa zmianie. Ale w Sneppan coś zgasło. Stroniła od ludzi i do końca życia mieszkała w samotności.

Czarna śmierć, która szalała w latach 1347–1352, zmniejszyła populację Europy o jedną trzecią. Na Wyspach Owczych wymierały całe osady. Dżuma zdziesiątkowała między innymi kolonię germańskiego ludu Fryzów na przylądku Akraberg. Pomieszkiwali tam od czasów Olafa II, prowadząc bazę handlową. Pewnego dnia znikli tak nagle, jak się pojawili. Dziś w miejscu dawnej fryzyjskiej osady nad urwiskiem stoi maszt radiowy. Przytrzymuje go osiemnaście podwójnie wzmocnionych lin ze stali grubości ręki.

*

– W XIX wieku przyplątała się jeszcze jedna duża epidemia. Zbadał i opisał ją pewien duński lekarz... – stara się przypomnieć sobie nazwisko Birgir.

(Później dowiem się, że ten lekarz to wybitny patolog Peter Ludvig Panum. Tuż po ukończeniu studiów na wydziale medycyny Uniwersytetu Kopenhaskiego został wysłany przez duński rząd do sprawdzenia niepokojących sygnałów z prowincji. Efektem misji było dzieło *Obserwacje poczynione w trakcie epidemii odry na Wyspach Owczych w roku 1846**.

Pośród wszystkich 7782 mieszkańców archipelagu zachorowało wtedy ponad sześć tysięcy osób. Panum podróżował od osady do osady, próbując badać i tłumić mechanizmy zarazy. Przez pięć miesięcy odra uśmierciła sto dwoje Farerów).

Suniemy powoli na północ. W dalekiej perspektywie fiordu świetliste punkciki osiedli Toftir i Strendur, jak lampki na przewróconych choinkach. Za wąwozem nieopodal Hvítanes skręcamy w lewo. Ulica pnie się kawałek pod górę i prowadzi równym pasmem przez jakiś kilometr, nim stanie się kolejnym ślepym zaułkiem. Wysypisko śmieci, warsztaty, biura, komin spalarni. Tortowy przekładaniec ściętego zbocza góry.

– Tu kończy się Tórshavn – słyszę znad kierownicy.

– Stolica kraju trampolin, ludzi renesansu i uśmiechniętych dziewcząt w maleńkich trampkach Kawasaki – dodaję, wypatrując wiaty przystanku autobusowego.

(Kraniec á Hjalla to jedno z tych miejsc, do których autobus liniowy przyjedzie tylko, jeśli upomnimy się o niego

---

* Tytuł oryginalny *Iagttagelser, anstillede under Measlinge-Epidemien paa Faroerne i Aaret 1846*, Copenhagen 1847. Przekład na angielski A. S. Hatcher, można go znaleźć w internecie: http://www.archive.org/stream/observationsmadeoopanuuoft#page/n7/mode/2up (dostęp 6 marca 2011 roku).

telefonicznie. Nie tracąc wiele z rozkładu, kierowca skręci wówczas z głównej trasy i zabierze chętnych).
– Kraj trampolin? – dopytuje Birgir po chwili milczenia.
– Są w prawie każdym przydomowym ogródku, prawda?

Zanim wrócimy na Gundadalur, dowiem się jeszcze o urodzonym w Tórshavn nobliście Nielsie Rybergu Finsenie (uhonorowany w 1903 roku za odkrycia w dziedzinie światłolecznictwa) i o Williamie Heinesenie, który z kandydowania do Nobla zrezygnował („Powstaje świetna literatura po farersku i byłoby rozsądnie przyznać Nagrodę Nobla osobie piszącej w tym języku. Gdyby przyznano ją mnie, honor spotkałby człowieka tworzącego po duńsku, a w rezultacie zaburzyłoby to rozwój niezależnej kultury Wysp Owczych. Dlatego na kilka godzin przed ogłoszeniem wyników poprosiłem Artura Lundkvista z Akademii Szwedzkiej, by wykreślono mnie z listy kandydatów" – przyznał w wywiadzie dla duńskiego dziennika „Politiken" w październiku 1981 roku).

Po Heinesenie usłyszę o malarzu naiwiście Frimodzie Joensenie z Sandoy (pracował na duńskiej kolei), podróżniku Sigercie O. Paturssonie i jego trwającej sześć lat wyprawie na Syberię pod koniec dziewiętnastego wieku oraz Magnusie Heinasonie, który w czasach reformacji wsławił się bohaterstwem w obronie Wysp Owczych przed piratami.

Czego Birgir nie będzie pamiętał, dopowie przy innej okazji.

O ataku dwóch tureckich statków na Hvalbę latem 1629 roku, po którym przestraszeni Farerowie napisali list do króla Danii z prośbą o broń, amunicję i instruktora strzelania. O pojedynkach zapaśniczych, którymi rozwiązywano spory o ziemię w trakcie zgromadzeń ludowych. O wędrujących kościołach z Suðuroy (co najmniej pięć przenoszono z osady do osady), niewidzianym od 1949 roku białym nakrapianym kruku (odmiana *corvus corax varius*), mężczyźnie, który rzekomo spadł z Palca Wiedźmy, pozdrawiając króla Fryderyka VIII (jak udało mu się wspiąć na samotną pionową skałę?!). O pierwszym meczu reprezentacji piłkarskiej (w Ólavsøkę 1948 roku, Wyspy Owcze–Szetlandy 4 : 1, Farerowie grali w błękitnych koszulach, które przypłynęły z Kopenhagi).

– Ja, ja – potaknie za każdym razem Birgir, zapowietrzając się przy tym, jak przystało na prawdziwego Farera.

Każda kolejna informacja będzie dla mnie radością, ale i udręką. Radością kolekcjonera anegdot, entuzjasty farerskich gawęd, historii i wszystkiego. Udręką człowieka, który podejrzewa, że mało kogo to obchodzi.

Jak przerdzewiały statek „Kapitan Morgun" z Murmańska, dokujący w porcie Kollafjørður (rosyjskojęzyczną część załogi słychać w całej osadzie).

Jak słodki smak rabarbarowych konfitur mamy Jógvana z Sandur.

Jak międzynarodowa nagroda „Banknot Roku 2006" dla bladopurpurowej farerskiej tysiąckoronówki, namalowanej przez Zachariasa Heinesena, brata niedoszłego noblisty Williama (awers – lecące ptaki, rewers – zamglona wyspa Sandoy).

Jak słowa Pálla Guðlaugssona, trenera kadry futbolowej Wysp Owczych, przed meczem w Belfaście w maju 1991 roku: „Mamy szansę dopóty, dopóki przeciwnicy będą z nas szydzić, że możemy jedynie robić ładne swetry" (po spotkaniu zakończonym sensacyjnym remisem dodał: „Niech się śmieją dalej").

Albo najbardziej dramatyczny rejs w historii nowej Norröny, gdy w połowie drogi między Norwegią i Wyspami Owczymi, przy dwunastu stopniach w skali Beauforta na otwartym oceanie urwało się mocowanie stabilizatora i na kwadrans przestały działać silniki. Prom kołysał się bezładnie w przechyle czterdziestu dwu stopni. Podróżujący na siódmym piętrze Janusz Kamola wypadł z koi i w całkowitej ciemności słuchał, jak fale biją w okno jego kajuty („Zastanawiałem się, czy zadzwonić do żony i się pożegnać. W grę wchodziły moja śmierć albo jej zawał").

W trakcie którejś naszej samochodowej pogawędki Birgir stwierdził, że skoro świat tonie w odmętach stale napływających informacji, to Wyspy Owcze – te piegi na czole Europy – mają moralne prawo dolać kilka kropel od siebie.

Do tych skał umocowano świat

Fotoreportaż na Portal.fo: Osiemdziesięcioczteroletnia Sofia Jacobsen łowi ryby w jeziorze Leynarvatn. Ma składane krzesełko, długą teleskopową wędkę, wełnianą czapkę i popielaty płaszcz.

Informacja dnia: W dziewiczy rejs wyruszył z Finlandii największy pasażerski statek świata, „Oasis of the Seas". Głównym mechanikiem jest Farer, Jón Dahl Joensen.

Jana pisze o „rentgenach": „Tym mianem określa się dwa parkingi samochodowe – blisko Café Natúr w Tórshavn i niedaleko poczty w Klaksvík. To ulubione miejsca postoju facetów, którzy pompują wszystkie pieniądze w podrasowanie swoich wozów, siedzą w okularach narciarskich z dupą przy asfalcie i jeśli któremuś z nich towarzyszy dziewczyna, to na pewno ma nie więcej niż siedemnaście lat".

Oglądamy fragmenty meczu piłkarskiego Wyspy Owcze–Bośnia i Hercegowina z czerwca 1999 roku. Na bandzie przy boisku reklama w języku angielskim: „Kolekcjonuj farerskie znaczki pocztowe".

Cztery dni w tygodniu późnym wieczorem na stronie Kringvarp.fo udostępniane są aktualne wydania telewizyjnych wiadomości *Dagur & Vika*. Prowadząca program Sigrún H. Brend zapowiada wydarzenia z kraju: Szkolne lekcje w Muzeum Historycznym Wysp Owczych. Smyril nękany przez silne fale na wysokości Stóra Dímun. Coś tam o polityce: Jóannes Eidesgaard przy olbrzymim dębowym biurku w gabinecie z widokiem na pół Tórshavn.

Z wiersza Gunnara Hoydala:

> Do tych klifów
> do tych skał wśród potężnego oceanu
> umocowano świat
> tu jest miejsce
> gdzie wszystko się zaczęło
> i wszystko obróci się w nicość

* * *

Od kilku miesięcy jesteśmy z powrotem w Polsce.

Codziennie rano po wstaniu z łóżka potykam się o farerską książkę telefoniczną, którą przywieźliśmy z walizą innych papierzysk, publikacji i gazet. Za każdym razem podnoszę ją z dywanu i szukam nazwisk zapamiętanych ludzi.

Przewracam strony, by znaleźć piłkarza ręcznego, który wiózł mnie przez Vágar, i kiedy zobaczył na budynku zdjęcie siatkarki Birgit Guttesen, powiedział:

– Kojarzę większość dziewczyn w tym kraju i ona jest absolutnie w top 5.

Próbuję odszukać inną Birgit, ponadsześćdziesięcioletnią, z Vestmanny. Od kilkunastu lat codziennie o szóstej rano schodzi do zatoki koło neogotyckiego kościółka i szopy z okopconym ceglanym kominem, zdejmuje puchowy kombinezon i kąpie się w oceanie. Myślę o chwili, gdy celowano do niej z broni. Podpłynęła za blisko zbiorników hodowlanych. Było jeszcze ciemno. Człowiek w motorówce wziął ją za grasującego rekina.

Trafiam na adres Steinbjørna B. Jacobsena, pisarza. Przypominam sobie nasze przypadkowe spotkanie w bibliotece narodowej.

– Wpadnij do mnie na herbatę, pokażę ci drewutnię i obrazy, pogadamy dłużej – zaproponował, kiedy skojarzyłem jego twarz ze zdjęciem w katalogu literatów. Nie miał czym zapisać numeru telefonu. – Zabrałem tylko nóż. W odróżnieniu od pióra, może mi uratować życie.

Potykam się i nadeptuję na tę moją książkę telefoniczną z premedytacją. To prawie tak, jakbym przelazł po wystającym kafelku w supermarkecie Miklagarður w dniu, kiedy trafiłem w kolejce do kasy na Tróndura Paturssona. Znów miałem szczęście. Kupował ser pleśniowy, kiść bananów i sok. Z potężną szopą włosów i zmierzwioną brodą wyglądał jak żywcem wyjęty z opisów Tima Severina w *Podróży „Brendana"* trzydzieści lat wcześniej. „Tróndur spędził tak dużą część swego życia na morzu, że wyrobił w sobie jakiś szczególny rodzaj cierpliwości". Tym razem tkwił przy półce z gumami, ubrany w grube sztruksy i sweter, wbity w posadzkę jak spiralna szklana konstrukcja, którą wzniósł na środku centrum handlowego SMS. Wokół kłębili się ludzie, niby pielgrzymi z jego ołtarza w kościele w Gøcie. W tamtym momencie zachciało mi się pójść w górę Tórshavn, w okolice budynku telewizji, usiąść na obalonych przez Tróndura głazach i wyobrazić sobie, że rzeczywiście zniosły je ze skalistych przedmieść jakieś złe moce, a nie sześćdziesięciopięcioletni artysta żeglarz z Kirkjubøur. Facet, którego dzieło błyszczy w tunelu drogowym do Klaksvík, który pływał własnoręcznie wykonaną łajbą po Morzu Śródziemnym, rozmyślając o Munchu, i który – jak twierdzi – stara się zamknąć w swoich pracach cenne sekundy życia, niezależnie, czy jego obrazy, rzeźby i instalacje znajdą się później w światowych galeriach, na trawniku koło Domu Nordyckiego czy na frontonie budynku lotniska w Sørvágur.

Znajduję w mojej książce ludzi o nazwisku Nattestad, z nadzieją, że ktoś kiedyś opowie mi historię Ivana, dostojnego staruszka z Miðvágur, który w czasie II wojny światowej żeglował po Morzu Północnym i którego statki dwa lub trzy razy zbombardowali hitlerowcy. Uratował się jako jeden z niewielu, może jedyny. Teraz żyje w domu spokojnej starości i najbardziej lubi dni, kiedy odwiedza go brat. Jadą wtedy nad jezioro Leitisvatn i patrzą na lądujące samoloty.

Wyszukuję numer Jákupa Mikkelsena – bramkarza reprezentacji piłkarskiej, pedagoga i działacza gminnego. Wodzę palcem za śpiewającą jazz i potrafiącą tańczyć jak robot Jensiną Olsen oraz rodziną Durity z Válur, z którą jedliśmy na podwieczorek lody anyżowe. Nie mogę sobie tylko przypomnieć nazwiska wędkarza, który podrzucił nas z Norðasta Horn do Gamlaræatt. Kiedy jego ford bez tylnej szyby sapał na podjeździe przed Velbastaður, siwiuteńki mężczyzna stwierdził, że najbardziej podobają mu się cztery przysłowia:

Farer bez łodzi jest więźniem.

Każdy farerski chłopak rodzi się z wiosłem w ręku.

Co masz zrobić dzisiaj, zrób pojutrze.

Jeśli wybierasz się w góry w piękny dzień, bądź gotowy na najgorsze.

Jest w tym wertowaniu książki telefonicznej odrobina melancholii, która nie ma większego sensu. Możemy być na Owcach, kiedy chcemy. Wracać tam, nie zmieniając położenia. Odkrywam to ze sporym smutkiem.

Na fotoblogu osady Bøur relacja z Dnia Porządków: mała Tóta uśmiecha się do obiektywu, w tle rozchełstany Sjúrður na dziecięcym traktorku. Znamy ich imiona, bo wszystkie zdjęcia są dokładnie opisane. „Jógva Páll i Búi na dachu". „Anna i Jenny pielą".

Tróndur Patursson
foto Maciej Wasielewski

Na stronie miejscowości Gjógv przy upolowanych zającach pozują: Bjarni, Jørgin, Símun, Súni, Kristian Jákup i Olaf. W zakładce fotorelacja z setnych urodzin Karla Jacoba i dzieci trzymające odcięte kopyta krowy.
Na YouTube nasza Emma w kampanii społecznej przeciwko szkodliwości solarium.
Na Mess.fo zapowiedź filmu dokumentalnego o uzależnionej od pływania w oceanie osiemdziesięcioszećioletniej Marii á Heygum.
W odnośnikach filmiki z festiwalu Við Múrin, pokazu mody w hangarze lotniczym, fragmenty mistrzostw w akrobatyce i szachach.
Obrazy, dźwięki, wyobrażenie zapachów.
Golizna na teledysku Páll Finnur Páll.
Nagrania z lądowania na Vágar, multimedialna lekcja języka farerskiego, wirtualny spacer po starówce Tórshavn.
Panoramiczne zdjęcia najdalszego wygwizdowa na Nólsoy.
Sterując kursorem, oglądamy kolor nieba i unurzane w rosie owcze bobki. Można również kliknąć na uczestnictwo w kółku miłośników czegokolwiek, wymienić się linkiem do ukrytej galerii albo zajrzeć na aktualizowane co pół minuty kamerki internetowe: 24 listopada 2009 roku, godzina 14.32, przy stacji radarowej NATO jak zwykle mgła, nad Kalsoy chmurzysko w kształcie zgarbionego starca, przez most na Atlantyku przejeżdża czerwony samochód.
Ostatni latarnik w kraju, Hans Petur Kjærbo z Sumby, jako jeden z nielicznych nie chce założyć profilu na Facebooku.

Podziękowania

Specjalne podziękowania za wszelką pomoc, wsparcie i poświęcenia dla Andrzeja i Kariny Stretowiczów oraz Agnieszki i Birgira Johannesenów z rodziną.

Gorące podziękowania za życzliwość i serdeczność niech przyjmą:
Marcin Dawid, George Hartwig, Elisabeth Hummeland, Jana Jacobsen, Steinbjørn B. Jacobsen, Hanus G. Johansen, Janusz Kamola, Jonhard Mikkelsen, Heðin Mortensen, Femja Petersen, Jákup Eli Thomsen, Mortan Vang, rodzina Gregersenów, Koleżanki i Koledzy z przetwórni ryb i domu Krákureiðrið w Vestmannie.

Bibliografia

Annandale Nelson, *The Faroes and Iceland. Studies in Island Life*, Oxford 1905.
Blak Kristian, *Traditional Music in the Faroe Islands*, Tórshavn 1996.
Brandt Don, *More Stamps and Story of the Faroe Islands*, Tórshavn 2006.
Brønner Hedin, *The Wingéd Darkness and Other Stories* (zbiór opowiadań Williama Heinesena), New York 1983.
Brønner Hedin, *Three Faroese Novelists. An Appreciation of Jørgen-Frantz Jacobsen, William Heinesen and Heðin Brú*, New York 1973.
Brú Heðin, *Honor biedaka*, tłum. Henryk Anders, Maria Krysztofiak, Poznań 1970.
Bogucki Dariusz, *Islandzki rejs*, Warszawa 1970.
Didriksen Kirstin, Joensen Ragnhild, *Ove*, Tórshavn 1989.
Edmond Charles, *Voyage dans les mers du Nord à bord de la corvette La Reine Hortense*, Paris 1857 (polskie tłumaczenie na własny użytek: Marek Rapacki).
„Faroe Isles Review", vol. 1, nr 1, 2/1976, vol. 2, nr 1, 2/1977, vol. 1/1978, vol. 1/1991, Tórshavn 1976–1978, 1991.
Frederiksen Finn Terman, *Tróndur Patursson*, Hjørring 2004.
Goetel Ferdynand, *Wyspa na chmurnej północy*, Warszawa 1928.
Hagström Björn, *Nordic Language and Literary History V. Faroe Islands* [w:] *The Nordic languages: an International Handbook of the History of the North Germanic Languages*. Vol. 2, Berlin/New York 2005.

Heinesen William, *Czarny kocioł*, tłum. Maria Kłos-Gwizdalska, Poznań 1968.

Heinesen William, *Wyspy Dobrej Nadziei*, tłum. Andrzej M. Kołaczkowski, Warszawa 1974.

Heinesen William, *Zaczarowane światło*, tłum. Franciszek Jaszuński, Maria Kłos-Gwizdalska, Poznań 1970.

Heinesen William, *Ogród szaleńca*, tłum. Franciszek Lund-Jaszuński [w:] *Anegdoty losu*, red. Maria Krysztofiak, Stefan H. Kaszyński, Poznań 1976.

Heinesen William, *Don Juan od tranu*, tłum. Maria Krysztofiak [w:] *Opowieści znad Sundu*, red. Maria Krysztofiak, Gdańsk 1974.

Helmsdal Finnur, *Red, Blue and White – the Faroes and the European Championships*, Tórshavn 1992.

Hoydal Gunnar, *Janus Kamban*, Tórshavn 1995.

Højgaard Andrias, Jóhannes Jóhansen, Søren Ødum (red.), *Træplanting í Føroyum í eina øld. A century of tree-planting in the Faroe Islands*, Tórshavn 1989.

Jacobsen Jógvan í Lon, *Føroyskt – Faroese*, „Sprogforum. Journal of Language and Culture Pedagogics", nr 19/2001, s. 39–45.

Jacobsen Jørgen-Frantz, *Barbara*, tłum. Maria Kelles-Krauz, Eugeniusz Morski, Poznań 1967.

Jacobsen Sonni, *Metbókin 2005*, Tórshavn 2004.

Jakubowski Marcin, Loos Marek, *Wyspy Owcze*, Szczecin 2003.

Jákupsson Bárður, *Visual Arts in the Faroes*, Vestmanna 2007.

Joensen Jóan Pauli, *Pilot Whaling in the Faroe Islands. History, Etnography, Symbol*, Tórshavn 2009.

Johnston George (red.), *Rocky Shores. An Anthology of Faroese Poetry*, Paisley 1981.

Lockwood William Burley, *An Introduction to Modern Faroese*, Tórshavn 2002.

Kabat Tomasz, *Deszczowa krawędź Europy* [w:] „Gazeta Wyborcza" z 28–29.11.1997.

Kjørsvik Schei Liv, Moberg Gunnie, *The Faroe Islands*, Edinburgh 2003.

Klimko-Dobrzaniecki Hubert, *Wyspy Owcze. Gdzie diabeł mówi dobranoc*, „Studium" nr 3, 4 (57, 58) 2006, s. 204–208.

Krysztofiak Maria, *Literatura farerska* [w:] *Przewodnik po literaturach skandynawskich*, Poznań 2000, s. 93–100.

Kucharz Eugeniusz Józef, *Wyspy Owcze (Føroyar)*, Katowice 2002.

Leckey Colin, *Dots on the Map*, Guildford 2006.

Mowat Farley, *Wyprawy wikingów. Dawni Normanowie w Grenlandii i Ameryce Północnej*, tłum. Wacław Niepokólczycki, Warszawa 1972.

Nalaskowski Jan, *Kwestia niepodległości Wysp Owczych*, <http://stosunkimiedzynarodowe.info/artykul,283,Kwestia_niepodleglosci_Wysp_Owczych>; dostęp 23.1.2011.

Nauerby Tom, *No Nation Is an Island. Language, Culture and National Identity in the Faroe Islands*, Aarhus 1996.

North Atlantic Studies. The Faroe Islands, vol. 1, nr 1, Aarhus 1989.

O'Dell Andrew C., *Kraje skandynawskie*, tłum. Jan Flis, Warszawa 1961.

Østergaard Uffe, *The Construction of a Faroese Identity. Nordic, Norwegian, Danish – or Faroese?*, wykład w trakcie Deutschen Historikertag, Hannover 1992.

Pawlicki Jacek, *Pocztowa aborcja na Wyspach Owczych*, „Gazeta Wyborcza" z 30.9.2008.

Piotrowski Bernard, *Mały etnos skandynawski – Farerowie*, „Sprawy narodowościowe. Seria nowa", t. 4, zeszyt 2 (11) 1997, Poznań 1998, s. 319–328.

Piotrowski Bernard, *Ruch narodowościowy mieszkańców Wysp Owczych w XIX wieku* [w:] *Polska – Niemcy – Europa. Studia z dziejów myśli politycznej i stosunków międzynarodowych*, red. Antoni Czubiński, Poznań 1977, s. 197–205.

Severin Tim, *Podróż „Brendana"*, tłum. Irena Gurska, Gdańsk 1983.

Sigurðardóttir Turið, *Modernism in Faroese literature*, [w:] *Modernism*, red. Astradur Eysteinsson, Vivian Liska, Amsterdam/Philadelphia 2007, s. 873–876

Skeel Jacobsen Petur, *Veður og tíðindi í Føroyum 1875–2002*, Tórshavn 2003.

Smærup Sørensen Inger, *Livandi list. 49 nútíðar livandi listafólk*, Tórshavn 2008.

Szelągowska Grażyna, *Wyspy Owcze – wyspy wikingów* [w:] *Dania*, Warszawa 2010, s. 372–382.

Szulc Aleksander, *Język farerski (język Wysp Owczych)* [w:] *Języki indoeuropejskie*, t. 2, red. Leszek Bednarczuk, Warszawa 1988, s. 782–784.

Taylor Elizabeth, *The Far Islands and Other Cold Places. Travel Essays of a Victorian Lady*, Lakeville 1997.

Thorsteinsson Arne, *Land Divisions, Land Rights and Landownership in the Faeroe Islands*, [w:] *Nordic Landscapes. Region and Belonging on the Northern Edge of Europe*, red. Michael Jones, Kenneth R. Olwig, Minneapolis 2008, s. 77–105.

Trusewicz Iwona, *Gdzie trawa rośnie na dachach*, „Rzeczpospolita" z 20.7.2007.

Trusewicz Iwona, *Polak po faryjsku*, „Rzeczpospolita" z 11.6.1996.

Urbańczyk Przemysław, *Wyspy Owcze*, [w:] *Zdobywcy północnego Atlantyku*, Wrocław 2004, s. 59–64.

Warming Dagmar, *Ruth Smith. Lív og verk*, Tórshavn 2007.

West, John Frederick, *Faroe. Emergence of a Nation*, London/New York 1972.

Williamson Kenneth, *The Atlantic Islands. The Faeroe Life and Scene*, London 1948.

Wylie Jonathan, *The Faroe Islands. Interpretations of History*, Lexington 1987.

Young George Vaughan Chichester, Cynthia R. Clewer, *The Faroese Saga*, Belfast 1973.

Young George Vaughan Chichester, *From the Vikings to the Reformation. A Chronicle of the Faroe Islands Up to 1538*, Isle of Man 1979.

Spis treści

7 · Przypadek Jóhanny Vang
11 · Liczby
21 · Lądowanie
29 · Pierwsza noc
31 · Jak zdezorientować Włocha
33 · Lindo, pokonaj Duńczyków!
59 · Mr. Tamburine Man
67 · Mæncypantka
73 · Gwiazdy
83 · 900 mil samotnej żeglugi
93 · Lądowa dziewczyna
97 · Koltur: samotności, sprawdzam cię!
107 · Głos z pobocza szosy numer 40
109 · Jepetto
117 · 101 rzeczy do zrobienia przed śmiercią
127 · Latające samochody
129 · Wyznania palownika
139 · Listonosz Karl
149 · Víkar
161 · Farerski sprawdzian

167 · Właściwy adres
169 · Podróże Hanusa
175 · Historia pewnej choroby
177 · 81 : 1
193 · Chirurg
195 · Czy to już historia, czy jeszcze nie?
207 · Niedzielny spacer
209 · Badziewiada
213 · Galoty Andrzeja Stretowicza
215 · Ani słowa kłamstwa
221 · Nogi do góry
227 · Pomoc koleżeńska
229 · Zglobalizowany
231 · Pozdrowienia z tunelu
237 · Pocztówka ze stolicy
241 · Hotel Agnieszka. Telenowela rodzinna
261 · ððð
263 · Esemes
267 · Dzień, w którym pojawił się internet
285 · Boże, pobłogosław rower
289 · Portrety za mgłą
305 · Piegi Europy
313 · Do tych skał umocowano świat
319 · Podziękowania
321 · Bibliografia

WYDAWNICTWO CZARNE S.C.
www.czarne.com.pl

SEKRETARIAT: ul. Kołłątaja 14, III p.
38-300 Gorlice, tel./fax +48 18 353 58 93
e-mail: arkadiusz@czarne.com.pl, mateusz@czarne.com.pl,
tomasz@czarne.com.pl

REDAKCJA: Wołowiec 11, 38-307 Sękowa
tel./fax +48 18 351 02 78, tel. +48 18 351 00 70
e-mail: redakcja@czarne.com.pl

SEKRETARZ REDAKCJI: zofia@czarne.com.pl

DZIAŁ PROMOCJI: ul. Andersa 21/56, 00-159 Warszawa
tel./fax +48 22 621 10 48
e-mail: anna@czarne.com.pl, agnieszka@czarne.com.pl,
dorota@czarne.com.pl

DZIAŁ SPRZEDAŻY: Beata Motyl, MTM Firma
ul. Zwrotnicza 6, 01-219 Warszawa, tel./fax +48 22 632 83 74
e-mail: mtm-motyl@wp.pl

SKŁAD: D2D.PL
ul. Morsztynowska 4/7, 31-029 Kraków, tel. +48 12 432 08 52
e-mail: info@d2d.pl

DRUK I OPRAWA: WZDZ – DRUKARNIA LEGA
ul. Małopolska 18, 45-391 Opole, tel. +48 77 400 33 51

Wołowiec 2011
Wydanie I
Ark. wyd. 10,7; ark. druk. 20,5

GP546
36,B